Sociology of Organizations

조직사회학

조직사회학

초판 1쇄 발행 2014년 3월 3일
초판 2쇄 발행 2016년 5월 20일

지은이 유홍준
펴낸이 정규상
펴낸곳 성균관대학교 출판부
출판부장 안대회
편 집 신철호 · 현상철 · 구남희 · 정한나
외주디자인 아베�葉
마케팅 박정수 · 김지현
관 리 오시택 · 박인붕

등록 1975년 5월 21일 제1975-9호
주소 03063 서울특별시 종로구 성균관로 25-2
대표전화 02)760-1252~4
팩시밀리 02)762-7452
홈페이지 press.skku.edu

© 2014, 유홍준

ISBN   979-11-5550-037-8   93320

Sociology of Organizations

조직사회학

유홍준 지음

성균관대학교
출 판 부

조직사회학이 미지의 땅속에서 원석(原石)을 캐낸 역할을 한 점은 부인하기 어려운 사실이지만, 이것을 연마하여 보석(寶石)으로 만드는 역할에서는 부족했던 것 같다. 현대 경영학과 행정학의 조직이론이 눈부시게 발전한 것을 생각해보면, 실제의 응용 부문에서 조직사회학이 별로 주목을 받지 못한 점에 대해 반성하지 않을 수 없다. 조직 관련 연구의 출발이 사회학자인 베버의 관료제론으로부터 출발했지만, 현대조직에 관한 다양한 연구와 조직 관리기법의 발전에 큰 영향을 미친 학문 분야는 사회학이라기보다는 오히려 경영학이나 행정학의 조직이론이 아닌가 하는 아쉬움이 있다.

저자는 사회학자들이 원석을 캐낸 뒤 그 원석을 진가를 발휘하는 보석으로 다듬어 내지 못한 데에는 몇 가지 이유가 있다고 생각한다.

가장 중요한 이유는 19세기 후반에 사회학이 독립적인 학문으로 제도화되는 과정에서 연구 영역을 둘러싸고 경제학과 충돌한 상황에서, 신생 학문으로서의 취약성으로 말미암아 일탈이나 빈곤 문제 등의 제한된 주제에 국한되도록 떠밀리면서 조직 문제에 관심을 집중하지 못한 점이다.

두 번째로는 사회학자들이 초기에 친 자본가적이기보다는 친 노동자적인 가치 지향을 갖게 되면서, 궁극적으로 생산과 효율의 문제로 귀착되는 조직문제에 대해 애써 관심을 두지 않으려 한 점을 들 수 있을 것 같다.

더불어 사회학의 연구 관심은 인간 사회를 포괄하는 것이지만, 경영학이나 행정학의 경우에는 기업조직이나 정부조직으로 연구의 관심이 제한될 수 있는 것이기에, 조직연구에 있어서 상대적인 강점을 가질 수 있었다고 본다.

그러나 저자는 사회학 분야에서 조직 문제에 대한 관심이 상대적으로 적었다고 할지라도 조직이론에 미친 사회학의 영향은 매우 크다고 생각한다. 경영·행정 조직이론의 구체적 관심이 무엇이건 간에 그 분석틀의 기반은 사회학의 이론들인 점을 부인하기 어렵다. 이들 분야에서 수적으로 많은 조직이론가들에 의해 양적으로 많은 연구가 이루어졌다고 하더라도, 이들 연구의 대다수가 기능주의적 시스템 이론에 기반하고 있음도 사실이다.

이렇게 볼 때, 사회학의 이론적 지향의 발전에 맞추어 전개된 다양한 시각의 조직사회학적 연구 성과들이 갖는 의의는 여전히 매우 중요한 것이다. 조직사회학자들은 조직의 성과 문제에만 집착하지 않는 입장을 견지하여 상호작용론, 갈등론, 일상생활방법론 등에 기반한 독특한 조직 분석틀을 개발해 온 것이다. 따라서 이 저서도 경영·행정학의 '조직이론' 저서와는 구분되는 '조직사회학' 전문서를 목표로 한 것이기에, 조직성과나 관리기법 등에 관한 응용 측면의 논의를 가능한 배제하고 순수 학문적인 논의에 강조를 두었다.

저자는 1993년 국내 사회학계로서는 이 분야의 첫 번째 저서로『조직사회학』을 출간한 바 있다. 조직사회학을 강의해 오면서, 경영학이나 행정학 분야에서는 무수히 많은 조직 관련 서적들이 발간되었음에도 불구하고 사회학 분야에서는 마땅한 전문서가 없다는 점을 안타깝게 여겼기 때문이다. 그러나 저자의 부지런하지 못함과 제한된 출판시장 여건으로 인해, 오래전에 절판된 점이 아쉬웠다. 그러던 중, 성균관대학교 출판부의 저술지원사업에 선정되어 새로이 책을 내는 기회가 되었다. 조직에 대한 사회학적 분석은 궁극적으로 대부분의 사람들에게 '직장'에 해당하는 직업세계에 대한 이해라고 할 수 있다. 현재 저자가 교육부의 재원으로 한국연구재단의 지원을 받아 진행하고 있는 SSK과제(NRF-2012S1A3A2033331)의 주제가 '한국인의 직업세계 연구'인 점도 저술의 한 배경이며, 그 지원을 받아 저술이 진행되었다.

저자의 의욕이 어느 정도 실제화되었는지에 대해서는, 동료 학자들 및 독자들의 비판에 겸허하게 귀를 기울이려고 한다. 이 책의 출판 편집에 세심한 도움을 준 성균관대학교 출판부 여러분께 감사드린다.

2014. 2월
저자 유홍준

제2부

경험적 조직연구의 출발

제1부에서는 현대사회에서 조직사회학적 연구들이 발전하게 된 기반을 살펴보려고 한다. 여기서 설명될 내용은 조직사회학의 형성에서 시작하여 고전조직이론이 등장하고 신고전조직이론의 발전을 거쳐 20세기 중반에 시스템(체계) 조직사회학이 등장하게 되는 과정과 각 발전 단계의 연구내용을 담고 있다.

1장 조직과 조직사회학의 발전에서는 조직의 개념과 유형, 조직사회학이 경영학이나 행정학의 조직연구들과 기본적으로 다른 점이 무엇인지, 현대 조직사회학 연구의 전반적인 발전은 어떤 경로를 밟아왔는지, 조직을 연구하는 사회학의 방법론은 무엇인지를 설명한다.

2장은 고전조직이론의 등장에 대해 다루는데, 베버(Weber)의 관료제론, 테일러(Taylor)의 과학적 관리론, 현대 경영학과 행정학의 기반이 된 공식관리론, 마르크시즘(Marxism)에 기반한 급진적 조직이론의 내용과 한계점을 정리한다.

3장은 신고전조직이론의 발전을 주제로 하는데, 메이요(mayo)에서 시작된 인간관계론 연구가 리더십이론이나 사회심리학적 동기이론에 어떤 영향을 미치고 어떻게 발전되어 갔는지를 정리하고, 또 이러한 연구경향이 현대의 직무만족 연구에 미친 영향을 정리한다.

4장은 조직을 체계(system)로 보는 시스템 조직사회학 패러다임의 등장을 정리하기 위해 우선 기능주의 체계론을 정리하고, 이것이 시스템 조직사회학으로 어떻게 발전하였으며, 그 성과와 한계는 무엇인지를 설명한다. 또한 체계조직이론의 발전에 맞추어 등장한 조직유형론의 다양한 논의를 정리할 것이다.

제1부

조직사회학의
발전 기반

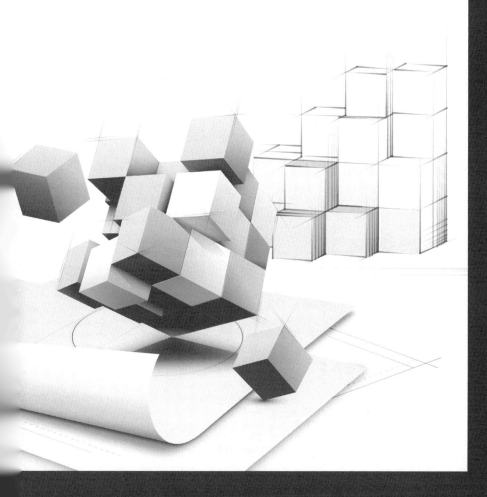

조직과
조직사회학의
발전

1. 조직이란 무엇인가

1) 조직의 정의

현대사회에서 우리의 생활은 조직과 매우 밀접해서, 개인들은 태어나서부터 죽을 때까지 이런 저런 조직들과 불가분의 관계를 맺는다. 예를 들어 현대 산업사회에서 대다수의 사람들은 자신의 집에서가 아니라 병원에서 태어난다. 산부인과 병원은 바로 조직의 한 예이다. 그리고 태어난 아이의 부모는 병원에서 발급한 출생증명서를 가지고 구청에 가서 출생신고를 하게 되어있는데, 이 순간에 신생아는 '정부 (government)'라는 조직의 구성원으로 등록이 되는 셈이다. 몇 년 뒤에는 유치원을 거쳐 초등학교에 입학을 배정받고 이후 대학을 졸업할 때까지 상당 기간의 교육과정을 거치게 되는데, 각 학교들 역시 교육을 담당한 조직의 한 예이다.

대학교 이상의 교육을 받았건 그 이하의 수준에서 교육을 중단했건 간에 대부분의 사람들은 자신과 가족의 생계유지를 위해 경제활동에 종사하게 마련이다. 동네에서 조그만 가게를 열어 소규모로 자영업을 하는 경우를 제외한 많은 사람들이 회사나 관공서 등 조직체에 고용되어서 직업 활동을 하게 된다. 몸담고 있는 회사에서 노동조합에 가입하거나 외부 업체와 거래를 하는 경우에는 또 다른 조직과 추가적으로 연관을 맺는 것이 된다.

경제활동에 종사하지 않아서 '비경제활동인구'로 분류되는 사람들도 조직과 연관되지 않고 살기는 어렵다. 예를 들어, 비경제활동인구 중 비중이 큰 학생들의 경우는 교육조직의 구성원들인 것이고, 전업 주부라고 하더라도 조직과 무관하게 살 수는 없다. 종교생활을 하더라도 교회, 성당, 절 등의 조직에 속하고 자원봉사에 나서는 경우에도 통상 조직이 개입하기 때문이다. 비경제활동인구에 속하는 의무복무 군인이나 교도소 수감자들의 경우는 조직의 분명한 구성원들이다.

일상생활에서 소비를 하거나 의료 서비스를 제공받는 경우에도 조직이 연관된다. 백화점이나 대형 할인마트에서 물건을 구매하는 경우나 종합병원에서 치료를 받는 경우가 그 예이다. 이처럼 우리는 생애를 보내는 과정에서 경제활동의 일환이건 개인의 일상적인 삶의 부분에서건 다양한 조직과 연관된 생활을 하게 된다. 개인의 판단과 선택에 따라 자의적으로 정당에 당원으로 가입하는 경우나 동호인 모임에 회원으로 가입하는 경우도 결국 조직에 몸담는 셈이 된다. 개인이 이렇게 관련을 맺고 살아가야 하는 조직과의 관계는 삶을 마칠 때까지 지속된다. 실제 한 개인이 사망을 하게 되면, 병원에서 그 사실을 확인해주어야 하고 정부 관련 기관에서 매장 혹은 화장허가서를 발급해 주어야만 장례를 치를 수 있다.

현대사회를 사는 우리들은 이처럼 다양한 유형의 조직들에 둘러싸여 있고 또 그런 조직들과 직·간접적으로 연계된 삶을 살고 있는 것이다. 이처럼 정치, 경제, 사회, 문화의 모든 영역에서 조직들이 광범위하게 존재하는 것이 현대사회의 중요한 특징의 하나이다. 이 조직체들은 대체로 복잡한 내부구조를 지니는 방향으로 변화해 왔기 때문에, 현대의 조직을 일컬어 복잡한 조직, 즉 복합조직(complex organization)이라고 지칭하기도 한다. 전통사회와 비교할 때, 한편으로는 인간 활동의 조직화가 증대되어 왔고, 다른 한편에서는 조직의 크기가 점차 커지면서 일상생활의 모든 영역에서 우리들은 조직과 불가분의 관계를 맺게되었다.

이렇게 볼 때, 조직체들이 어떻게 형성되고 운영되며 또한 어떠한 변화를 겪어나가는지, 또 그 구성원들의 조직생활의 모습이 어떤 것인지를 살펴보는 것은 학문적인 연구 관심 이전에 우리의 일상생활을 살펴보는 것이 된다.

조직은 여러 가지 경로를 통해 형성된다. 역사적으로 보아서는 애초에 개인적인 수준에서 수행되던 사회적 역할들이 제도화되면서 영속적인 조직의 형태를 띠는 것처럼 무(無)에서 생성된 경우가 많다. 대표적인 예가 20세기 초반 여러 나라에서 광범위하게 등장한 초등교육 수준의 보통교육 학교들이다. 이전까지는 귀족 가문에서나 가정교사를 들여 수행하던 것이 교육이었고 일반 가정의 아이들은 양육과정에서 부모로부터 생산과 일상생활에 필요한 지혜를 경험을 통해 전수받았던 것이지만, 산업화의 진전에 따른 사회적 필요성에 의해 초등학교가 출현한 것이었다. 또 다른 예로 현대사회의 대규모 기업들도 그 시초는 산업혁명 이전의 상인자본가의 활동에서부터 유래된 것으로 볼 수 있다.

한편 이미 존재하고 있던 기존 조직으로부터의 분리나 조직체들 간의 합병을 통해서 새로운 조직이 출현하기도 한다. 현대에 들어서 보편화된 기업체 분사(分社)나 인수합병(M&A)을 통한 새로운 조직의 출현 등이 예가 된다. 이렇게 형성된 조직은 그 규모나 구조 및 특성에 있어서 여러 가지 변화를 경험하기도 한다.

'조직'이라는 개념을 매우 넓게 사용하는 학자들에게는 사회 그 자체가 조직이다.[1] 그러나 조직사회학에서는 이보다 좁은 의미로 조직 개념을 사용하며 시각과 연구 관심에 따라 다양한 개념 규정이 있다. 예를 들어, 파슨즈(Parsons)는 '사회체계의 존속에 기여하는 하위체계(sub-system)'로 조직을 규정하고, 리터러(Litterer)[2]는 조직을 '인간이 무엇인가를 성취하기 위해 고안한 사회적 발명품이나 기구로서 일단 존재하면 자체의 정체(identity)를 갖는 것'으로 정의하였다. 프레스더스(Presthus)[3]는 '구성원의 활동을 조정하여 특정한 목적을 성취할 수 있도록 만들어진 영속적인 사회체계'라고 정의하였고, 바나드(Barnard)[4]는 '목표달성을 위해 인간의 능력과 활동을 의도적으로 조정한 협동의 체계'로 각각 조직을 개념화하였다.

이상의 조직에 대한 개념 정의는 모두 기능주의의 체계론적인 것인데, 이와는 다른 정의도 있다. 그 예로서 실버맨(Silverman)[5]은 '문제 해결을 지향하여 동기화된 사람들이 만들어내는 과정(process)'으로 조직을 규정하는가 하면, 조직은 '통제와 계급갈등의 장(場)'이라는 정의도

---

1 맥루한(McLuhan)은 '지구조직(global organization)'이라는 개념을 사용하기도 하였다.

2 Joseph Litterer. 1974. *The Analysis of Organizations*. NY: John Wiley.

3 Robert Presthus. 1962. *The Organizational Society*. NY: Vintage Books.

4 Chester Barnard. 1938. *The Functions of the Executive*. Mass.: Harvard University Press.

5 David Silverman. 1970. *The Theory of Organizations*. London: Heimann.

있다. 실버맨의 정의가 상호작용론의 관점을 반영한 것이라면, 뒤의 정의는 갈등론의 조직관점을 드러내고 있다.

이렇게 다양한 조직관의 각각에 대한 보다 자세한 논의는 이후의 장들에서 다루어질 것이지만, 여기서는 우선 조직을 '특수한 형태의 집합체'를 지칭하는 것으로 보고 논의를 시작하려고 한다. 먼저 집합체란 개인들이 사회적 연대(social solidarity)로 연결되어 구분되는 집단(group)[6]을 이루고 있다는 것을 뜻한다. 이 집합체가 특수한 형태를 갖는다는 것은 여러 가지 조건을 포함한다. 일반적으로 언급되는 조건들은 다음과 같다. 우선 다수의 사람들이 정규적으로 같이 일하며 공통의 목표를 지향하는 것을 전제로 한다.[7] 조직활동은 효율성과 효과성을[8] 지향하며, 공식적으로 규정되어 구조화된 역할과 지위[9]들의 연결망(network)을 구성한다. 따라서 권한과 의무를 규정한 규칙에 따라 상호의존적인 일의 흐름들이 연계되어 있고 권위의 위계와 커뮤니케이션 통로가 조직표[10]에 명확히 규정된다.[11]

이러한 개념 정의에 따르면 정부 행정관료 조직, 군대, 기업(산업조

---

6 집단은 두 명 이상의 사람이 모여서 서로 간에 상호작용(interaction)을 하는 모임을 의미한다. 따라서 일정 공간에 두 명 이상의 사람이 함께 있더라도 서로의 존재를 인식하지 못하여 상호작용이 이루어지지 않는 경우는 집단이라고 할 수 없다.

7 조직목표가 무엇이며, 이것이 누구의 목표인가 및 과연 공통의 목표가 존재하는가의 여부 등에 관해서는 대립적인 시각이 존재하는데, 이에 대한 상세한 논의는 뒤의 8장을 참조할 것.

8 효율성(效率性; efficiency)은 투입에 대한 산출의 비율(比率) 개념이고, 효과성(效果性; effectiveness)은 산출된 결과 위주로 활동을 평가하는 개념이다.

9 지위(status)는 '한 개인이 집단에서 차지하는 위치'로 정의되고, 역할(role)은 '각 지위에 대해 주위에서 기대하는 것'으로 정의된다.

10 조직표(organization chart)는 박스(box)와 선(line)으로 그려지는데, 이때 각 박스는 조직 내 직위(position)를 보여주고 박스를 연결하는 선은 지시(명령)와 보고(복종)가 이루어지는 경로를 드러내 보여준다.

11 유기적 조직구조를 갖는 애드호크러시(adhocracy) 등의 조직유형에서는 위계나 역할 규정이 상대적으로 모호한 특성을 갖기도 한다. 상세한 논의는 뒤의 12장을 참조할 것.

직), 대학, 병원, 노동조합, 정당 등은 조직에 포함되는 반면에 가족, 지역공동체, 군중 등은 집단이기는 하지만 조직에 포함되지는 않는다. 가족의 경우는 구성원의 수가 적으며 가족의 안녕과 행복을 추구한다는 묵시적인 공동의 목표가 있다고 하더라도 활동이 기본적으로 효율성과 효과성을 지향하는 집단이 아니며 공식 규칙이 존재하지 않는다는 점에서 조직이 아니다. 지역공동체 역시 집단이기는 하지만, 공통의 목적을 뚜렷이 갖고 이를 위해 정규적으로 같이 일하지는 않는다는 점과 공식적으로 규정된 지위와 역할 관계가 미비한 점에서 조직은 아니다. 군중의 경우는 정규적으로 같이 일을 한다거나 공식적으로 구조화된 역할을 수행한다는 전제를 충족시키지 못하므로 조직에 해당하지 않는 것이다.

　조직이 작동되기 위해서는 조직 구성원들의 행위와 업무를 조정하고 통제하기 위한 관리(administration)[12] 활동이 필요하다. 업무를 분할하여 조직 내 각 직위(position)에 할당하고, 개인들을 각 직위에 배정하며, 업무의 연속성이 유지되도록 일의 흐름을 조정할 필요가 있다. 조직활동의 효과성(effectiveness)과 효율성(efficiency)[13]을 높이기 위해 산출을 위한 기술적인 문제를 고려하고 조직 구성원에 대한 보상 및 훈련체계를 필요로 한다. 더불어 업무수행에 요구되는 다양한 자원을 획득하여 할당하여야 하고 활동의 장을 마련하기 위한 시장 확보와 홍보가 수반된다.

---

12 'administration'은 '관리' 혹은 '행정'으로 번역될 수 있다. 행정학 분야에서는 '행정' 개념이 보편적이고, 경영학에서는 '경영' 개념을 주로 사용하는데 이 경우에 영어로 'management'가 사용된다.
13 효율성(效率性; efficiency)은 투입에 대한 산출의 비율(比率) 개념이고, 효과성(效果性; effectiveness)은 산출된 결과 위주로 활동을 평가하는 개념이다.

2) 조직의 종류

이와 같은 관리체계를 갖는 조직을 분류하는 방법은 학자나 이론에 따라 다양하며 조직유형론(organization typology)으로 발전하였다. 경영학이나 행정학 분야에서는 연구대상 조직이 기업과 행정관료 조직에 각각 국한되는 특성으로 인해, 이들 학문 분야의 조직유형 구분은 조직 내부의 구조적 특성에 초점을 맞추는 경우가 일반적이다.[14] 그러나 조직사회학에서는 사회에 존재하는 다양한 조직들을 모두 연구의 대상으로 하기 때문에 보다 포괄적인 범주화가 진전되었다.[15]

이러한 한 예로서 웨스트럼과 사마하(Westrum and Samaha)는[16] 조직 구성원들이 전일제(full-time)근무를 하는가의 여부 및 조직활동의 기본 목적이 이윤 추구에 있는가의 여부에 따라 조직을 크게 세 가지로 분류하였다.

첫째로, 관료조직(bureaucracy)은 조직원들이 전일제로 일하며 조직의 기본적인 활동 목표가 이윤 추구에 있지 않은 정부 행정관리 조직이 예이다.

둘째로, 산업조직(enterprise)은 전일제로 일하는 조직 구성원들이 이윤 추구 활동에 기본적으로 종사하는 것으로 기업이 이에 해당한다. 즉 조직활동의 목표가 재화와 용역을 생산하고 판매함으로써 이윤 획득을 지향하는 특성을 띤다.

---

14 예로, Stephen Robbins. 1983. *Organization Theory*. 김남현 역. 1985. 경영조직론. 경문사. 참조.

15 조직유형 분석에 관한 구체적인 연구결과들은 뒤의 4장 참조.

16 Westrum, Ron and Khalil Samaha. 1984. *Complex Organizations: Growth, Struggle, and Change*. NJ: Prentice-Hall.

셋째로, 자발적 결사체(voluntary association)는 대다수의 구성원들이 전일제로 참여하지 않으며 이윤 추구가 주 목적이 아닌 노동조합, 정당, 종교단체, 자선단체, 전문가 협회, 기타의 이익단체들을 포괄하는 조직 범주이다. 하지만 넓은 의미에서 보면 궁극적으로 이윤 추구가 목적인 경우도 많이 있다.

앞서 언급한 대로 조직사회학의 관심이 다양한 조직을 대상으로 하기 때문에 이 책의 논의도 가능한 한 포괄적인 것이 될 것이지만, 기존의 연구성과들이 경우에 따라서는 특정한 분야의 조직에 한정되어 일반화에 한계가 있다는 점도 인식할 필요가 있다. 예를 들어, 위에서 구분한 세 가지 상이한 조직유형에 따라 각기 조직형성의 기원, 조직 내의 갈등관계, 통제문제 및 조직 외부 환경과의 상호작용이 각기 다른 모습을 띠게 된다.

(1) 관료조직

관료조직은 공공의 요구에 대응하기 위한 정부행위에서 기원한다. 베버(Weber)의 관료제에 관한 논의가 봉건제(feudalism)나 가부장적 행정관리(patrimonial)의 모습과는 획을 긋고 있다는 점을 고려하면, 관료제는 근대국가의 정부기구에 해당되는 개념이다.

베버(Weber)는 관료제를 가장 합리적인 조직형태로 파악하였는데, 애초에 관료제론은 행정관료 조직에 대한 논의에서 출발하였지만 산업화와 더불어 광범위하게 출현한 산업조직의 조직원리로 전환되었다. 이에 따라, 현대사회에서 '관료제적' 조직 형태라고 할 때, 이는 더 이상 행정관료 조직만을 지칭하는 고유명사가 아니며 기업조직이나 자발적 결사체에까지도 광범위하게 적용되는 조직원리로서 보통명사의 개념으로 이해된다.

관료조직의 목표는 비교적 명확하지만 이를 효율적으로 달성하기 위한 수단을 선택하는 데 있어서는 관련된 조직 내부 부문 간에 갈등이 발생하기도 한다. 예를 들어, 정부의 각 부처가 질 높은 대국민 서비스를 제공해서 국민을 편안하게 한다는 공통의 목표를 가지고 있지만, 자기 부처의 일이 더 중요하다고 주장하면서 예산을 확보하거나 인력을 배정받는 데 있어서 갈등을 빚기도 한다는 점은 잘 알려진 사실이다.

모든 조직은 그 조직이 속한 환경에 의해 영향을 받으면서 동시에 환경에 영향을 미친다. 개방체계(open system)론에서는 모든 조직은 환경이 제공하는 자원을 동원하여 이용하고 또한 환경으로부터의 변화(압력이건 기회건 간에)에 신축성 있게 대응해야 한다는 점을 시사하고 있다. 이런 맥락에서 볼 때, 행정관료 조직은 예산을 확보하고 유권자들의 지지를 받아서 정부활동의 정당성과 권위를 세우는 일이 가장 중요한 환경과의 상호작용이라고 볼 수 있다. 또한 민간 부문의 유관 기관과의 경쟁과 협력의 상황도 빈번히 발생한다.

(2) 기업조직

기업조직은 자본투자에 대한 이윤 획득을 목적으로 생성되었는데, 초기에 길드(guild)의 장인(craftsman)을 대체하는 상인자본가의 출현을 거쳐 공장제가 확립되어 가던 시기에 창의적이고 혁신적인 기업가정신(entrepreneurship)을 가진 산업자본가들에 의해 주도되었다. 12~13세기경 유럽의 중세도시를 중심으로 융성했던 길드는 장인의 직위가 장인의 친자식에게 세습되는 경향에 따른 도제들의 반발, 수(手) 작업에 기반한 특성상 기술적 진보에 대한 외면과 저항 등으로 인해 15~16세기에 이르면 몰락을 맞게 된다. 이즈음 유럽 각국은 해외시장 개척에 나선 상인자본가들이 이끌던 소위 '중상주의(重商主義)' 시기에 들어서게 된다. 상인자본가들은 보다 많은 상품을 확보해서 다른 지역과 교역을 하면 더 많은 이윤을 남길 수 있는 입장이었기 때문에, 장사를 할 수 있는 더 많은 물건을 확보하기 위해 몰락한 장인들에게 재료와 인건비를 미리 대주고 얼마 뒤에 물품을 인수해가는 소위 '선대제(putting-out system)'를 도입하게 되었다. 그러나 장인이 자신의 집에서 자율적으로 행하는 작업과정을 감독할 수 없었던 상인자본가들은 장인으로부터 사취를 당하기도 하고 그들의 생산 성과에도 불만을 품게 된다. 이에 따라, 이미 재산을 축적하고 있던 상인자본가 자신이 직접 작업장을 만들고 수공업 작업도구를 마련해서 몰락한 장인이나 도제들을 임금을 주면서 이 작업장에 끌어들이게 되었다. 상인자본가를 대신하는 감독자가 선정되어서 작업자들을 통제하는 상황에서 진행된 작업은 이전에 비해 생산성이 높아지게 되었는데, 이 작업방식이 바로 매뉴팩처(manufacture; 공장제수공업)이다. 이러한 매뉴팩처는 18세기 후반부터 시작된 산업혁명을 거치면서 생산과정에 기계가 도입되는 본격적인 '공장(factory)'으로 전환되게 된다. 즉 공장제 수공업이 공장제 기계공업으로 변환된 것이 바로 산업혁명인 것이다.

이후 19세기 후반 서구에 독점자본주의가 성립되어 가면서, 산업구조 및 노동력이 농업에서 공업 부문으로 전환됨에 따라서 기업조직은 수적 팽창과 규모의 확대를 경험하였다. 이후 수직적·수평적 통합 등을 통해 더욱 성장한 산업조직은 다국적기업(MNC)[17]과 같은 대규모 조직의 출현에까지 이르게 되었다. 이러한 산업조직의 변화과정을 살펴

---

[17] 다국적기업(MNC; multi-national corporation)은 본사와 지사들이 여러 국가에 분산되어 활동하는 기업을 의미한다. 요즘에는 초국적기업(TNC; trans-national corporation)이라는 표현도 함께 사용된다.

볼 때, 기업조직의 생존과 발달은 환경에 대한 적절한 대응을 필요로 한다는 점을 알 수 있다. 즉 상품과 서비스의 판매를 위한 시장 확보, 새로운 기술과 정보개발에의 적응, 경쟁기업과의 관계에서 우위 확보, 정부규제에의 대응, 인력의 안정적 확보 등 변화하는 환경에의 적절한 상호작용을 요건으로 한다.

기업조직에서는 이윤 추구라는 목표가 분명하기 때문에, 목표 자체보다는 수단과 방법의 선택을 둘러싼 갈등이 초래된다. 예를 들어, 특정 기업 내에서 생산부서는 생산설비에 대한 대규모 투자를 통해 궁극적으로 생산성을 높이고 이윤을 추구할 수 있다고 주장하는 한편 재무부서에서는 재정 포트폴리오 재구축을 주장하기도 하고, 마케팅 부서에서는 마케팅 강화와 영업확대 전략을 주장하면서 서로 간에 재정과 인력확보를 둘러싼 각축과 갈등을 유발하기도 한다. 한편 기업도 관료조직과 마찬가지로 기본적으로는 경제적 반대급부를 줌으로써 구성원을 확보, 유지하고 통제한다.

(3) 자발적결사체

자발적결사체는 글자 그대로 자발적으로 형성된 조직이라고 할 수 있는데 노동조합, 협회, 시민단체 등이 예이다. 일반적으로 구성원 상호간의 친선과 이익도모를 목적으로 생성되었으며 공통의 문제인식과 해결을 지향한다. 그러나 조직목표가 상대적으로 모호하게 규정되어 목표 설정 자체를 둘러싼 갈등이 발생하며, 대부분의 구성원들이 전일제 종사자가 아니기 때문에 조직관리의 과두제(oligarchy)화가 초래된다. 즉 미헬스(Michels, 1959)가 '과두제의 철칙(iron law of oligarchy)'으로 지적한 것처럼 극소수의 전일제 스태프(staff)가 정보와 조직 운영전략을 독점하는 상황이 초래되고 이들에 의한 과두적 운영을 통한 조직통제가 이루어진다는 것이다.

일부 전문가협회나 대학동창회 조직 등의 운영이 사무총장을 비롯한 몇몇 전임자들에 의해 좌지우지되는 상황이 한 예이다. 따라서 조직의 지배권을 둘러싼 갈등이 정당, 노조, 협회 등과 같은 자발적결사체에서 가장 격심하게 나타날 가능성이 크다. 일단 갈등이 초래된 경우에도 정부 관료조직이나 기업조직은 집권화된 조직 특성으로 인해 갈등초래 세력을 오래 방치하거나 용인하지 않는 것에 반해, 자발적 결사체에서는 갈등이 해소되지 못하고 장기화될 가능성이 크다.

이 유형의 조직도 생성 이후, 새로운 환경에의 대응을 위해 내부구조의 변화, 목표 변경, 새로운 지도력 형성 등의 과정을 겪는다는 점은 공통적인 현상이다. 자발적 결사체의 환경은 그 조직의 가장 중요한 자원인 구성원, 기타 협조자 및 경쟁자들로 구성되며 종종 정보교환 및 정치적 압력 행사를 위해 서로를 이용한다.

2. 조직사회학과 경영·행정 조직이론의 차이점

조직사회학(sociology of organizations)은 사회에 존재하는 다양한 조직들의 내부구성(구조), 구성원들 간의 상호작용, 조직과 외부 환경요인들과의 관계 등을 연구의 주제로 삼아 사회학적 시각과 접근방법으로 이를 분석하는 사회학의 한 분야이다.

이러한 관심은 19세기에 사회학이 독립된 학문 영역으로 형성되던 초기단계부터 지속되어 왔으나, 순수학문을 지향하는 사회학의 경향과 구조기능주의 체계이론의 거대이론 지향적인 성격 및 사회학자들의 노동지향적 가치 등의 영향으로 인해 관련 학문 분야인 경영학이나 행정학에 비해 조직 수준의 구체적인 연구가 활성화되지 못해온 것도 사실이다.

그러나 이런 이유 때문에 조직사회학이 경영학이나 행정학의 조직이론(organization theory)과는 구분되는 독특한 시각과 관심 대상을 견지해 온 것을 주목할 만하다. 즉 응용과학(applied science)의 범주에 속하는 경영학과 행정학의 조직이론이 갖는 기본적인 관심은 어떻게 하면 기업과 정부 조직을 보다 효율적이고 생산적으로 운영할 수 있을 것인가의 문제에 집중되어 왔으며, 따라서 조직의 성취(performance) 측면과 이에 관련된 조직구조 분석 및 설계에 초점이 맞추어져 조직관리 기법을 향상시키기 위한 실제적 도구의 개발에 중점이 두어졌다. 이런 맥락에서 대부분의 조직이론이 구조기능주의적 시스템론의 입장을 취하고 조직행동론을 골격으로 하게 된 배경이 드러난다.

이에 반해, 조직사회학은 조직 현상의 있는 그대로의 모습을 파악하는 데 일차적인 관심을 두어왔고 따라서 사회학의 다양한 이론적 지향의 전개와 더불어 조직을 분석하는 다양한 시각의 변화와 발전을 보여 왔다.

앨브로우(Albrow)는 조직이론의 지향을 조직사회학의 지향과 대비하고 있다. 그는 조직이론이 '조직의 가치(values of the organization)'를 강조하는 반면에, 조직사회학은 '조직가치(organizational values)'를 확인하는 일에 몰두한다고 주장하였다.[18] 따라서 그는 조직사회학자는 사회학의 학문적 전통에 따라 객관성을 강조하며 연구하는 조직을 개선

---

18 '조직의 가치'에서 '가치' 개념은 조직이 어떤 '값어치'를 갖는가 라는 개념인 반면에, '조직가치'는 조직이 추구하고 발현하는 '가치'가 무엇인가 하는 개념이다.

하거나 설계하는 문제 등에는 거의 관심을 두지 않았다고 했다.[19]

조직사회학의 이러한 지향이 성공적인 것이었는지 혹은 실제적으로 바람직한 것인지의 여부는 관점에 따라 논쟁이 가능하다. 실제로 조직사회학자들 중에서도 경영학이나 행정학의 조직이론가들과 유사한 입장에서 조직 문제를 접근하는 경우도 없지 않다. 그러나 이 책의 목적은 이미 많이 나와 있는 경영이나 행정 조직이론서에 또 하나를 덧붙이려는 것이 아니라 사회학적인 지향을 견지한 조직사회학을 정리하고 소개하려는 것이다. 따라서 이 책에서는 조직사회학의 여러 관점들을 소개하는 데 주안점을 둘 것이며, 보다 구체적인 조직 현상에 대한 논의 부분에서도 이것을 부각할 것이다.

3. 조직사회학 연구의 개괄적 흐름

조직사회학적 관심의 싹이 19세기에서 20세기 초반에 걸쳐 활동한 고전사회학자들의 연구에서 이미 싹트고 있었다는 점은 잘 알려진 일이다.

콩트(Comte)는 인간정신의 진화에 따라 사회가 신학적·군사적 사회에서 산업적·과학적 사회로 이행하는 점에 주목하면서 이 과정에서 나타나는 산업가, 즉 조직자들의 성장에 주목한 바 있다. 그는 산업사회에서의 경제적 진보는 작업과 노동의 합리적이고 과학적인 조직을 통해 이루어진다고 생각하면서 자본화를 중시하였고 생산 수단의

---

19 Albrow, M. C. 1968. "The Study of Organizations--objectivity or bias?" in J. Gould. (ed.) *Social Sciences Survey*, Harmonsworth: Penguin. pp. 146-167.

공적 소유에 반대하는 입장을 취하였다. 생시몽(Saint-Simon)의 영향을 받은 그가 상상한 새로운 사회적 질서는 과학자가 신학자를, 산업가가 봉건적 지도자를 대신한 가운데 '형제애'와 사회적 책임에 입각한 사회적, 산업적 체계를 기반으로 하는 것이었다.[20] 이러한 그의 생각은 산업사회에서 본격적으로 등장하는 조직체들이 인간의 사회적 생활의 구조화에 어떤 영향을 미칠 것인가를 염두에 둔 것으로 파악된다.

스펜서(Spencer)도 역시 군사형 사회에서 산업형 사회로의 이행을 강조하면서 사회유기체론의 입장에서 사회는 분화와 통합의 이중적 과정을 겪는다는 점을 중시하였다. 그는 사회가 상호의존적인 부분 요소들로 분화되어 개인들의 상호의존성이 증대되면서 강제성이 약화되는 반면에 자발성이 증대하고 중요시되는 방향으로 진전될 것으로 평가했는데, 이러한 생각 역시 현대사회 조직의 특성과 역할을 시사한 것이다.

환원론적 개인주의에 반대한 뒤르켐(Durkheim)은 사회가 개인들의 단순한 합(合) 그 이상이라고 생각하여 사회는 하나의 사회적 사실(social fact)이며, 개인들을 연계시키는 집합의식과 사회조직의 역할을 강조하였다. 따라서 그는 자유주의 경제학의 '경제인(economic man)' 가정과 시장균형에 대한 낙관론을 거부하면서,[21] 유기적 연대를 통해 사회통합을 보장하는 기능적이고도 도덕적 질서를 가진 이데올로기적

---

20 콩트는 개별적인 사적 이익들이 조화를 이룰 수 있다고 보았는데, 이점에서 '산업인'을 노동자와 자본가 양자의 통일체로 본 생시몽(Saint-Simon)의 영향을 엿볼 수 있다(Clegg and Dunkerley. 1980. *Organization, Class, and Control*. London: Routledge and Kegan Paul. p.9).

21 신고전 경제학의 기본전제인 '이기적인 개인의 자기이익 추구를 통한 시장균형 효과'를 반대한 뒤르켐은 시장역할만을 통해서는 안정된 사회질서가 유지될 수 없다고 주장하였다(Ibid. p.20).

공동체를 바람직한 것으로 여겼다.[22] 이 공동체는 집합의식과 보상적 법률에 의해 규제되는 것으로서, 즉 개인과 사회 사이에서 완충 역할을 하는 매개적인 조직체이며 고도의 내적 자율성을 갖는 직업집단(직업적 결사체)을 의미한 것이다.[23] 결국, 개인과 사회를 결속시켜 사회적 연대의 재통합을 이루어야 할 책무를 조직체에 부여한 것이 뒤르켐의 사회관이고 조직관이다.

한편 프로테스탄티즘에 내재된 합리성에 기초하여 서구문명에서 먼저 자본주의가 태동한 것으로 파악하는 베버(Weber)는 자본주의에 대한 분석에서 관료제의 이념형(ideal type)을 제시함으로써 위에 언급한 초기 사회학자들과는 달리 조직 수준의 사회학적 분석의 계기를 마련한 것으로 평가된다.

고전조직이론의 기본 틀을 세운 관료제론은 20세기 초에 경영·행정 분야의 이론가들에 의해 과학적 관리론 및 공식관리론으로 보완되며 정교화되었다. 이 무렵 마르크시즘에 기반한 조직원리가 태동하여 대립적인 조직시각이 등장하는 계기가 되었다.

한편 1920년대 후반에 과학적 관리기법을 응용한 현장실험의 연장선 위에서 예측하지 못했던 상황들이 발견되면서 일련의 후속적인 연구들이 수행되었고 그 결과가 정리되면서 과학적 관리론의 기본 전제를 크게 수정하는 시각이 등장하였는데 인간관계론(Human Relations Theory)이 바로 그것이다. 이런 맥락에서 인간관계론은 흔히 신고전조직이론으로 분류된다.

---

22 뒤르켐에 있어서 유기적 연대는 조화로운 사회적 실존을 의미하며 따라서 그는 산업적 상황에서 근본적인 이해갈등은 존재하지 않는다고 보았다. 따라서 그는 사회계급조차도 갈등적 현상으로보다는 통합의 측면, 즉 협동적 현상으로 파악하였다(Ibid. pp. 23-24).

23 Clegg and Dunkerley, 1980. *op. cit.* 27-28.

신고전조직이론은 1930~40년대 이후, 크게 두 가지 조직 분석 시각으로 확대되었다. 하나는 사회심리학적 조직 분석으로 지칭될 수 있는 것으로서 인간관계론의 감독 유형과 그 영향에 관한 연구 발견에 자극받은 리더십 이론, 동기(motivation)이론 및 직무 만족에 관한 많은 연구들이다. 이러한 연구들은 사회학의 영역에서도 관심이 두어졌지만 경영학이나 행정학 분야에서 실제적인 관심 하에 집중적으로 수행되면서 조직행동(organization behavior)론으로 발전되었다. 한 가지 특기할 만한 점은, 1960년대에 갈등론의 시각이 미국 사회학계에서 새로운 관심을 끌게 되는 것과 발맞추어 직무 만족 연구가 상대적으로 축소되고 한동안 소외(alienation) 연구가 활발했던 점이다.

신고전조직이론이 조직 내의 비공식적 사회관계에 초점을 두게 되고 조직 내의 여러 부분 요소들 간의 상호작용과 의존성을 강조한 점은 체계(system)로 조직을 보는 관점을 태동시켰다. 공식적인 조직 모델이 정태적인 문제를 갖는 것에 대한 반발로서, 파레토(Pareto)의 체계 개념의 영향을 받은 이 입장은 파슨즈(Parsons) 등의 구조기능주의 시각에 힘입어 1960년대 이전까지 집중적인 발전을 이루었다. 체계조직이론의 관점도 애초에는 조직을 자체완결적인 것으로 보는 폐쇄체계 시각으로 출발하였으나, 곧 조직의 환경요인에 대한 인식이 도입되면서 개방체계 시각으로 발전되었고, 1970년대 이후 집중적으로 조직의 환경 문제에 대한 관심이 제기되는 기반을 제공하였다.

1960년대에 이르러 조직사회학의 관심은 당시 본격적으로 분화되기 시작한 사회학적 관점에 힘입어 매우 다양해진다. 현실에는 다양한 유형의 조직이 존재한다는 점이 인식되면서, 베버의 관료제 이념형과 같은 단일 조직형식 모델의 입장을 거부하는 여러 가지 조직유형론(typology)이 제시되었다. 조직에 대한 유형 분석은 곧바로 다양한 조직체들의 구체적인 내부 구조를 확인하고 특정한 조직구조 특성을 초래하는 원인 변수에 대한 관심으로 확장되면서 수많은 경험적 조직연구가 수행되었다. 이러한 경험연구(empirical study)의 발전에는 제2차 세계대전 후반에 군사용으로 발명된 컴퓨터가 1950년대 후반경에는 대학에 컴퓨터 센터들이 설립되면서 학술용으로 이용될 수 있게 된 상황이 작용했다. 이러한 경험 연구를 통해 국가 간 조직비교 연구의 장이 열렸다.

한편에서는 상호작용론의 시각을 반영하여, 조직을 '구조화되어 이미 주어진' 정태적인 구조로 파악하는 것을 거부하고 조직 구성원들의 행위와 상호작용의 과정에 초점을 두면서 조직을 인간 행위의 '구조화 과정(structuring process)'으로 파악하려는 시도가 전개되면서 현상학 및 일상생활방법론(ethnomethodology)의 시각에 접합되어 이론적인 진전을 이루었다.

또 다른 한편에서는, 기능주의에 입각한 조직 분석의 약점을 비판하면서 갈등론의 견지에서 조직현상의 적나라한 모습을 파악해 내려는 시도가 행해졌다. 1960년대 이후, 특히 1970년대 중반 이후 활발히 전개된 이 관점은 체계론의 입장을 일부 수용한 자연체계 시각과 네오마르크시즘의 시각으로 구분될 수 있다.

양자 모두 조직에서의 권력과 통제 문제에 초점을 두는 것은 공통이지만, 네오마르크시즘의 조직론은 조직과 계급의 문제에까지 관심이 이전되면서 노동과정론 및 급진적인 노동시장이론과 맥을 잇게 되었다. 이는 역사의 보편적 합리화 과정으로 특정 형태의 조직(관료제)을 분석한 베버에 반하여, 조직의 '통제' 문제에 초점을 둔 역사적 관점을 취하면서 특정 형태의 조직이 자본주의적 축적 및 진전과 연관되어 있다는 주장을 기초로 한다. 사회의 구조적 분화는 조직의 충원과정, 작업설계에서 조직체에 의해 재생산되므로 따라서 노동시장, 조직구조 및 사회적 불평등의 형태에는 밀접한 연관이 있다는 입장이다.

환경결정론에 반대하여, 대규모 조직체의 소유자와 관리자들이 환경을 통제하고 어느 정도 선택하는 힘을 갖고 있다는 정치경제학적 주장도 같은 맥락에서의 연구결과물이다.

이러한 연구경향과 더불어 1980년대 이후에, 연결망(network)의 개념을 조직 분석에 적용하는 신경제사회학의[24] 시각이 발전하고 있다는 점은 주목할 만하다.

위에서 논의한 조직사회학 연구의 개괄적인 흐름은 아래 그림으로 정리될 수 있다.

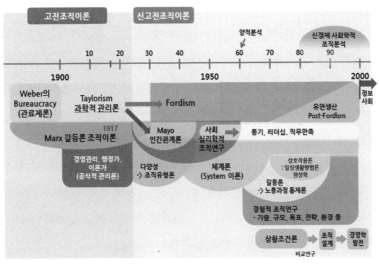

[그림 1] 조직사회학 연구의 흐름

---

24 '신'경제사회학(new economic sociology)으로 지칭하는 이유는 1970년대 이전의 경제사회학적 관심과 구분하기 위한 것이다.

4. 조직사회학 연구 방법

조직현상을 이해하고 예측을 향상시키기 위해서 다양한 연구방법이 사용된다. 그동안 사회학에서 발전해 온 연구방법 모두가 조직사회학의 연구에 활용된다고 할 수 있다.

베버의 이념형으로서의 관료제는 상상적 실험을 통한 관념적 연구의 소산이었다. 공식관리이론이나 마르크시즘의 고전조직론 역시 관념적 분석에 기반한 반면에, 과학적 관리론 및 인간관계론 연구는 현장실험을 통한 발견을 정리하고 이 결과를 다시 현장에 적용하는 과정을 통해 정교화된 이론들이다. 체계조직이론은 기본 틀에 있어서 거대이론의 성격을 띠면서 관념론적이었던 한편, 머튼(Merton) 등의 주도로 중범위이론(middle-range theory)을 추구하면서 사례연구 기법을 사용하여 관료제의 역기능을 지적해냈음은 잘 알려진 일이다. 인간관계론의 영향으로 연구가 활성화되었던 리더십, 동기 및 직무만족에 관한 연구들도 1960년대 이전까지는 주로 유형분석이나 규범적인 이론화에 초점을 둔 질적(qualitative) 분석이 대종을 이루었다.

1960년대에 컴퓨터의 보급이 대학에까지 확대되어 학문 영역에서도 비교적 큰 자료의 분석이 용이해지면서 많은 경험적 조사연구가 수행되었다. 이들 연구는 질문지법, 면접, 관찰, 문헌분석 등의 다양한 방법을 이용하여 자료를 수집하고, 이 자료를 통계기법을 사용하여 처리하는 양적(quantitative) 연구방법의 전형을 이루었다.

한편 1960~70년대 이후 본격적으로 등장한 상호작용론, 현상학, 일상생활방법론 등의 조직 분석 시각에서는 인간과 사회 현상의 이해란 곧 주관적인 의식의 심층을 제대로 파악하는 데서 출발한다는 전제하에 좀 더 질적인 관찰과 분석방법을 발전시키려고 시도하였다.

위에서 살펴본 바와 같이, 조직사회학의 조직연구 방법은 질적 연구 방법과 양적 연구방법이 모두 중요하게 사용되고 있다. 따라서 표본조사(survey), 사례연구(참여 혹은 비참여관찰), 실험, 문헌분석 등의 다양한 기법들이 사용되며 이러한 실증적 연구는 이론을 확인하거나 수정하는 데 기여하고 있다.

2장

고전조직이론의
등장

고전조직이론에는 베버의 관료제론, 테일러의 과학적 관리론, 행정가나 경영자 및 이 분야 초기 학자들에 의한 공식관리론 및 마르크시즘의 조직론이 포함된다. 아래에서는 이 네 가지 고전조직론의 내용을 정리한다.

1. 베버의 이념형적 관료제론

1) 정부 행정 영역에서 관료제 태동의 역사적 배경

(1) 봉건제적 행정관리

일반적으로 5세기부터 15세기에 이르는 기간을 일컫는 중세 유럽 사회에서는 농업을 기반으로 한 봉건제가 광범위하게 시행되었다. 봉건제도는 하나의 경제적 생산양식이면서 동시에 당시의 정치적 지배체계를 규정짓는 것으로 볼 수 있다. 당시 유럽 각국 정부의 행정관리

형태는 분권화된 행정위계 구조를 특징으로 한다. 로마 가톨릭 교황으로부터 승인을 받아 즉위하던 당시의 국왕들은 대부분의 경우에 자신이 관할하는 영토의 구석구석에 까지 실질적인 영향력을 미치기에는 힘이 부족했다. 이에 따라 즉위한 왕이나 왕족 가문이 중앙에서 일부 힘을 행사하기는 하지만, 각 지역을 거점으로 한 소위 '봉건 영주'들이 대거 등장했던 상황이다. 즉 국왕은 직업적인 전사(戰士)계급으로 등장한 귀족(기사)들에게 많은 봉토를 분배하고 그 지역의 농민들을 예속시켜 자급자족하게 하고 조세권을 부여한 한편, 그들에게 별도의 녹봉은 지불하지 않았다. 국왕으로부터 봉토를 받은 크고 작은 제후들은 장원(manor)의 영주로서 국왕의 봉신이 되는 한편, 하급 기사에게 자신의 봉토 일부를 떼어주어 그의 주군(主君)이 되는 식으로 봉건제의 피라미드 구조를 형성하였던 것이다. 이에 따라 궁극적으로는 귀족들에게 권력이 상당정도 위임되면서 중앙의 국왕권이 점점 약화되고 지방분권 체제가 견고해진 것이다. 이러한 상황은 우리나라에서도 고려시대 후반에 각지에 무신정권이 할거하면서 중앙집권제가 붕괴되어 왕권이 약해졌던 상황과도 유사한 것이다.

중세를 배경으로 한 영화들에서 많이 등장하는 장면에서 보이는 것처럼, 봉건 영주들은 전일제(full-time)로 행정에 참여하지 않았다. 이들은 평소에 사냥이나 여행 등에 많은 시간을 사용했고, 최소한의 시간만을 행정관리 업무에 할애하였다. 이 영주(기사)들은 주군에 의해 쌍무적 계약관계로 임명되거나 부친으로부터 그 직위를 승계받은 것이어서 행정관리 능력을 결여한 경우가 많았고 또 거기에 큰 관심을 두지도 않았을 것이다. 따라서 능력 있는 서기를 고용하여 자기 대신에 행정을 관리하도록 하는 것이 보편적이었다.

이러한 봉건제 하의 행정관리 조직에서는 각 구성원들이 자신의 바로 상급자인 주군과 권력이나 재화를 획득할 수 있는 기회를 공유하게 된 것이기 때문에, 바로 상급의 개인에게만 충성하면 되었고, 전체 행정조직이나 국가에 대한 헌신은 상대적으로 관심 밖의 일이었다. 또한 자신의 봉토에서 세금으로 거둬들이거나 주군에게서 부여받은 재물에 대한 처분권이 거의 전적으로 자신의 처분권이었기 때문에, 공(公)재정과 개인적 소비의 구분이 모호했다.

따라서 봉건제적 행정관리는 안정적이지 못하고 비효율적인 행정형태를 초래하였고, 권력과 재화가 분권화에 따라 너무 분산되어서 명령의 위계체계가 불명확한 정부 관리 조직이 특징이었다.

(2) 가부장적 군주제

이러한 상황에서 15~16세기에 걸친 종교개혁과 르네상스를 거치면서 인본주의가 강화됨에 따라 교회의 힘이 약화되는 한편 국왕의 힘은 상대적으로 강화되었다. 결국 16세기경에 이르러 왕권을 중심으로 중앙집권화 된 절대왕정(절대주의) 국가가 성립하면서 이전부터 경쟁관계에 있던 가톨릭 교회의 보다 강력하고 효율적인 조직 모델을 채용하여 소위 '가부장적 군주제'가 등장하게 된 것이다. 13세기 말경부터 교회와 봉건 영주의 힘이 약화되자 상대적으로 국왕권이 서서히 강화되기 시작하였다. 이때부터 모든 자원이 왕에게 집중되어 세금 염출을 직접 관리하면서 과세권이 강화되었고 행정 및 군사조직의 정비를 통해 중앙집권 체제를 강화하게 된다. 귀족이 아닌 낮은 계층의 인적 자원을 행정관료로 충원하여 이들에게 화폐나 기타 형태로 봉급을 지불하면서 공·사의 재정이 분리되기 시작했다. 또한 귀족의 권력을 제한하는 법을 제정하여 중앙집권이 강화됨과 더불어 행정관리가 기록으로 남겨지고 문서화되면서 감독이 보다 용이해지고 자원의 낭비가 감소하게 되었다.

(3) 근대 관료제

이러한 가부장적 군주제의 행정관리 형태는 관료조직화의 싹으로서 근대 시민사회 형성기 및 산업혁명기를 거치면서 근대적 형태의 관료조직으로 발전하였다. 영국의 명예혁명, 프랑스 대혁명 등 시민혁명을 통해 성립한 근대 국가(국민국가)에서, 군대 조직의 규율에 기반한 조직 방식이 행정 조직에 이식되기 시작했다. 즉 군대와 같은 명령체계의 확립, 장교의 전문화에서 차용한 관리의 전문화, 이를 위한 관리의 채용과 평가 및 승진 기준의 정착화 등이 행정관리 조직의 관료제도 발달의 모델이 되었고 이것이 근대 관료제의 기본 틀이 된 것이다(Giddens, 1989: 347).

2) 산업 생산 영역에서 관료제 태동의 역사적 배경

(1) 길드

중세 유럽의 경제 영역에서 특징적인 조직의 형태는 길드(guild)였다. 애초 12세기경에 수공업 장인들을 서로 간의 지나친 경쟁으로부터 보호하기 위해 조직된 길드는 13~14세기경에 유럽의 여러 도시들에서 융성하였다. 길드는 같은 직무를 수행하는 동직자들의 조합으로서 오늘날의 협회와 유사한 기능을 수행했다. 숙련 수공업직에 고용될 개인들의 입회, 가격 결정, 생산물의 질, 재료 등 공정의 모든 측면을 결정했던 길드는 도제에서 직인을 걸쳐 장인에 이르는 엄격한 위계제의 도제제도(apprenticeship)를 기반으로 유지되었다.

회원인 장인들이 수행하는 작업의 자율성을 외부로부터 보호하는 한편 이들의 작업상황과 작업조건 등을 통제하며 나아가 회원 상호간의 부조, 집단 정체감 유지의 사회·경제적 연결체이던 길드는 15세기 이후 내부 모순의 증대와 사회경제적 상황의 변동에 따라 와해의 과정을 겪었다.

내부적 모순은 정교한 손놀림 솜씨에 기반한 수(手)작업을 특징으로 하는 장인들에게 새로운 기술의 발전에 수반한 생산은 위협적인 것으로 여겨지면서 기술 변동에 적응하기를 거부한 데서 출발했다. 또한 길드의 사정이 악화되어 규모가 커지지 않는 상황에서, 도제가 직인으로 또 직인이 장인으로 위계 구조상에서 상승 이동하는 것이 정체되면서 문제가 발생하였다. 다시 말해 가격 독점 욕구가 숙련 기술의 독점을 통해 뒷받침되는 상황에서 기술 변동은 가격 하락 방지를 위해 장인들에 의해 거부되었고, 따라서 비효율적이고 불합리한 작업방식이 고수되었던 것이다. 더불어 카스트제와 같이 엄격한 위계 구조 내에서 승진이 점점 폐쇄되면서 장인의 지위가 그들의 자식에게 세습되는 경향이 나타나자 다른 직인과 도제들의 반발이 거세어졌다.

한편 봉건제적 생산의 한계가 드러나고, 그 틈에서 도시가 확대되던 사회경제적 여건에서 중상주의 경제사상의 대두 및 인클로저(encloser) 운동의 확대가 길드의 해체를 더욱 촉진했다. 즉 길드 내의 상승 이동 기회 제한에 따라 좌절했던 직인들이 17세기경에 이르면 도시 영역 및 해외 시장에서의 수요 확대에 따라 길드 바깥에서 생산 기회를 찾을 수 있게 되었다. 더불어 초기자본 축적을 통해 등장한 상인자본가들은 확대된 시장이 요구하는 생산 증대가 기존 길드의 제조과정을 통해서는 불가능하다고 판단하게 되자 새로운 생산방식과 조직을 추구하게 되었다.

(2) 선대제

노동과정 조직화의 한 형태인 공장제가 길드의 와해 및 이농민으로 구성된 도시 노동자(프롤레타리아)의 창출과 병행하여 곧바로 등장한 것은 아니었다. 공장제로 특징되는 산업자본주의 태동의 초기 단계는 선대제(putting-out system)로 불리는 생산조직 형태를 경험하게 된다.[1] 당시 이미 상당한 부를 축적한 상인자본가들의 입장에서는 가능한 많은 제품을 확보해서 이를 다른 지역에 내다 팔수록 더욱 많은 이윤을 남길 수 있는 여건에 있었다. 시장은 단지 국내 지역에만 머물지 않고 이미 해외로까지 상당 정도 확대되던 시기였기 때문에 상품 확보의 욕구는 더욱 강할 수밖에 없었다. 그러나 상품을 만들어내는 길드는 상당히 위축되어서 많은 경우에 스스로 물건을 만들어내기 위해 필요한 원료의 확보에도 곤란을 겪는 지경에 처해 있었다. 이렇게 되자 상인자본가들이 자신들의 돈으로 원료를 구매해서 이를 장인들에게 가져다주고 물건을 생산해주는 대가로 해당하는 수고료를 지불하는 식의 계약을 맺게 된 것이 바로 선대제(先貸制)인 것이다. 따라서 선대제는 수공업노동자가 자신의 도구를 소유하고 상인자본가가 제공한 원료를 가지고 자신의 집에서 작업을 수행하여 산출된 최종생산물을 상인자본가에게 돌려주는 대가를 화폐로 지급받던 형식이다.

위에서 언급한 대로 와해되어가던 길드 구성원이나 길드로부터 이탈된 노동력과 상인자본가의 이윤 확대 욕구가 결합되어 얼마간 지속되던 선대제는 산업혁명기의 초반을 거치면서 상인자본가의 입장에서

---

1 길드, 선대제 및 공장제적 조직 형태는 나름대로 생산조직의 역사적 전개과정을 나타내지만, 엄밀히 보면 시간적·지역적으로 단선적 혹은 단절적인 발전 과정이기보다는 상호 중복되어 나타난 생산조직 유형이다(Clegg and Dunkerley. 1980: 49).

볼 때 비효율적인 것으로 여겨지게 된다. 즉 상인자본가가 원료를 제공하고 산출물을 되돌려받는 과정에서 생산자의 낭비나 횡령에 의해 경제적 손실을 입게 되었다. 그 이유는 기본적으로 생산 작업이 노동자의 집에서 이루어지다 보니 상인자본가는 이들의 작업 속도를 비롯한 노동 과정의 어느 부분에도 통제를 할 수 없는 상황이었던 때문이다.

(3) 매뉴팩처

이처럼 선대제의 비효율성을 경험한 상인자본가들은 자신의 재력으로 작업장을 만들고 노동자들이 그 장소에서 일하도록 하면 작업 과정을 감시할 수 있다는 유인을 얻게 된다. 즉 초기 자본가들이 노동자에게 빚을 지우고 도구를 소유하지 못하게 함과 더불어 별도의 장소를 마련하고 자신들의 자본력으로 구입한 도구를 비치하여 일을 원하는 사람을 고용하여 화폐로 임금을 지급하는 형태의 생산조직이 보편화되어갔다. 이것이 바로 가정과 직장이 분리된 공장제 수공업(매뉴팩처; manufacture)의 등장이다.

(4) 공장제 기계공업

공장제 수공업이 진행되는 와중에 생산 증대의 욕구가 작업 도구를 기계로 발전시키는 결과를 낳게 되고 궁극적으로 이러한 기계들이 증기기관과 연결되어 새로운 에너지 사용을 통한 생산성의 급격한 증대를 초래한 일련의 변화가 바로 산업혁명(Industrial Revolution)이며, 이때 등장한 공장제 기계공업의 생산조직이 바로 현대적 의미의 공장이다. 이러한 산업혁명을 통해 본격적으로 산업자본가와 임금노동자 계급의 출현이 이루어졌다.

이와 같은 공장 중심의 작업방식은 기술 발전과 결합되어 노동의 세

분화 및 피라미드형 위계 조직 구조를 태동시켰고, 조직 규모의 팽창을 겪으면서 산업조직도 점차 관료제적 복합조직의 형태로 변화된 것이다. 홉스봄(Hobsbaum)의 지적처럼 군대식 규율이 근대자본주의 공장에 대한 이상적 모델이 되었다. 즉 합리적 조직에 필요한 작업 습관과 동기를 갖춘 합리적 노동자를 다듬어내기 위한 방편으로 관료제는 생산조직의 특수한 관리 형태가 되어간 것이다.[2]

3) 관료제의 이념형

막스 베버(Max Weber: 1864~ 1920)

프로테스탄티즘과 연결된 서구 사회의 독특한 합리성에 기반하여 자본주의 체제가 형성·발전되었다고 생각한 베버는 그 자본주의 체제를 특징지을 조직형태로써 프로이센의 군대조직에서 시행되던 관료제도에 주목하였다. 즉 자본주의적 합리성에 배태된 조직 원리로 관료제의 이념형(ideal type)을 제시하였던 것이다.

개인들을 조직의 질서에 복종케 하는 정당성의 기초인 권위(authority)에 대한 연구를 통해 베버는 전통적, 카리스마적 권위를 대체한 합법적이고 명문화된 규칙에 기반한 합리적·법적 권위를 강조하게 되고 이에 따라 탈인격화(impersonal)된 조직관리 모델을 구상하였다. 이 조직에서는 구성원들이 규칙에 기반하여 특수한 사회관계 유

---

2 Clegg and Dunkerley. 1980. *op. cit.* p.75.

형으로 배치되고, 이에 따라 조직 행위에 대한 규제가 이루어짐으로써 조직의 질서가 가능해진다. 이 질서를 베버는 '지배구조(structure of dominance)'로 간주했다.[3]

베버는 이러한 합리적[4] 조직관리 모델이 근대문화의 기술적, 경제적 기초의 특수성에 따라 필연적으로 요구되어지는 것으로 보면서, 20세기 초반에 미국에서 시행된 과학적 관리기법에서 이러한 합리적 조직 기법이 가장 극단적인 형태로 발견된다고 주장하였다.[5] 베버가 주장한 관료제 이념형은 그의 연구 방법론을 대변하는 것인데, 관료제가 '이상적인(idealistic)' 상태라는 의미를 담고 있는 것은 아니고, 관료제라는 조직 현상의 가장 두드러진 특징을 묶어서 '이념형'으로 정리한 것이다. 따라서 베버가 관료제를 가장 바람직한 조직 형태라고 주장한 것은 아니라고 할 수 있다. 하지만 그가 '철장(iron cage)'이라는 표현으로 관료제의 부작용을 지적했음에도 불구하고, 기본적으로 베버의 주장은 합리성의 구현자인 관료제와 그에 의해 뒷받침받는 자본주의 체제를 옹호한 것으로 평가된다. 베버가 이념형(ideal type)[6]으로 고려한 관료제의 특징은 다음과 같이 정리할 수 있다.

---

3 베버는 해석사회학의 입장에서 이 질서를 '인지된(perceived)' 질서로 보고, 행위자들이 그들의 행위를 규정된 질서에 지향시키는 이유는 집합적으로 인지된 규칙이 개인적 행함(enactments)을 좌우하기 때문이라고 지적하였다(Clegg and Dunkerley. 1980. *op. cit.* p.77).

4 여기서 '합리적'이라는 개념은, 특정한 목적을 달성하기 위한 수단들이 명백하게 설계된다는 점과 조직 행위의 결과가 명백하게 예측 가능하다는 의미에 해당한다.

5 Gerth and Mills (translated and edited). 1948. *From Max Weber: Essays in Sociology.* London: Routledge and Kegan Paul. pp.215~216.

6 여기서 'ideal'이란 표현은 가장 '바람직한 것'이라는 의미가 아니라, 관료적 조직의 '순수형태(pure form)'라는 뜻에 가깝다. 따라서 '이념형(ideal type)'이란 베버의 방법론적 도구로서, 실제 존재하는 현상의 가장 핵심적인 특징을 부각시켜 뭉뚱그려놓은 개념 틀이자 이를 통해 실제 현상과의 비교를 위한 준거틀이라고 할 수 있다.

① 업무는 일반적인 조직규칙에 의해 수행된다. 즉, 업무수행이 개개인에 기반한 특수주의에서 벗어나서 탈인격적(impersonal)이고 보편주의에 입각해서 이루어진다.

② 조직의 행위는 여러 가지 다른 업무들로 분할되어 있고 각 직책(position)이 담당하는 권한과 의무가 명백하게 세분화되어 있다.

③ 직책을 담당하고 있는 조직원의 업무와 관련된 권위는 제한적이다. 즉, 개별 구성원들이 갖는 권위는 규칙에 기반하며 업무수행과 관련된 영역에 국한된다.

④ 조직의 직위 구조는 피라미드 형태의 위계구조를 띠어서 조직 구성원은 상급 직위로부터의 지시와 감독을 받고 하급 직위에 명령하는 식으로 명령과 복종의 연쇄(chain)를 형성한다. 이 점은 일정한 권한이 하급자에게 위임되어 있더라도 궁극적으로는 집권화된 조직 형태라는 것을 시사한다.

⑤ 모든 중요한 업무는 기록되고 문서로 보관된다.

⑥ 대부분의 직책 담당자는 임명되며 전일제로 근무한다. 즉 계약을 통해 고용되는 것이며 선출직이 아니다.

⑦ 화폐로 보상을 지급하고 조직을 그만둔 이후에도 연금을 지급하기도 한다.

⑧ 종신고용이 가능한데, 이는 조직 자체에 대한 충성심을 유발하는 중요한 메커니즘으로 작용한다.

⑨ 직위의 위계구조상에서 상향이동 즉 승진이 가능하고 이 과정에서 기술적 자질, 능력, 업적(공과) 및 연공서열(seniority)이 종합적으로 반영된다.

⑩ 조직에 채용되기 위해서는 조직이 필요로 하는 적정 수준의 훈련된 자격이 요구된다. 기본적으로 연고에 의한 채용이나 그 밖

의 다른 정실주의(nepotism)는 배제된다.

⑪ 대가를 얻기 위한 단순한 일자리(job)가 아니라, 자신의 일에 일종의 소명의식을 갖추고 감정적인 헌신이 요구되는 천직(vocation)이어야 된다.

⑫ 관료제의 조직원은 상위자라고 하는 특정한 개인에게가 아니라 조직 그 자체에 충성할 것이 기대된다.

⑬ 자연인으로서의 지위 및 권한과 조직인으로서의 지위 구분이 명확하다. 즉 조직 구성원의 개인생활과 조직생활은 명확히 구분된다.

베버는 이상의 특징을 가진 관료제는 어떤 형태의 조직보다 효율적이라고 주장하였는데, 그 가장 중요한 이유의 하나는 의사소통의 경로와 권한과 의무가 체계적으로 규정되어 있고, 규칙이 존재하고 명령의 계통(위계질서)이 존재하므로 조직활동의 통일성과 과정 및 결과에 대한 예측이 가능하다는 것이다. 또 보편주의에 입각한 업무처리 규정은 조직 행위가 개인의 변덕이나 정실에 좌우될 위험을 방지한다. 한편 관료조직은 자연인이 변경되어도 직위는 유지되고, 또한 충원된 새로운 구성원도 역시 동일한 업무수행을 하도록 규정이 마련되어 있기 때문에 연속성을 유지할 수 있고 전문성이 보전된다는 것이다.

이를 정리해본다면, 구조와 기능의 짜임새 있는 배열을 통해 세분화된 전문성 유지, 역할의 조정 및 표준화된 통제가 가능하다는 것이다. 또한 각 구성원의 권리가 공식적으로 보장되므로 공적 조직활동에 대한 헌신을 이끌어낼 수 있다. 베버의 주장을 인용해보자.[7]

---

7 김남현 역. 1985. 『경영조직론』. 경문사. 289쪽에서 재인용.

경험에 의하면 관리조직의 순수한 관료제 조직유형은 순수하게 기술적인 관점에서 최고도의 능률을 얻을 수 있게 하며, 이 같은 의미에서 인간행동에 대한 긴요한 통제활동을 수행하기 위한 가장 합리적인 수단이라는 것을 도처에서 보편적으로 볼 수 있다. 관료제 조직구조는 그 정밀성에 의해서나, 그 안정성 및 규율의 엄정성, 그리고 그 신뢰성에 있어서 여타의 조직구조 형태보다 더 우수하다.

그래서 관료제 조직구조는 조직의 책임자들이나 책임자들의 업무를 대행하고 있는 사람들에게 특히 신뢰성이 높은 성과의 산출을 가능케 한다. 마지막으로 관료제 조직구조는 철저한 능률에 있어서나 그 작용의 범위에 있어서도 보다 우수하며 모든 유형의 관리업무에 공식적으로 적용될 수 있다.

이에 따라 세계역사는 점증하는 관료제화의 역사이며 인간 생활의 광범위한 측면이 점점 더 관료제에 의해 지배받게 되었다는 지적이 가능하다.

4) 관료제의 역기능

그러나 베버는 관료제의 문제점도 잘 인식해서, 인간이 스스로 창안한 관료제에 의해 구속받게 된다는 것을 '철장(iron cage)'이란 용어로 표현하였다. 이는 개인 간의 상호작용이 보편주의적인 규율의 지배로 인해서 비인격화되기 때문에 개인들의 행위가 유연성과 창의성을 잃게 되고 결국 개인의 욕구가 억제된다는 점을 지적한 것이다.

많은 학자들이 관료제의 부작용에 주목하여 비판을 제기하였는데, 비판의 주요 논지는 관료조직의 개개 구성원들은 결국 대체 가능한 기계의 부품으로 전락한 것이며, 목표달성을 위한 효율적 수단을 추구하는 반면 그 행위의 가치와 의미를 상실하였다는 점이다. 즉, 베버에게 있어서 관료제는 목적합리성과 수단합리성의 구현체로 여겨진 반면에 비판자들은 관료제가 내포한 가치합리성의 결여를 문제로 강조하고 있다.

머튼(Merton)은 관료제의 의례주의적 행위 및 지나친 경직화를 역기능으로 지적하였고, 셀즈닉(Selznick)은 부문화의 역기능을 문제시하였다. 굴드너(Gouldner)는 관료제의 엄격한 관리와 통제로 인해 조직 구성원들이 오히려 규칙을 방어벽으로 하여 수동적이 되는 경향이 있음을 발견하였고, 블라우(Blau)는 결과 중심의 업무 능력 측정이 초래하는 역기능을 지적하였는데, 이러한 비판들은 대체로 1940~50년대에 기능주의 체계조직이론의 틀 내에서 이루어진 것들이다.

(1) 머튼(Merton)

머튼은 1940년에 발표된 "Bureaucratic Structure and Personality"에서 조직 구성원들의 가치와 행위 지향이 조직구조상의 특성에 의해 영향을 받는다는 것을 구체적인 사례연구를 통해 밝히고 있다. 그는 중범위이론(middle range theory)의 입장에서, 실제 조직 상황에서 조직 구성원의 행위가 조직구조의 영향을 받아 예기치 않은 결과를 산출할 수도 있음을 처음으로 지적한 것이다. 자신의 스승이었고 체계론(system theory)을 통해 기능주의를 집대성한 파슨즈(Parsons)가 지나치게 거대 이론적인 지향으로 인해 조직 수준의 구체적인 연구를 수행하지 않았던 데 비해, 현실 분석이 가능한 수준의 중범위 사회학 연구를 수행할 것을 강조했던 머튼은 조직에 대한 구체적인 연구 대상으로 관료제를 연구했는데, 그의 논의는 다음과 같다.

관료제의 고위 관리·경영자는 가능한 한 최대로 조직을 통제함으로써 조직 구성원들의 업무수행에 있어서 예측성 및 신뢰성을 향상시키려고 시도하게 된다. 이를 위해 표준화된 통제 절차로서 규칙 시행이나 문서화된 기록이 증대한다. 즉 관료제론이나 공식관리론의 전형적인 관리기법이 적용되는 것이다.

이 결과, 업무수행이 정해진 규칙에 따르므로 활동의 예측성이 증대하는 반면에, 의례(ritual)적 행위 유형이 보편화되어 활동의 유연성이 저하되는 부작용이 초래된다. 구성원 간에 창의성이나 상호작용을 통한 선의의 경쟁이 약해질 뿐만 아니라, 결과에 따라 업무수행 성적이 평가되므로 이런 경향이 강화된다. 즉 표준화된 조직규칙이 구성원들에게 과도하게 내면화되면서 업무수행을 위한 수단인 규율 준수 자체에 집착하게 되어 '목표의 전도(goal displacement)' 현상이 나타난다는 것이다.

결국 창의가 상실되고 규율에 따라 정형화되고 비인격화된 의사결정을 하게 되어, 업무가 예측되는 대신에 조직의 유연성이 상실된다는 것이다. 조직 구성원들이 경직된 행위에 따른 공통의 이해관계를 갖게 되면 외압에 대해 공동의 방어를 하게 되고, 이러한 행위의 비유연성과 방어적인 태도는 조직이 봉사하는 고객의 불평과 분노를 초래하여 조직의 효율적 운영에 문제를 드러낸다는 것이다.

머튼의 이러한 분석은 의례주의(ritualism)적 행위가 초래하는 역기능을 지적한 것이며, 의도한 현재적(manifest) 기능에 따라 조직이 움직이는 것이 아니라 실제 결과는 명시적인 것과 다를(잠재적; latent) 수 있다는 점을 시사한 것이다.

(2) 셀즈닉(Selznick)

호돈(Hawthorn) 연구의 자료에 기반해 1943년에 발표한 논문에서 셀즈닉은 머튼과 유사한 논지를 펼쳤다. 그는 관료조직을 관리하는 사람이 통제를 시도하는데 자신이 일괄적으로 통제하기가 불가능한 경우에 조직 내의 하위집단이나 부서에 권한을 위임하게 된다는 점에서 논의를 출발한다. 이럴 경우에 전문 하위부서에서는 전문화된 능력은 향상될 수 있지만 부문화(departmentalization)가 증대하여 조직의 낮은 수준으로 갈수록 이해관계가 세분화된다는 점을 문제로 제기한 것이다.

즉 부문화의 강점은 조직 구성원들이 보다 세분화된 기술을 습득하여 경쟁력을 향상시킨다는 점인데, 그 부작용으로 '하위부서 이데올로기'가 형성되어 부서의 구성원들이 조직 전체의 목표보다 부서의 목표나 부서만의 업무 달성에 더 치중하게 될 때, 조직 전체 목표와 부서 목표 간에 갈등이 초래될 수 있고 관료제 관리자의 통제력은 타격을 입게 된다는 것이다. 즉 부문화 혹은 세분화(specialization)가 초래하는 목표전치의 부작용을 지적한 셈이다.

셀즈닉은 1949년에 발표한 테네시 계곡(Tennessee Valley) 개발 조직에 대한 경험연구를 통해 자신의 발견을 더욱 발전시켰다. 그는 조직이 환경에 적응해야 한다고 보고, 조직이 안정과 목표달성이라는 욕구를 충족시키기 위해 계속해서 자신의 정당성을 강조하는 자기방어적 행위를 통해 이를 달성한다고 하였다.

(3) 굴드너(Gouldner)

1955에 발표된 글에서 굴드너가 주장한 관료제의 부작용은 다음과 같은 메커니즘에 따라 발생한다. 우선 관리자는 조직을 통제하려는 욕구가 강하게 마련인데, 이것이 감시와 감독을 강화하는 것으로 나타나게 된다. 이처럼 통제나 감독이 강화된 상황은 조직 내에서 누가 권력을 갖고 있는지를 극명하게 드러내 보여주게 된다. 그런데 이러한 불평등한 권력관계가 평등성에 위배된다는 점이 조직 구성원들에게 인식되기 시작하면 이들과 관리·감독자 간에 갈등이 초래된다. 이런 경우에 고위 감독자가 조직 내에 갈등이 심각하게 존재한다는 점을 인식하게 되는 경우에, 인간적인 접근을 통해 해결하기보다는 탈인격적(impersonal) 규율이나 의무 규정의 강화를 통해서 통제를 오히려 더 공식화함으로써 갈등을 해소하려고 시도하는 경우가 발생한다. 이런 경우에 간혹 갈등이 감소되기도 하지만, 강화된 규율이 결과적으로 최소한의 행위만을 용납 가능한 것으로 규정하게 된다는 데 문제가 있다. 이렇게 되면, 노동자들은 규율에 수동적으로 따르면서 규율 그 자체를 하나의 보호벽으로 하게 되어 조직 행위의 효율성이 감소하게 된다. 따라서 기대했던 결과와 실제 결과 사이에는 괴리가 생기게 되고, 고위 감독자는 보다 강도 높은 통제를 시도하는 악순환에 빠진다는 주장이다.

굴드너의 이러한 지적은 엄격한 관리와 통제가 초래하는 부정적인 결과를 지적한 것이고 동시에 조직 구성원들의 행위가 규율을 방호벽으로 하여 수동적이 되는 문제점을 지적한 것이다.

(4) 블라우(Blau)

블라우도 위의 학자들과 유사한 측면에서 문제를 제기하였다. 블라우는 베버의 관료제가 개인의 업무에서 자신의 자유재량이나 판단을 박탈당하도록 구조화되어 있는 모델이라고 본다. 따라서 직위의 역할에 대한 규정이 엄격히 강화되어 있을 경우에만 그 개인이 합리적으로 행위하게 된다는 생각이 베버의 관료제 모델에 내재되어 있다고 지적한다.[8]

---

8 Clegg and Dunkerley. 1980. *op. cit.* p.163 에서 재인용.

이런 인식이 맞는 것이라면, 최고관리자는 통제를 강화할 필요성을 느끼면서 규율 준수와 생산성 향상을 강조하게 된다. 이때 생산성 제고를 강조하다 보니 업무가 수행되는 과정보다 결과로 나타나는 측면을 더욱 중요시하는 업무능력 측정방식이 도입된다는 것이다. 얼마나 어려운 일을 얼마나 어렵게 해결한 것인지 그 과정에 대해서는 관심을 두지 않고, 나타난 결과에만 기반해서 평가를 하고 이에 따른 보상이나 제제를 가하게 되면, 이것이 예상하지 못한 부작용을 야기시킬 수 있다는 주장이다. 즉 힘든 일을 기피하여 쉬운 업무만 맡으려고 하거나 질이 낮은 업무를 양적으로만 부풀리려는 시도를 낳을 수 있고 결국 적당주의(soldering)나 놀고먹는 자(free-rider)를 출현시키게 된다. 한 예를 들어보자. 사회복지기관에서 규정에 따라 복지 수혜를 제공하는 것은 별로 힘이 들지 않는 일이지만, 규정상으로는 대상자가 아닌데 실제로 꼭 수혜를 받아야 될 사람을 위해 백방으로 노력해서 조치를 취하는 것은 시간과 노력을 많이 필요로 한다. 이런 경우에 두 가지 업무처리 방식을 결과적으로 같게 평가한다면, 규정에 따라 수혜를 제공하는 것 이외의 추가적인 노력을 억제하는 결과를 낳게 될 가능성이 높다. 즉 결과 중심의 업무 평가는 질(質)보다 양(量) 위주의 업무수행을 독려하는 현상을 낳게 된다.

블라우의 주장은 관료제에서 보편적인 결과 위주의 업무성과 측정 방법이 초래하는 역기능을 지적한 것으로서, 평가의 원래 목적은 관리자들이 통제를 용이하게 하고 노사 양자 간의 공통이익을 추구한다는 것이었지만 실제로는 기대하지 않은 결과를 초래한다는 것이다. 이에 따라 업무수행의 질적 측면과 양적 측면 중 과연 어느 쪽에 비중을 두고 평가할 것인가의 문제가 제기되어온 것이다.

(5) 톰슨(Thompson)

톰슨은 위계구조상의 직위 간에 불균형이 점점 커져서 급변하는 기술시대에 요구되는 기능과 능력이 위계상의 권한체계에 적절하게 배분되지 못하기 때문에 긴장과 갈등이 초래되는 것이 현대 관료제가 내포한 병리적 징후의 하나라고 주장하였다. 더불어 고도로 공식화된 관료제적 조직구조가 조직 내부에서 권력을 가진 사람들에게 불안감을 조성하여 소위 '관료적 병리 행동(bureaucratic-pathic behavior)'을 하게 만든다고 보았다.[9] 여기서 관료적 병리 행동이란 의사결정자들이 자신들이 내리는 의사결정이 초래할 수도 있는 오류 가능성을 염려해서 규칙에 집착하거나 규칙을 고수하는 입장을 취하는 것을 의미하며, 이 때문에 결과적으로 규칙 준수가 목적이 되어버리는 목표와 수단의 전도 현상이 발생한다는 주장이다.

관료제의 부작용으로 이 외에도 제기된 근본적인 문제는 인간 소외의 문제이다. 조직의 탈인격성(impersonality) 때문에 구성원들은 조직에 대한 일체감을 상실하고 무력감을 느낀다는 것이다. 또한 관료제적 조직과 외부에서 일상적으로 접촉하는 '비성원(非成員)의 불만'으로는 너무 번거로운 서류 처리와 행정절차(red-tape), 일을 회피하면서 다른 직원이나 부서에 일을 떠넘겨서 고객을 이리저리 오가게 만드는 문제(round-about) 등이 지적된다. 이러한 부작용은 관료제에서 미리 정해둔 규칙이 모든 상황조건을 포괄할 수는 없기 때문에 생기는 문제들이라고 볼 수 있다. 더불어 원어(原語)의 의미 자체가 '사무실에서 일하는 소수의 관리들(엘리트)'에 의한 행정관리를 뜻하는 관료제(bureaucracy)가 대중의 지배를 의미하는 민주주의(democracy)와 병행될 수 있느냐

---

9 김남현 역. 1985. 『경영조직론』. 경문사. 299-30쪽에서 재인용.

의 본질적인 문제제기도 있다.

그러나 모든 사회는 자유민주주의이건 사회민주주의이건 비용 감소를 위해 관료제적 행정관리 조직을 갖고 있다는 점과 현대산업사회의 기업조직들이 위에서 논의된 관료제의 여러 특징들을 갖고 있다는 점은 잘 알려진 사실이다. 또한 현대사회에서 관료제라는 개념은 정부의 행정관료 조직에 국한되지 않고 산업조직체나 여러 자발적 결사체의 조직 형태에도 함께 적용된다. 다시 말해, 현대사회에서 복잡한 조직구조를 가진 조직체들—복합조직(complex organization) 혹은 공식 조직(formal organization)으로 지칭—은 상당 정도 관료제적 조직의 모습을 띤다.

이처럼 조직 운영의 효율성과 합리성을 기본 전제로 하는 관료제론은 20세기 초반에 과학적 관리론을 비롯한 고전조직이론의 형성에 직접적인 영향을 끼치게 된다.

2. 테일러의 과학적 관리론

베버는 관료제를 자본주의 산업화의 진전과 조직 규모의 증대에 따른 합리성 제고를 위한 불가피한 형태로 파악한 한편, 이러한 조직기법이 과학적 관리론(scientific management theory)을 통해 극명하게 응용되었다고 평가하였다. 그는 과학적 관리체계가 일의 합리화와 작업수행 훈련에서 가장 성공적으로 나타났다고 지적하면서,[10] 그 성공은 탈

---

10 Max Weber. 1948. *From M. Weber: Essays in Sociology*. H. Gerth and C. W. Mills. (translated and eds.) London: Routledge and Kegan Paul. p.26.

인간화(impersonalization)에 기반한다고 주장하였다. 경제학자인 베비지(Babbage) 역시 19세기 말에 분업과 적절한 계획의 중요성을 강조하면서 조직관리에 과학적 접근이 필요하다는 주장을 제기했다.[11]

1) 과학적 관리기법

프레데릭 테일러(Frederick Taylor: 1856~1915)

과학적 관리기법으로 불리는 '시간동작연구(time and motion study)'의 창시자는 테일러(Taylor)이다. 부유한 가족 배경과 좋은 학벌에도 불구하고 현장 경험으로부터 출발한 그는 철강회사의 엔지니어를 거쳐 자신의 회사를 세우고 이후 미국기계공학자협회(American Society of Mechanical Engineers)의 회장을 맡는 과정에서, 과학적인 관리 방식을 집대성하게 된다. 테일러가 자신의 과학적 관리기법을 작업장에 적용시켜 온 것은 1880년대 후반부터이지만 그의 조직관리 기법이 본격적으로 세상의 관심을 끌게 되고 확대된 계기는 1911년에 그가 발표한 『과학적 관리의 원칙들(Principles of Scientific Management)』이라는 저서를 통해서이다.

과학적 관리기법은 노동자들의 작업을 세분화되고 단순한 동작 요소로 분해하는 방식으로 노동자들의 작업을 개선함으로써 작업능률을 향상시키고 이를 통해 생산성을 향상시키려는 목적을 갖고 출발했

---

11   Gareth Morgan. 1986. *Images of Organization*. California: SAGE. p.24.

다. 그는 이러한 생산성 향상이 궁극적으로 노사 양자에게 모두 도움이 된다고 생각했다. 하지만 테일러의 노동자에 대한 관점은 당시의 지배적인 경제학 패러다임을 그대로 반영한 것이었다. 즉 한계효용학파의 원리를 반영한 '경제인(economic man)' 사상에 기반한 테일러는 개인 즉 노동자는 본질적으로 최소한의 노력으로 최대한의 자기 이익을 추구하는 존재이기 때문에 일을 하도록 끊임없이 강요함과 동시에 유인(incentive) 요소를 제공함으로써 효율적인 노동력 이용이 가능하다고 생각했던 것이다.

이에 따라 그는 스톱워치(stop watch)를 사용하여, 노동자들의 작업 과정에서 불필요한 동작을 제거한 채로 수행되는 각 업무의 개별적인 동작에 필요한 최소한의 시간을 측정해낸 뒤 단위시간별 최대의 생산 가능량을 계산해냈고, 이를 근거로 하여 산출목표를 부여한 뒤 이를 초과하는 산출에 대해서는 성과급(개수임금제)을 부여하였다. 이렇게 함으로써 테일러는 노동자들이 보다 높은 수입을 얻기 위해 생산성을 높일 것이라고 생각했던 것이다. 그가 관심을 둔 과학적 관리기법의 내용은 다음과 같이 요약된다.[12] 이러한 관리원칙을 통해 테일러는 조직에서의 노동자 통제, 노동자의 협력 유도 및 갈등의 감소에 초점을 두었던 것이다.

1. 관리, 기획과 실행의 분화 및 각 업무 영역에서의 작업 세분화
2. 시간-동작 연구를 통한 작업 측정과 비효율성이 제거된 작업 방식의 훈련
3. 잘 계획되고 문서화된 업무규정 시달

---

12 Clegg and Dunkerley. 1980. *op. cit*. pp.88-90.

4   할당을 초과한 생산에 대한 상여금 지급을 통한 유인제도
5. 비효율성의 원천인 집단 작업 대신 격리된 개별 작업
6. 일의 동기부여를 위한 고임금 유지
7. 노동자들의 조직에의 헌신가능성 부정
8. 관리층의 기획 능력 통한 노동조직화와 감독 및 통제
9. 과학적 관리가 객관적이고 합리적인 기준에 의해 적정 노동량과 임금을 확립하므로 노사 간의 갈등은 감소되고 따라서 노동조합은 불필요
10. 경영관리가 공학처럼 과학적 입지를 가질 수 있다는 생각

2) 과학적 관리론에 대한 비판적 시각

베버가 합리적 조직화와 작업규율의 정착이 피할 수 없이 진전된다고 본 것과는 달리, 과학적 관리방식에 대한 착안은 조직의 통제구조를 관료제화한 것이라는 지적은 논의해볼 가치가 있다.[13] 이러한 주장은 19세기 말과 20세기 초에 걸쳐서 노동자 계급이 집단적으로 드러낸 반발에 대해서 자본가나 경영자들이 통제를 강화하려는 욕구를 갖게 되면서 노동자들을 보다 효율적으로 통제하기 위한 메커니즘의 일환으로 과학적 관리기법이 등장한 것이라는 것이다.

19세기 후반 세계 경제상황은 경기불황의 여파로 자본가들이 생산과잉, 이윤저하의 상태에 봉착하였고 이에 따라 많은 소기업들이 파산함으로써 대규모 기업합병을 통한 자본집중이 진행됨과 동시에 시장확보를 위해 보호무역주의와 제국주의정책이 시행되던 형편이었다. 당

---

13   챈들러(A. Chandler)는 The Visible Hand. 1977. BELKNAP. 에서 이 점을 강조하였다.

시 미국의 독과점 산업조직들은 고임금과 상품광고를 통해 국내시장을 창출하는 한편으로 조립 라인(assembly line)을 이용한 대량 생산기술을 적용하고 이런

헨리 포드(Henry Ford)가 도입한 T-형모델 조립라인

노동과정을 통제하는 조직관리 기법으로 '테일러리즘'을 받아들인 것이다.

즉 브레이버만(Braverman)이 지적한 '구상과 실행의 분리'를 통해 작업장의 상호작용 관계를 재조직화하고 노동에 대한 통제를 높인 것이며,[14] 이러한 통제는 확대된 노동자들의 노동조합화 움직임에 대응하여 더욱 더 강화되었다. 따라서 노동과정에 대한 이데올로기적이며 동시에 기술적인 통제유형을 개발하고, 노동조합주의의 집합 이데올로기에 대항하여 노동자의 개별성을 강조하는 일단의 지식을 창출한 것이 바로 테일러라는 것이다.

더불어 과학적 관리론자들이 조직을 기계적으로 파악하여 표준화와 형식화를 강조하면서 인간 행위의 도구적 측면만을 강조함으로써 관료제론에서 거론된 부작용을 극대화하기도 하였다.

---

14 브레이버만은 과학적 관리의 세 가지 일반원칙으로 (1)노동자의 탈숙련화, (2)구상과 실행의 분리, (3)노동과정의 각 단계 및 그 실행을 통제하는 지식의 독점적 사용을 들고 있다. H. Braverman. 1974. *Labor and Monopoly Capital*. pp.113-119. 에드워즈(Edwards)는 과학적 관리기법에 '기계적 통제'의 개념을 사용하였다. Edwards, Richard. 1979. *Contested Terrain*. Basic Books.

이론적으로 볼 때, 과학적 관리론에 대해 제기된 중요한 비판의 하나는, 과학적 관리론이 '인간은 원자화(atomized)된 (경제)행위의 주체'라는 신고전경제학적 인간관을 기반으로 하기 때문에 개인이 다른 사람들이나 자기가 속한 사회구조, 문화와 상호작용적 관계를 맺고 있다는 점을 무시하였고, 조직 구성원의 사회학적, 심리학적 특성에 대한 고려가 배제되었다는 점이다. 이런 취약점으로 말미암아 장기적으로 볼 때 생산성 증대가 기대에 미치지 못하고 노동자들의 반발로 인해 파업 및 이직, 결근 등이 증대되는 상황이 전개되었고, 이는 3장에서 논의할 인간관계론의 발견을 가능케 하는 바탕이 된다.

3. 경영·행정학의 공식관리론

20세기 초반에 테일러와 마찬가지로 기계론적 조직관의 입장을 취하면서도 관심의 방향이 약간 다른 일군의 조직이론가들이 활동하였다. 이들은 공식관리(formal administration)론자로 일컬어지는 행정학 및 경영학 분야의 학자와 관리자들로서 작업장 수준이나 노동에 대한 통제 측면보다는 조직관리와 행정의 합리화를 위해서 무엇이 필요한지에 관심을 두었다.

1) 파욜(Fayol)

테일러처럼 기술자로 출발하여 이후에 광산 및 금속공업 기업의 경영자가 된 파욜은 기업관리의 원칙을 세움으로써 고전경영학 발달의 기초를 닦은 것으로 평가되는 사람이다. 그의 조직관리 원칙은 분업,

권위, 규율, 명령의 통일, 권위계통, 질서, 집중화, 공정성, 자발성 등으로 요약되는데, 이는 관리의 여러 측면[15]에 걸친 원칙을 강조한 셈이다. 관리자에게 요구되는 행위 원칙을 시사한 것으로 볼 수 있는 그의 조직 관리관은 노동자와 마찬가지로 관리자나 경영자도 학습과 훈련의 대상이 된다는 점을 지적한 의미를 갖는다.

2) 무니와 릴리(Mooney and Reiley)

GM(General Motors)사의 경영자였던 무니와 릴리가 강조한 관리원칙의 핵심은 조정(coordination)이다. 그들은 위계적인 조직체가 권위를 효율적으로 행사하기 위해서는 '조직의 기능적 원칙(the functional principle of organization)'에 따라 기능들을 상호 관련시킬 수 있는 조정이 필요하다고 주장하였다.

3) 규릭과 어윅(Gulick and Urwick)

행정학자인 규릭과 경영학자인 어윅은 파욜의 관리원칙을 보다 진전시켰다. 그들은 전문화된 분업을 중시하면서도 부문화된 개별 업무들에 대한 최대한의 동질성을 확보하는 데 관심을 두었으며, 이에 따라 한 장소에 관련 작업을 집중시켜서 작업의 합리화를 이루려고 하였다. 조직체에 집중된 타이피스트 풀(pool)을 제안한 것이 좋은 예이다.

그는 조직에서 부서(department)를 나누는 두 가지 기준을 제안했는

---

15 파욜은 관리활동이 계획, 조직, 명령, 조정, 통제의 다섯 측면으로 구성된다고 하였다(오석홍 편. 1991. 『조직학의 주요이론』. 경세원. 88쪽 참조).

데, 하나는 업무과정에 따른 부서화이고, 다른 하나는 목적에 따른 부서화이다. 동일한 종류의 업무수행 기능을 한 부서로 묶어놓은 예로는 타이핑실, 전산실 등의 경우가 이에 해당되는데 업무의 표준화, 자원 설비의 보다 나은 이용, 감독이 용이한 점, 규모의 경제가 가능하고 전문화에 따른 구성원간의 호환성이 증대될 수 있는 등의 이점이 있지만 부문 간에 업무 협조나 조정이 곤란한 문제가 발생할 소지가 있다. 한편 동일한 목적을 수행하는 다양한 종류의 업무 기능을 한 부서로 묶어놓는 방식은 조정이 용이하다는 장점이 있다.

4) 바나드(Barnard)

바나드는 개인의 동기와 선택을 인정하지만, 개인의 활동은 조직이라는 공동의 목표를 향한 협력을 지향해야만 한다는 입장을 취하였다. 조직을 본질적으로 협동적 체계로 파악한 그는 개인의 자발적 협동이 조직의 목표달성에 가장 중요한 요건이며, 관리자는 조직 내 의사소통(communication)의 원활화를 통해 구성원들의 활동을 조정할 임무를 갖는다고 하였다. 그런데 이때 관리자의 지시 혹은 의사전달은 조직 구성원 개개인의 '무관심권(indifference zone)'에 속하는 것이 되어야 한다고 본다. 무관심권에 속하는 지시는 지시를 내리는 상사의 권위에 대한 아무런 의심 없이 수용된다는 것이다. 이에 따라 바나드는 구성원의 협동을 지속적으로 유지시킬 수 있는 가장 보편적인 기반은 관리자의 능력과 도덕성에서 도출된다고 하였다.

이상의 모든 공식관리 조직이론은 명령의 통일성 원리와 권위의 위계 원리 등을 보편적으로 중요시하고 있으나, '원리'라는 용어 자체가 시사하는 것처럼 조직의 모습을 있는 그대로 보여주기보다는 조직에 대한 규범적인 방향을 제시한 것이다.[16] 따라서 조직과 개인을 분리해서 생각하고, 기능적이고 규범적인 측면만을 지나치게 부각시킨 반면에 조직에서의 갈등이나 권력을 간과하는 극단적 기능론의 입장을 보이고 있다. 또한 정태적으로 구조화된 측면만을 강조했기 때문에 환경이나 기타 조직 내외의 교환이나 상호작용 요소 등이 무시되고 조직활동의 상황조건적(contingent) 측면이 인식되지 못하는 등 초기 기계론적 조직론의 한계를 그대로 드러내고 있다. 하지만 공식관리론의 목표에 의한 관리(MBO) 등 현대 경영기법에 영향을 미친 점은 부인하기 어렵다.

4. 급진적 조직이론

위에서 살펴본 고전조직이론은 제국주의 팽창기 및 대규모 복합기업의 출현과 때를 맞추어 이들 현대 조직체의 실제 구조를 제시한 의미를 갖으며, 그 기본적인 함의가 부르주아 헤게모니를 생성하고 유지하기 위한 것으로 볼 수 있다.[17]

이에 반해, 자본제적 생산양식 그 자체를 근본적인 비합리성으로 생각하고 자본주의적 조직원리가 지닌 내재적 모순을 파악하려고 시도했던 마르크스를 따르는 조직관이 동일한 시기에 존재하였다. 이들 마

---

16   무제리스(Mouzelis)도 공식관리론을 "이 원리들은……뜯어 맞춘 모자이크에 불과하다는 느낌을 준다"(*Organization and Bureaucracy*. 1967. London: Routledge & Kegan Paul. p.94)고 언급하였다.

17   Clegg and Dunkerley. 1980. *op. cit*. pp.105-106.

르크시스트 조직이론가들은 테일러식의 헤게모니에 단호한 반대 입장을 취하면서 프롤레타리아 계급투쟁을 위한 실천적 이데올로기를 산출해냈다. 두 사람의 대표적인 이론가들을 중심으로 그 입장과 한계를 지적해보자.

1) 그람시(Gramsci)

안토니오 그람시(Antonio Gramsci: 1891~1937)

마르크스주의 변증법에 기반한 지적 배경을 갖은 그람시는 『신질서(A New Order)』지를 통해 이탈리아 토리노의 피아트(Fiat) 자동차공장 노동자 파업 및 공장접수에 이론적, 실천적 지도력을 행사하였고 이들이 공장평의회(factory councils)를 설치하는 데 주도적인 영향을 끼쳤다.

당시 이탈리아에서는 제1차 세계대전 기간 중의 전시동원 체제하의 억압적인 노동정책에 대한 반발이 증가하고 있었고, 러시아에서의 사회주의혁명 성공에 따른 진보주의자들의 기대감 증폭, 기존 노조의 한계에 대한 불만 등이 어우러진 상태에서, 1920년 피아트공장 노동자들이 공장을 점거하고 파업에 돌입하였다. 노동자들은 그람시가 『신질서』지에서 역설한 공산주의적 조직 원리에 의해 공장평의회를 통한 경영참가 즉 자주관리를 지향하고 이에 따라 공장을 접수하여 일종의 해방구 선언을 했던 것이다.

그러나 피아트 공장에서의 노동자평의회를 통한 조직 관리는 결국 실패하였는데, 이는 당시 이탈리아 산업자본가총연맹의 총서기였던 올리베티(Olivetti)의 공격[18] 및 기존 노조의 저항 외에도, 결국 과두제로 흘러간 자체의 대안 부족에 기인한 것이었다. 이러한 마르크스주의 조직 이론의 한계는 레닌이 러시아 혁명 후 모색했던 조직원리에서도 확인된다.

2) 레닌(Lenin)

블라디미르 레닌(Vladimir Lenin: 1870~1924)

레닌은 일단 관료제가 자본가계급의 통치에 근간이 되는 기본구조라고 인식하고 공산주의에서는 관료제도와 국가의 분쇄가 필요하다고 주장하였다. 그러나 마르크스의 업적에도 불구하고, 공산주의적 생산양식의 조직에 대한 구체적 원칙과 형태 등이 다듬어지지 못한 상태에서 레닌은 관료(bureaucrats)의 역할과 기술전문가(technical experts)의 역할을 구분하는 조직 원리를 제시하였다. 즉 통제나 권위와 관련된 관료는 거부하지만 정치적 차원과 무관한 전문기술자는 인정하는 입장을 취한 것이며, 레닌이 주장한 작업의 민주화는 오직 통제의 민주화이지 조직 내 모든 권위나 명령체계를 제거하는 것은 아니었다.[19] 그러나 실제의 조직화 과정에서 관료와 기술전문가 역할의 실제적 분리는

---

18 올리베티는 합법노조를 인정하는 진보적 노사관계관을 가짐과 더불어 테일러의 과학적 관리기법을 옹호한 산업가였다. 그는 테일러리즘의 적용을 통해 증대된 잉여의 몫이 노사 간에 확대되어 배분됨으로써 계급갈등이 억제될 것으로 생각하였다(Ibid. 1980. p.110).

19 Wright, E. O. 1978. Class, Crisis and the State. London: New Left Books. p.203.

불가능한 것이었고, 레닌은 민주집중제(democratic centralism)라는 조직이론을 발전시켰다.

그러나 민주집중제는 집중된 경영이 생산조직에 있어서 근로대중의 광범위한 참여와 부단히 결합되어야 한다는 점을 강조한 변증법 이론이었지만 유토피아(utopia)에 머물고 말았다. 결국 레닌은 실제 관리층에 의한 노동규율 적용을 중시하고 노동을 위한 동기유발 유인을 제공하기 위한 시도로써 테일러리즘에 기반한 장려금 제도의 도입까지를 연구하게 된다.[20]

3) 마르크스주의 조직론의 한계와 시사점

그람시와 레닌의 조직론은 자본주의를 지원하는 테일러식의 조직이론 헤게모니에 타격을 주면서 대안 가능성을 제시했고 실제 공장접수를 통한 자주관리를 실험할 수 있는 계기였다는 점에서 의미를 갖는다.

그러나 결과적으로 이상론적인 도그마였으며 하버마스(Habermas)의 용어를 빌리면 '기술적 합리성과 실천적 합리성의 구별 인식에 한계를 노출'한 것으로서,[21] 레닌주의에서조차 이 실천적 합리성의 현재화(顯在化)가 성공하지 못하였다는 평가를 받는다.

이후 노동자들의 저항 가운데서도 테일러리즘과 뒤이은 포디즘(Fordism)의 관리기법이 전 세계로 확대되면서 조립생산기술을 통한 생산의 표준화와 대량 생산을 통해 생산성을 높이고 고임금 지급을 통

---

20 당시 소비에트 중앙노동연구소(Cental Institute for Labor)가 설립되어 테일러를 비롯한 서방의 고전조직이론을 수집, 연구, 전파하는 역할을 수행하였다(Clegg and Dunkerley, 1980. op. cit. p.116).

21 Ibid. 1980. pp.119-120에서 재인용.

한 유인과 통제가 시도되었다. 기능주의의 사회운용 원리와 결합되어 발전된 이러한 조직관은 1960년대 이후 갈등론의 시각이 재등장하여 산업민주주의 등 신뒤르켐적 개입이 새로운 관심을 끌게 되기까지 서구자본주의의 기본적인 조직이론으로서의 입지를 확고히 했다.

3장

신고전조직이론의
발전

1. 인간관계론 연구

과학적 관리론이 주목을 받게 된 이후, 효율적인 생산성을 확보하기 위한 관심에 따라 노동조건과 산출량 간의 관계에 대한 다양한 연구가 진행되었다. 애초에 인간관계론은 이처럼 과학적 관리론 연구의 연장선에서 출발하였던 것이다. 그런데 연구가 진행되는 과정에서, 작업과정의 물리적 조건 외에 리더십 유형이나 비공식 집단규범 등의 사회적 요인이 생산성에 큰 영향을 끼치고 있음을 발견하게 되었던 것이다. 그 결과, 인간의 경제적 합리성을 전제로 한 과학적 관리론(테일러리즘)을 크게 수정하게 된 조직이론이 바로 인간관계론이며, 이런 맥락에서 고전이론을 수정한 '신고전조직이론'으로 일컬어진다.

인간관계론이 조직이론으로 정립되는 데 중요한 역할을 한 핵심 연구는 미국 시카고에 있는 웨스턴 일렉트릭(Western Electric) 회사의 호오돈(Hawthorne) 공장에서 1924부터 시작된 일련의 현장실험이다. 몇 년 뒤에 당시 하버드 대학의 인간피로연구소에서 연구원으로 있던 메

엘튼 메이요(Elton Mayo:
1880~1949)

이요(Mayo)가 참여하면서 연구가 더욱 본격화되었다. 메이요는 호오돈 연구에 참여하기 전인 1923~4년에 걸쳐, 미국 필라델피아 방직(Philadelphia Textile) 공장에서 발생하는 노동자들의 높은 퇴직률 원인을 조사한 바 있다. 당시에 근로자들에게 휴식시간을 도입함으로써, 퇴직률을 감소시키고 사기를 높인 것으로 확인되었고, 따라서 휴식시간이 노동자들의 피로감과 작업의 단조로움을 감소시킨 것이 원인이라고 생각되었다.

1) 호오돈 공장 실험

위에서 지적한 대로, 호오돈 공장에서 이루어진 연구의 애초 관심은 노동자들의 생산성에 영향을 미치는 변수들을 찾아내려는 것이었다. 따라서 각기 다른 노동조건하에서 실현된 생산량 간의 관계를 확인하기 위해 조작이 가능한 노동조건 변인들이 선택되어 일련의 현장실험(field experiment)이 행해졌는데, 초기의 실험은 작업장의 조명도와 산출량의 관계에 대한 것이었다.

(1) 조명도 실험

조명도 실험은 2개의 집단으로 분리된 여성노동자들을 대상으로 하였다. 그중 한 집단이 일하는 작업장의 조명도는 평상시와 같이 유지되었고(통제집단), 다른 집단이 일하는 작업장의 조명도는 조명도가 미치는 영향을 확인하기 위해 다양하게 조명도를 변화시켰다(실험집단).

실험집단의 작업장에 대한 조명도 상승이 생산성 향상을 초래하자 회사의 경영진은 이를 '호오돈 효과(Hawthorne effect)'라고 부르고, 예측했던 대로 물리적 작업조건의 개선이 초래한 결과라고 인식하였다. 그러나 그 후 실험집단이 속한 작업장의 조명도를 원래 상태로 환원시킨 뒤에도 생산성이 하락하지 않고 그대로 유지되었을 뿐만 아니라, 조명도 조작을 하지 않은 통제집단의 생산성도 덩달아 상승하는 것을 발견하게 되자 그 원인을 분석하기에 고심하게 된다. 당시 회사의 연구자들은 산출량을 좌우하는 가장 중요한 변수는 물리적인 것이 아니라 아마도 '사회적(혹은 인간적)'인 요인이 게재된 것으로 추정하게 되었고 메이요 등이 연구에 추가로 가세하게 되었다.

(2) 전화계선기(telephone relays) 조립실 연구

메이요가 참여하여 1927년부터 본격적인 연구가 수행되었다. 주로 여성노동자들로 구성되어 정규적인 조업속도로 일하게 되어 있는 이 부서에서 6명의 소규모 실험집단을 분리해내어 이들을 느슨하게 감독하고 보다 나은 작업환경을 제공하고 작업일수와 작업시간을 감소시킴과 아울러 휴식시간을 증대시켜주었다. 그 결과로 생산성이 향상되었는데 애초에는 조업단축으로 인한 피로감의 감소가 주된 원인일 것으로 파악하였다.

그러나 작업조건을 원래대로 환원한 뒤에도 생산성이 여전히 높게 유지되었고 결국 감독방식, 작업시간, 작업장 환경 중에서 감독상황이 가장 중요한 요인이라는 점을 발견하게 된다. 즉 느슨한 감독 밑에서 작업을 하게 되면서, 여성노동자들 간의 상호작용 증가를 통해 형성된 사회적 관계가 집단응집력을 높인 것이 생산성 향상의 주된 요인이라는 점에 착안하게 된 것이다. 이후 작업집단의 사회적 분위기로 연구의 관심이 집중되었다.

(3) 뱅크 와이어링(bank wiring)실 연구

연구진들은 전화계선실 연구 이후 1928~30년에 걸쳐서 약 2만 명 정도의 노동자들을 대상으로 하여 비구조화된 심층면접을 실시하였다. 그 결과로 조직 내 비공식 집단의 존재를 확인하게 되고 노동자들이 갖는 감정이 생산성과 연관되어 있다는 초보적 인식을 갖게 된다. 이를 확인하기 위해 1931~2년에 걸쳐 또 다른 실험상황을 구성하고 관찰 및 면접을 수행하게 되었다.

30여 명의 남성노동자들로 구성된 실험집단에 대한 반년에 걸친 관찰 결과, 대부분의 노동자들이 하루의 작업할당량이라는 공식 기준이 부여되고, 초과생산에 대한 인센티브가 주어지는 상황임에도 불구하고, 스스로의 비공식적 기준을 갖고 자신들의 조업속도 및 산출량을 제한하고 있다는 점을 발견하였다. 개별 근로자들에 대한 심층면접을 통해 그 이유를 확인한 결과, 구성원들 간에 성과급을 지향하여 치열한 경쟁이 초래되고 생산량이 대폭 늘어나게 될 경우에 궁극적으로는 경영진에 의해서 인원 감축을 위한 해고가 발생하거나 지나친 초과생산을 피하기 위한 조업단축이 시행될 것을 우려해서, 근로자들 스스로가 상호 간에 비공식적인 견제를 하고 있는 것으로 확인되었다. 작업장의 감독 역시 이러한 상황을 잘 알고 있으면서도 노동자들이 설정한 비공식적인 작업 기준을 수용하고 있었다.

연구진들은 뱅크 와이어링실 연구를 겪으면서, 조직 내에 비공식 집단이 형성되어서 강한 노동집단 규범을 통해 각 근로자의 노동관행을 통제하고 있다는 점을 발견한 것이고, 인간관계의 중요성을 다시 한 번

확인한 것이다.

2) 인간관계론 연구의 발견과 의의

인간관계론 연구의 의의를 정리하면 다음과 같다.

첫째, 인간이 경제활동을 포함한 사회적 행위를 하는 데 있어서 신고전경제이론이 전제로 하고 있는 것처럼 개인적 이익추구 위주의 '합리적 경제인' 입장에서가 아니라 사회적 관계를 중요시하고 있다는 점을 발견하여 사회학적 관점의 입지를 크게 강화시킨 점이다. 다시 말해, 노동자들의 생산활동을 단지 물리적·금전적 조건에서만 고려했던 과학적 관리론과는 달리, 노동자들의 생산성에 집단귀속감, 동료로부터의 인정, 집단압력 등 사회학적 변수들이 더 중요하게 작용한다는 점을 발견한 의의를 갖는다.

둘째, 감독의 유형에 관한 연구를 통해 리더십, 사기와 생산성의 관계가 특정 조건에 따라 달라진다고 주장함으로써 '상황조건 (contingency) 이론'[1]의 출발이 된 점이다. 다시 말해 온정적이고 인간적인 감독유형이 집단결속을 증진시키지만 생산성에 대한 효과는 위의 실험들에서 확인할 수 있는 것처럼 이중적일 수 있다. 따라서 감독의 유형과 잘 결합된 집단결속력이라야만 생산성을 향상시킨다는 시사를 한 것이며, 관리에 왕도(王道)가 없다는 점을 주장한 것으로서 이후 리더십, 동기(motivation), 직무만족 등에 관한 사회심리학적 연구가 활발하게 발전된 배경이 된다.

또한 조직 내에 비공식 집단과 비공식 규범이 존재한다는 점을 발

---

1 상세한 논의는 5장 참조.

견하여 효율성의 원리에 입각해 만들어져 있는 조직 내 공식 규칙과의 상충 가능성을 시사하고, 조직 운영에 있어서 문제와 갈등이 발생할 여지가 있다는 점을 지적한 것도 관료제론 이래의 고전조직이론의 논지와 구분되는 점이다. 다시 말해서, 비공식 집단과 비공식적 규범이 존재함으로써 이런 비공식 집단의 결속력 증대가 조직의 실제 운영에서 다양한 문제를 야기할 가능성도 있다는 점을 시사한 것이다.

그럼에도 불구하고 인간관계론 학자들 역시 친자본가적 편견에서 조화를 강조한 반면에 갈등을 간과했기 때문에, 결국 신고전조직이론도 조직체 내의 노동 통제나 생산력 증대에 가장 큰 관심을 두고 있는 것이라는 비판을 면하기는 어렵다.

인간관계론 연구에 자극되어 1930년대 이후 사회심리학, 산업사회학 분야에서 조직 내의 리더십(leadership) 및 일의 동기(motivation)에 관한 연구가 활성화되었다. 이 연구들은 이후 조직행동론(organization behavior theory: OB)이나 산업심리학(industrial psychology) 태동의 밑거름이 되었다.

2. 리더십 이론의 발전

리더십의 개념 정의는 학자와 관점에 따라서 다양하다. 예를 들어, 베니스(Bennis)[2]는 '타인을 자신이 원하는 대로 행동하도록 유도하는

---

2 W. Bennis. 1959. "Leadership Theory and Administrative Behavior." *Administrative Science Quarterly*. 4: 259-301.

과정'으로 정의하였고, 피들러(Fiedler)[3]는 '집단구성원들의 일을 지시·조정하는 과정에 종사하는 특정한 행위'로 리더십을 정의하였다. 한편 상호작용론의 입장에 기반한 호만스(Homans)는 '상호작용을 발생시키는 행위'로 리더십을 정의한 바 있다.

이처럼 다양한 정의가 존재하지만, 리더십을 '불확실성을 극복하면서 궁극적인 목표달성을 위해 조직을 이끄는 것'으로 일단 정의하면 될 것 같다. 이런 정의는 조직이 예측하기 어려운 상황에 직면할 수 있다는 점을 의미하고 연구개발에의 투자도 불확실성을 감소시키기 위한 것이라는 점을 시사한다. 따라서 리더는 적절한 상황판단에 따라 선정된 목표를 향해 자원을 동원하고 조직의 여러 부문을 조정하면서 조직구성원들의 행위를 통합된 방향으로 이끌어야 한다는 의미이다.

실제로 그동안 리더십에 관한 연구는 다양한 관심과 측면에서 이루어졌다. 사회심리학적 리더십 이론은 성공적인 리더의 특성과 자질 및 리더십 유형에 초점을 둔 공통성을 갖는 반면에, 보다 사회학적인 시각에서는 조직에서의 리더 기능에 관심을 두고 조직유형과 리더십 유형의 관계에 초점을 맞춘 연구를 진행하였다. 한편 경영관리적 시각에서는 리더십의 효과성에 초점이 맞추어졌다.

1) 사회심리학의 리더십 이론

리더십을 좁은 의미에서 파악하는 입장에서는 업무달성과 인간관계 문제 해결 측면에 초점을 두어 감독(supervision) 기능에 관심을 둔다. 리더십이 조직 구성원들의 직무만족, 사기(morale), 이직, 결근 등에 영

---

3 F. Fiedler. 1967. *A Theory of Leadership Effectiveness*. NY: McGraw-Hill.

향을 끼친다는 측면을 강조하지만 생산성과는 리더십이 비교적 무관한 것으로 파악하는 입장이다.

반면에 리더십을 넓은 의미로 해석하는 입장에서는 조직의 전반적인 관리문제와 관련된 전략·전술의 차원에 주목하기 때문에 직무만족이나 사기 같은 심리적 측면보다는 조직 구성원의 생산성 측면에 초점을 둔다. 즉 산출에 영향을 미치는 리더십이란 감독 기능이나 유형보다는 전반적인 조직관리 차원의 리더십이라는 점을 강조하는 것이다. 이런 연구 관점에서는, 예를 들어 일본 기업의 관리체계가 갖는 강점을 분석하는 데 있어서도 협의의 리더십 연구보다는 조직전략에 대한 분석 등 광의의 리더십 연구가 필요하다는 입장을 부각시켰다.

(1) 레빈(Lewin)의 리더십 유형 분류

초기의 사회심리학적 리더십 연구는 리더의 성향에 따른 유형 분류에서 출발하였다. 대표적인 리더 유형 구분은 레빈에 의해 이루어졌다.[4]

① 권위주의형 리더십: 권위주의형 리더는 부하를 엄격하게 감독하고 조직활동에 있어서의 자율성을 허용하지 않는다. 따라서, 이러한 전제형 리더가 주도하는 조직 내에서는 일방적인 의사소통 경로만이 존재하고 이를 통해 명령을 부과하여, 조직활동에 있어서 정보유통이 제한되고 사기가 낮아진다.

② 민주형 리더십: 의사소통이 개방되어 있고 하위자에게 권한위임을 함으로써 그들이 조직활동을 하는 데 필요한 결정의 재량권

---

4   심윤종, 유홍준, 박승희. 1991. 『산업사회학』. 경문사. 114쪽에서 재인용.

을 부여한다. 따라서 하위자들의 사기가 높고 창의성을 발휘할 기회가 많다. 그러나 하위자들이 업무수행에 요구되는 적절한 능력을 갖고 있지 못한 경우에는 조직성과 달성에 문제가 발생할 수 있다.

③ 자유방임형 리더십: 하위자들에 대해 일체의 간여를 하지 않고 모든 의사결정을 전적으로 하위자에게 일임하는 자유방임적인 관리유형으로서, 업무의 적절한 분할·조정이 이루어지지 못하고 경우에 따라서는 리더의 우유부단으로 말미암아 하위자들 간에 갈등이 격화될 가능성이 있다.

(2) 미시간(Michigan) 연구

미시간 대학 연구팀에 의해 수행된 리더십 연구에서는 조직목표달성과 업무수행에 초점을 두면서 생산을 강조하는 업무지향적 리더십과 하위자들 간의 응집성과 융화에 초점을 두는 인간지향적 리더십으로 유형을 분류하였다.

이 연구에 따르면, 통상 리더는 위의 두 가지 특성을 공유하기는 하지만 이중 어느 한 특징을 두드러지게 갖게 되는데, 업무를 어느 정도 하위자에게 위임하는 것이 리더의 성공적 업무수행에 도움이 되며, 리더가 상위자와 하위자 간의 연결고리(link-pin) 역할을 할 수 있는 경우가 매우 바람직한 리더십의 요건이 된다고 주장하였다.

(3) 맥그리거(McGregor)의 리더십 연구

맥그리거는 적절한 리더십 유형은 궁극적으로 노동자들의 일반적 성향을 어떻게 인식하느냐에 따라 대응되는 것이라고 지적하면서 X-Y 이론을 전개하였다.[5]

① X형 리더십: X이론(Theory X)은 노동자들을 이기적이며 수동적인 성향을 특징으로 하여 게으르고 일을 가능한 회피하고자 하며 책임감과 동기를 결여하고 자신의 안전과 돈에만 관심을 갖는 존재라고 파악한다. 이러한 노동자들을 감독하면서 성과를 올리기 위해서는 결국 업무 지향적 리더십이 필요하게 된다는 주장인데, 이는 과학적 관리론의 입장과 연결된 리더십 유형이다. 지시와 통제를 근간으로 하는 권위주의적 관리방식이 효율적이라고 파악하는 조직관을 반영한 셈인데, 맥그리거는 이러한 입장이 적절하지 못하다고 보았다.

② Y형 리더십: Y이론(Theory Y)은 노동자들을 일에 적극적이고 일을 통한 자아실현 동기를 갖기 때문에 책임감과 자율성을 지닌 존재라고 파악한다. 만약 어떤 조직에 비효과성이 나타난다면, 그 원인은 조직 구성원들이 아니라 적절한 조직상황을 만들지 못한 관리자에게 있는 셈이다. Y이론의 리더십은 결국 민주적 내지는 인간 지향적 리더십이 궁극적으로 효율적이며 바람직하다는 것으로 요약된다.

맥그리거는 Y이론에서 도출되는 관리의 기본원칙은 통합이라고 보았다. 즉 조직목표를 달성하려는 구성원들의 노력이 자신들의 목표와 부합될 수 있는 조직 여건이 요구된다는 것이다. 그는 통합의 원리를 적용함으로써 조직 구성원들은 조직목표에 헌신하게 되어서 자신들의 능력과 창의력을 최대한 발휘하게 되고 자율성도 신장시키는 셈이 되며, 결국 조직과 개인 모두에게 좋은 결과를 낳는다고 보았다.

---

5   D. McGregor. 1960. *The Human Side of Enterprise*. NY: McGraw-Hill.

서로 다른 리더십 유형이 하위자들에게 미치는 영향이나 생산에 초
래하는 결과를 측정하기는 쉽지 않다. 하지만 바람직한 리더십이 조직
구성원들의 만족도나 사기 또는 생산성에 긍정적인 영향을 미칠 것이
라는 것은 쉽게 인식할 수 있다.

그러나 모든 상황에서 최선의 결과를 산출해 내는 바람직한 리더십
은 없다. 이러한 입장은 조직의 목표와 과제, 집단의 구조 및 구성원들
의 능력이나 특성 및 조직이 처한 환경의 특수성에 따라 성공적인 리
더십 유형이 다르다는 상황조건(contingency)론이 타당하다는 점을 시
사한다.

(4) 모스와 로쉬(Morse and Lorsch)의 리더십 연구

미국의 4개 산업조직을 대상으로 한 연구를 통해, 이들은 조직의 특
성과 과업의 특성에 따라 바람직한 리더십과 관리 유형이 다르다고 주
장하였다.[6] 간단히 요약하면, 매우 불확실한 과제(highly uncertain tasks)
를 행하는 유기적 형태의 조직에서는 Y형 리더십이 적절한 반면에, 예
측 가능한 과제(predictable tasks)를 기계적 조직구조의 특성 하에서 행
하는 경우에는 X형 리더십이 더 적절하다는 것이다.

결국, 맥그리거의 X-Y이론의 전제가 틀리다는 것이며, 과제와 조직
과 인간을 적절히 짜맞추는 것이 관리의 핵심 문제라는 주장이다. 정감
적이고 사려 깊은 인간관계를 추구하는 리더십 하에서는 하위자의 직
무만족이 증대되고 존경과 호의적 반응을 얻으며, 통상 창의력과 전문
성이 요구되는 부서에 효과적이라는 주장이다. 그러나 우리가 상황조

---

6 John Morse and Jay Lorsch. 1970. "Beyond Theory Y". *Harvard Business Review*.
May-June: 61-68.

건론의 입장을 생각해본다면, 이런 리더십이 꼭 높은 생산성과 연결되는 것은 아니라는 지적도 가능하다.

한편 구조를 중시하는 과업지향형 리더는 엄격한 역할 규정, 업무수행에 대한 엄격한 감독, 명확한 명령체계를 중시하는 리더십으로서 생산부서에 통상 적절하다는 주장이 제기되기도 하였으나 이 역시 현실적으로 옳다고 단언하기는 어렵다.

특히, 오늘날의 경영·관리 활동이 인간 중심적인 방향으로 발전하고 있다는 의미에서 성원들을 조직의 목표달성에 적극적으로 참여시키고, 또 공헌할 수 있도록 노력함으로써 그들의 잠재능력을 개발시키는 데 주력하는 리더십이 요청된다고 여겨진다.

그러나 이와 같은 민주적 리더십의 가치는 추종자들의 자율성을 인정하면서도 궁극적으로는 통제를 유지할 수 있는 데에서 찾아진다. 따라서 공식적 리더십과 비공식적 리더십의 조화 속에서 조직 내 자원을 과업수행에 적절히 동원할 수 있는 리더십이 바람직한 리더십이라고 볼 수 있다. 이런 맥락에서 굴드너(Gouldner)는 바람직한 리더는 하위자들의 사기와 작업 능력을 향상시키기 위하여 때로는 조직체의 규칙을 포기할 줄 아는 포용성을 지니고 있어서 조직체를 생동하는 힘 속에서 유지할 수 있어야 된다고 하였다.[7]

미시간 연구는 상하위자 간의 의사소통을 중재할 수 있는 연결고리(link-pin) 역할을 할 수 있는 리더가 바람직하다고 지적하였다. 그러나 어떤 리더십이건 전제가 되는 요건은 기술적인 능력이나 업무수행과 관련된 전문지식에 근거한 권위를 갖추어야 한다는 점일 것이다. 리더십의 권위 소재가 무엇인가에 대한 논의는 사회학적 리더십 이론들에

---

7 Alvin Gouldner, 1964, Patterns of Industrial Bureaucracy, p.45.

서 중점적으로 논의되고 있다.

2) 사회학적 리더십 이론

(1) 에치오니(Etzioni)의 리더십 이론

조직에서 힘을 가지고 있는 사람들을 엘리트(elite)라고 개념화한 에치오니는, 조직 운영에 영향력을 갖고 있는 사람들을 그들이 갖는 힘(power)의 원천이 무엇인가에 따라 관리(official)와 리더(leader)로 크게 구분했다. 여기서 관리는 그 사람이 보유한 힘이 공식직위에 기반한 경우이며, 리더는 힘의 기반이 그 개인의 인성이나 개인적 특성에 기반한 경우를 의미한다. 에치오니는 리더가 갖는 영향력의 근원이 공식적인 직위에 기반한 것인지 아니면 비공식적인 것인지의 여부에 따라 표 3.1처럼 네 가지 범주를 구성하여 리더십 유형을 구분하였다. 예를 들어 공식 직위에 기반한 힘은 있으면서, 개인적인 자질에 기반한 힘은 없는 경우는 관리로 유형 분류되었고, 반대로 공식 직위로부터의 힘은 없으면서 개인적인 자질에 기반한 힘을 행사하는 경우는 비공식적 리더로 분류하였다.

[표 3.1] 리더의 유형

		공식직위로 부터의 힘	
		있음	없음
개인적 힘	있음	공식적 리더	비공식 리더
	없음	관리	비엘리트

구조기능주의 학자에 속하는 에치오니는 파슨즈(Parsons)가 AGIL모

델[8]에서 주장한 것과 유사하게 조직이 네 가지 기능적 문제인 자원획득, 분배, 통합, 규범적 통합 기능을 해결해야 한다고 주장했다. 여기서 자원 획득과 분배는 도구적 기능에 속하고, 통합과 규범적 통합은 표출적 기능에 해당한다고 보았다. 그런데 에치오니는 앞의 두 가지 도구적 기능은 '관리'에 의해 주로 수행되는 반면에, 뒤의 두 가지 가치와 관련된 표출적 기능은 '리더'에 의해 수행된다고 주장했다(표 3.2 참조).

[표 3.2] 리더의 유형과 기능 수행

	비공식적 리더	공식적 리더 있음	관리 없음
도구적 기능 수행	약함	중간	강함
표출적 기능 수행	강함	중간	약함

에치오니의 연구는 리더의 인성적 특성의 내용이나 그 분류보다는 사회학적인 입장에서 리더십이 운용되는 사회적 맥락에 더 큰 관심을 두어 조직유형과 리더십 유형 간의 관계에 더 큰 관심을 둔 대표적인 업적의 하나이다.

에치오니 자신의 조직유형 분류[9] 중의 한 범주인 강제적 조직의 경우는, 구성원들의 적대감과 소외적 복종을 특성으로 하는데 이때 조직

---

8 파슨즈는 자신의 저서인 *The Social System*에서, 인간 사회를 유기체와 같은 체계 (system)로 규정하고, 모든 사회는 시공간을 불문하고 그 사회가 체계로 유지되기 위한 필수불가결한 기능적 요건들을 필요로 한다고 주장했다. 이 '체계의 기능적 요건들(functional imperatives of the system)' 네 가지를 AGIL로 정리했다. A는 적응(adaptation) 기능이고, G는 목표달성(goal attainment) 기능이고, I는 통합(integration) 기능이며, L은 잠재적 유형 유지와 긴장관리(latent pattern maintenance and tension mamagement) 기능이다.

9 조직유형 분류에 대한 내용은 4장 참고.

구성원 중에서 비공식 리더가 출현한다고 지적되었다. 예를 들어, 감옥이나 수용소의 재소자들 중에서 완력과 용기, 저항심을 요건으로 조직의 권위, 가치, 규범에 대항하는 자가 표출적인 비공식 리더로 등장하거나 이런 조직 내에서 암시장을 유지하는 도구적 리더가 등장하는 것이 예로 제시되었다.

조직 구성원들의 계산적 복종을 특성으로 하는 공리적 조직에서는 관리나 공식적 리더가 보편적이지만 종종 표출적 기능을 담당하는 비공식 리더가 출현하기도 한다. 메이요의 인간관계론 연구에서의 발견이 한 예가 될 수 있다.

규범적 조직의 경우에 리더는 조직의 위계질서 자체에 의해 정해지는 경우가 많으며 (따라서, 관리나 공식적 리더가 보편적임), 표출적 활동도 일반적으로 공식적 리더에 대한 규범적 복종을 통해 유지되는 것이 일상적이라는 지적이다.

한편 에치오니는 개인의 자질에 기반하여 타인에게 광범위한 영향력을 행사하는 사람을 카리스마(charisma)로 정의하면서도, 이를 '순수한 카리스마(pure charisma)'와 '일상화된 카리스마(routinized charisma)'로 구분하였다. 여기서 순수한 카리스마는 개인이 가진 독특한 인성적 자질이나 예지력, 신통력 등에 의해 다른 사람들이 자연스럽게 설복되는 영향력을 뜻한다. 한편 일상화된 카리스마는 조직에서 특정의 지위를 차지함으로써 개인의 인성과는 비교적 무관하게 소지하게 되는 카리스마를 뜻하며, 조직의 유형에 따라 일상화된 카리스마가 존재하는 위치가 다르다고 에치오니는 지적하였다. 즉 강제적 조직에는 카리스마가 존재하지 않으며 공리적 조직에서는 조직 위계의 최상층에 일상화된 카리스마가 창출되는 'T구조(top structure)'가 보편적이라는 것이다. 한편 규범적 조직의 경우에는 교회의 경우처럼 위계구조의 라인을 따라 각지위에 일상화된 카리스마가 창출되는 'L구조(line structure)'이거나 아니면 병원, 대학조직 등 전문조직의 경우처럼 일반화된 카리스마를 보유한 의사들이나 교수들이 조직의 하위에 넓게 포진하는 'R구조(rank structure)'를 갖게 된다고 주장했다.

(2) 리커트(Likert)의 4체계(system IV) 관리론

조직 구성원들이 의사결정 과정에 참여하는 것이 조직에 더 효과적이라는 점을 주장한 대표적인 학자는 리커트이다. 그의 이론은 맥그리거와 유사한 측면이 있지만 리더십과 관리방식을 보다 정교하게 다양화시켜 연결했다.

리커트는 리더가 하위자들을 전혀 믿지 않고 제재를 가하면서 집중화된 권위를 통해 압력을 가하는 체계1의 유형(X이론과 유사)에서부터, Y이론이 가정하듯이 리더가 하위자를 전적으로 신뢰하고 의사결정이 분권화되어 위임되어 있는 체계4의 유형까지로 리더십에 따른 관리형태를 네 가지로 구분하였다. 이 네 가지는 각각 착취적 권위주의 유형—자비적 권위주의 유형—자문적 유형—집단적 참여 유형으로 부른다. 그의 주장은 구성원 위주의 포괄적으로 지원하는 관리방식 및 집단참여와 이를 통한 자기 실현을 가능하게 하는 관리방식이 조직의 성과에 효과적이라는 것이다.

한편, 리커트는 이러한 네 가지 리더십 관리형 중에서, 일본 조직의 관리 형태는 규범적 강제가 시행되고 구성원들이 충성심을 느끼며, 조직목표에 동일시하고 구체적 업무와 관련된 의사결정이 하위자의 손에 위임된 체계3의 수준이라는 보았다. 이에 반해 미국의 경우는 체계2의 형태가 보편적이라고 주장했는데, 그는 장기적으로 볼 때 사기 및 생산성을 향상시키는 관리 유형은 체계4의 관리 형태라고 보았다. 미국의 조직관리 리더십 유형이 일본에 뒤진다는 주장을 한 셈이다.

3) 경영관리적 리더십 이론

세일즈(Sayles) 등의 학자는 리더십이란 '효과적인 관리자들이 실제 수행하는 업무내용과 스타일'이라는 정의에 따라 조직을 성공적으로 관리하는 리더의 구체적인 행위 유형과 요건을 분석하는 데 노력하였다. 이후 경영학이나 행정학의 리더십 연구는 주로 성공적인 업적을 낳은 리더의 특성과 관리방식을 분석하는 것과 리더십의 효과성에 초점을 맞추어 발전하였다.

3. 사회심리학적 동기이론

인간관계론 연구의 발견이 있은 이후에, 무엇이 인간으로 하여금 일을 하도록 만드는지에 대한 탐구가 광범위하게 이루어지는데 이러한 연구 관심이 사회심리학적인 동기(motivation)이론의 발전을 이루게 되었다.

1) 매슬로우(Maslow)의 욕구위계(Needs Hierarchy)론

매슬로우[10]는 인간은 여러 가지 욕구를 지니는데, 이 욕구들 중에서 충족되지 못한 욕구가 사람으로 하여금 무엇인가를 하게 만드는 '동기

---

10 A. H. Maslow, 1954. *Motivation and Personality*, NY: Harper and Row.

(motivation)'를 형성한다고 전제하였다. 한편 인간의 욕구는 위계 형태로 이루어진 것으로 분석이 가능하며, 하위의 욕구가 만족되기 전에 상위의 욕구가 충족될 수는 없다고 주장하였다. 또한 일단 충족된 욕구는 그 욕구의 동기 유발력이 현저히 약해지거나 제거되기 때문에, 더 이상 동기인(motivator)이 되지 못한다고 주장했다. 그가 제시한 인간 욕구의 단계는 그림과 같이 위계구조를 보여주기 때문에 이를 욕구위계론이라고 부른다.

[그림 3.1] 매슬로우의 욕구위계

욕구위계의 맨 아래 단계인 생리적 욕구는 인간이 기본적으로 충족을 필요로 하는 의식주(衣食住) 확보 등의 욕구이다. 이러한 생리적 욕구가 충족되지 못한 상태의 예로는, 먹거리를 구해 생존을 유지하기 위해 무슨 짓이든 시키는 대로 할 준비가 된 사람들의 경우를 생각해볼 수 있다. 산업화 초기만 하더라도 노동자들은 감독들의 욕설과 육체적 구타를 감수하면서 자신과 가족의 생존을 위해 노동에 임하기도 하였다. 가장 낮은 수준의 생리적 욕구가 해소된 뒤에 인간은 안전에의 욕구를 갖게 된다고 매슬로우는 주장했는데, 이는 위협이나 공포로부터 벗어나고 하는 것이 동기인이 된다는 것을 의미한다. 간혹 영화 장면에서 볼 수 있듯이, 감독관이 휘두르는 채찍을 피하기 위해서 시키는 대로 노동을 하는 노예의 경우를 생각해 볼 수 있다. 중간에 위치한 소속감의 욕구는 생리적 욕구와 안전욕구를 해소한 인간이 사회적 상호작용을 통해 귀속의식이나 동류의식을 추구한다는 점을 의미한다. 네 번째 단계인 자존심의 욕구는 소속감이 제공하는 동질성 인식을 넘어서는 것으로서, 자기가 남과 구별되는 특별한 존재라는 자아 존중감을 바탕으로 한다. 인간은 일단 다른 사람들과 집단을 이루어 그 일원으로서의 충족이 이루어지면, 다른 그 누구와도 다른 자신만의 독특성(개성)을 드러내고 싶어 한다는 점이다. 예를 들어, 스마트폰이 처음 나왔을 때, 모두가 그것을 갖고 싶어 하지만, 일단 대부분의 사람들이 스마트폰을 갖게 된 상태에서는 남과 다른 모델을 갖고자 하거나 그게 아니라면 액세서리라도 다르게 해서 다른 사람들과 구분되고 싶은 인간 욕구의 측면이 자존심 욕구의 한 측면이다. 인간 욕구의 최상층은 자아실현의 욕구로서 흔히 자아성취감으로 일컬어지는 것이다.

매슬로우의 욕구위계론은 그 자체의 사회심리학적인 의의 외에 산업조직체에 대한 이론의 적용에서 중요한 의미를 갖는다. 즉 미국 기업의 경우에는 대부분의 노동자들이 맨 아래의 두 단계 욕구를 해소한 상태에 속하기 때문에 세 번째 단계인 소속감의 욕구를 충족시켜주는 것에서부터 일에 대한 동기부여가 이루어져야 한다는 지적이 가능해진 것이다.

2) 허즈버그(Herzberg)의 두 요인이론(Two Factors Theory)

허즈버그 등은 근로자들에 대한 면접을 통해 확보한 자료를 분석한 결과, 직무에 대한 만족과 불만족이 동일한 차원의 양극단이라는 입장을 거부했다. 직무만족과 직무불만족이 단순한 반대 개념이 아니라는 것이며, 직무만족과 직무불만족은 같은 연속선상에 있지 않은 두 개의 별개 차원이라는 주장을 제기한 것이다.[11] 다시 말해, 좋지 않은 여건과 상황이 불만족을 초래하지만, 좋은 직무상황이 반드시 만족을 증대시키는 것은 아니라는 발견을 하게 되어 만족과 불만족은 단순히 정반대가 아니라고 주장한 것이다.

따라서 이들은 직무만족에 영향을 미치는 요인들과 불만족에 영향을 미치는 요인들을 구분하였다. 직무만족을 증대시킬 수 있는 요인들을 동기인(motivator)이라고 규정하였는데 이는 성취감, 성장가능성, 인정, 책임감 등을 포함하는 것으로서 주로 직무의 내용(job content)과 관련된 요소들이다. 한편 직무불만족이 증대하는 것을 억제해주는 요인들을 억제요인(hygiene factor)[12]으로 규정했는데, 여기에는 임금수준, 감독유형, 고용안정성, 작업조건, 복지수혜 등 통상 직무의 맥락(job context)에 해당되는 요소들이 포함된다고 주장했다.

이와 같은 이론에 기반해 허즈버그는 직무의 맥락 요인들을 아무리 향상시키더라도 이것이 직무불만족을 억제하는 데에는 효과가 있겠지만 직무만족을 증대시키지는 못한다고 보았다. 따라서 임금, 작업조건 등의 개선을 통해 조직 구성원들의 직무동기를 높이려고 하는 시도는 문제의 핵심에 대한 적절한 처방이 될 수 없다는 것이다. 더불어, 매슬로우가 5가지 욕구 수준이 모두 동기요인이 될 수 있다고 주장한 것

---

11 F. Herzberg, B. Mauser, and B. Snyderman. 1959. *The Motivation to Work*. (2nd ed.). NY: John Wiley.

12 '위생요인'이라고 통상 번역되고 있음.

을 비판하면서, 자존심과 자아실현이라는 상위 두 단계만이 동기요인에 해당하는 반면에 하위의 세 단계 욕구에 대한 충족은 직무에 대한 불만을 억제해주는 억제요인에 불과하다고 주장하였다. 결국 허즈버그는 직무 내적인 보상의 제공을 통한 새로운 동기화 전략이 필요하다는 점을 지적한 셈이다. 이러한 지적에 자극되어서 이후에 직무풍요(job enrichment)와 같은 직무재설계가[13] 시행되기도 하였다.

그러나 허즈버그가 자신의 연구에서 이미 억제요인이 충족된 상태의 회계사, 기술자 등을 연구대상으로 함으로써 결과적으로 동기요인과 억제요인을 별개로 취급하는 오류를 범하고 있다는 비판도 있다.

3) 맥클랜드(McClelland)의 성취동기이론(Achievement Motivation Theory)

맥클랜드는 개인이 갖고 있는 욕구의 유형에 따라 인성의 유형을 세 가지로 분류한 학자이다.

첫째 유형은, 다른 사람을 통제함으로써 만족을 추구하는 권력지향욕구(N-POW: needs for power)형이다. 둘째 유형은, 타인과의 상호작용을 통한 친근감을 추구하는 관계지향욕구(N-AFF: needs for affiliation)형이다. 세번째 유형은, 목표의 달성을 통해 만족을 추구하는 성취지향욕구(N-ACH: needs for achievement)형이다.

이중 성취지향욕구형의 내용을 보다 상세히 살펴보면, 이 유형은 업무의 성공적인 성취를 추구하면서 돈보다는 도전과 성공 자체에 의미를 둔다. 과정에 몰두하여 적당한 모험을 즐기지만, 혼자서 하는 일을

---

13 상세한 논의는 12장 참조.

선호하고 결과에 대한 완벽한 통제를 추구하기 때문에 큰 위험을 회피하고 즉각적인 보상을 추구하는 인성 유형으로 정의된다.

모든 사람들이 위의 세 가지 유형의 욕구를 조합적으로 가지고 있으면서도 어느 한 가지 특성을 두드러지게 나타낸다고 본 맥클랜드는, 개인을 특정 유형이 더 요구되는 조직에 적절히 위치하도록 하는 것이 중요하다고 주장하였다. 예를 들면, 사회복지기관의 구성원으로는 N-Aff형이 적합한 반면에 N-POW 나 N-ACH형은 부적합하다는 것이다. 한편 N-Aff형의 욕구가 강한 사람이 정치인이 되어 소기의 성과를 거두기도 어려울 것이다.

4) 학습이론

학습이론은 교육학에서 발달하였고, 파블로프(Pavlof)의 소위 '개 실험'도 학습이론을 기반으로 한다. 되풀이되는 자극이 학습되어서 어떤 상황을 낳는 동기 요인이 된다는 것이 골자인데, 종소리가 날 때마다 먹이가 주어지다 보면 먹이 없이 종소리만 나는 경우에도 조건반사적인 학습의 결과로 개가 침을 흘리게 된다는 것이다. 사람들이 일하는 동기와 관련해서 살펴볼 때, 스키너(Skinner) 등의 학습이론은 일에 대한 긍정적 보강(positive reinforcement)을 학습한 경우에 이것이 그런 일을 되풀이할 재동기화를 초래한다고 지적한 점에서 동기이론의 한 갈래로 평가를 받는다.

5) 애덤스(Adams)의 형평(Equity)이론

애덤스의 이론은 조직 구성원들의 일에 대한 욕구가 형평성 인식에 따라 동기화된다는 것이다. 사람들은 주위의 다른 사람들과의 비교를 빈번히 행하게 되는데, 작업장에서도 옆 사람과 투입-산출에 대한 비교를 통해 무엇인가 평등하지 못하다고 인식되면 동기 수준을 조절한다는 것이다. 예로 개수임금제의 인센티브가 시행되는 경우에, 옆 사람이 엉터리로 일하면서도 숫자만 채워서 더 많은 임금을 받는다고 생각되면 이렇게 인식된 불평등한 상황이 제거되는 수준에 이를 때까지 자신도 산출량을 늘리되 일의 질을 저하시키게 된다는 것이며, 반대로 타인보다 높은 임금을 받는다고 인식하는 경우에는 오히려 일의 질을 높이려고 더 열심히 노력하게 될 것이라는 것이다.

이상에서 살펴본 몇 가지 동기이론들이 각기 다른 연구대상에 대한 분석결과이므로, 한 이론만을 산업조직체에 보편타당한 이론으로 보기는 곤란하며 각 이론은 나름대로의 강점과 약점을 가지고 있다. 다만 긍정적인 보상이 부정적인 제제보다 동기유발에 효과적이라는 점은 여러 연구에서 확인되었지만 문제는 긍정적 보상을 위해서는 비용(cost)이 소모된다는 점이다. 따라서 조직관리자들은 상대적으로 값싼 대체 보상수단을 모색하게 되었고, 이에 따라 현금을 지급하는 대신 우수사원을 선정하여 상장을 수여하거나 명판에 이름을 적어주거나 공개적으로 칭찬을 하는 등의 상징적 보상을 광범위하게 활용되게 되었다.

4. 직무만족 연구에 미친 영향

인간관계론 연구의 발견은 리더십과 동기이론의 발전을 자극하기도 했지만, 가장 중요한 영향은 직무만족에 대한 연구 확대로 나타나게 된다. 20세기 중반 이후 지금까지 조직사회학이나 사회심리학 분야에서 조직 구성원들의 직무만족(job satisfaction) 및 소외(alienation)의식을 주제로 하여 발표된 연구는 매우 많다.

1) 직무만족 연구

'직무만족'의 개념 정의는 연구자의 관심이나 연구의 범주에 따라 상당히 다양한지만 넓은 의미로는 '조직 구성원이 자신의 작업에 대해 긍정적인 감정적 지향을 갖고 있는 정도'로 사용되며, 결국 노동자들의 작업 경험에 따른 태도를 주관적으로 평가하는 것이다. 직무만족에 대한 조사연구는 인간관계론 연구 이후 리더십, 동기이론과 더불어 상당히 실제적(practical)인 관심 하에 진행되어왔다. 다시 말해, 과학적 관리론의 배경을 갖는 조사연구이든 신고전조직이론의 이론적 지향을 갖는 연구이건 간에 이들 직무만족 연구들이 궁극적으로 목표했던 바는 산업조직의 생산성 제고에 어떤 요인이 작용하고 있는가를 분석해냄으로써 생산과정의 효율성과 효과성을 극대화시킬 수 있는 조직원리를 형성하는 데 있었다는 점이다. 따라서 대부분의 직무만족 연구들은 다양한 작업 상황 요인들과 직무만족과의 연관을 기본적으로 함축하고 있고, 그런 점에서 기능주의 관점을 바탕으로 하고 있다.

2) 소외 연구

반면에, 소외 연구는 비록 '소외' 개념 자체가 '직무만족'보다 오래전부터 사용되었으나 주로 신학과 철학의 영역에서 논의되어오다가 제2차 세계대전 중에 전화(戰禍)를 피해 미국에 건너간 유럽 학자들, 특히 프랑크푸르트학파의 시각에 자극받은 미국 학자들에 의해 사회과학 분야에서 실증적인 연구가 수행되었다. 1960년대와 70년대에 걸쳐 큰 업적을 이룬 소외 연구는 최근까지도 사회학의 관심 주제의 하나이며,[14] 사회학적인 이론적 중요성의 측면에서나 연구의 양적 측면에서 직무만족에 대한 연구를 능가할 정도로 많은 연구결과가 발표되었다.[15]

철학자들 중에는 '소외(혹은 疏遠; estrangement)'의 연원을 어거스틴 (Augustine)의 신학을 거쳐 플로티누스(Plotinus)에서 찾기도 하지만, 헤겔(Hegel)의 '자기소외(self-alienation)' 및 포이에르바하(Feuerbach)와 마르크스의 '소원(疏遠)' 개념을 거쳐 세속화된 것으로 볼 수 있다. 제2차 세계대전 이후 산업사회에서 파생된 문제점들을 분석하는 개념으로 소외에 관한 논의가 이론적, 경험적 중요성을 갖게 되는 학문적 배경은 다음과 같다.

마르크스는 자본제적 생산양식 하에서 노동자들이 일의 의미를 상실하고 노동이 단지 생존을 위한 도구적 행위로 전락함으로써 소원을 경험하게 된다고 하였다. 이러한 마르크스의 주장이 조직 수준에서의 소외 연구를 가능케 한 이론적 틀인 사회기술체계(socio-technical system) 모델[16] 형성에 미친 영향은 부인할 수 없다. 그러나 마르크스의 소외론이 자본주의 몰락을 주장했던 거대이론(grand theory)인 반면에, 1960년대 이후 주로 미국에서 활발하게 연구되었던 블라우너

---

14 예로, 1985년 미국사회학회의 기조논문은 에릭슨(Erikson)이 발표한 "On Work and Organization"이다. *American Sociological Review*. 1986. 51: 1-8 참조.

15 J.M.Shepard. 1977. "Technology, Alienation, and Job Satisfaction". *Annual Review of Sociology*. vol.3. p.1 참조.

16 보다 상세한 논의는 4장 참조.

(Blauner)[17] 등의 소외 논의는 현대 산업조직의 어떤 기술(technology) 조건하에서 노동자들의 소외감이 강렬하게 나타나는 가에 관심을 가진 것으로서 자본주의 체계 내의 변이성을 인정한 조직 수준의 연구이다.

소외의 경험적 연구가 본격적으로 가능하게 되는 것은 프롬(Fromm) 의 사회심리학적 소외 논의를 거쳐 시이맨(Seeman)이 '대중사회론 (Mass Society Theory)'을 통해 소외를 초래하는 원인과 그 결과를 논의하면서 다차원적 개념으로 소외를 정의하면서부터이다.[18] 근래 소외 연구들에서 뒤르켐의 아노미(anomie) 개념이 '무규범성(normlessness)'이란 용어로 소외의 한 측면에 포함되어 있다. 그러나 소외가 갈등론의 이론적 지향으로부터 나온 개념인 반면에 '아노미'는 구조기능주의의 이론적 배경을 갖는 점을 감안할 때 이러한 사용에는 문제가 있다.

마르크스주의 전통에 입각한 이스라엘(Israel) 등의 학자는 소외를 인간의 주관적 인지 여부와는 독립적으로 특정 상황에 구조화되어 있는 객관적 상태라고 보고 사회심리학적 소외 측정을 비판하기도 하였으나,[19] 많은 학자들은 엄격한 개념 규정과 측정을 통해 소외를 초래하는 원인과 결과를 경험적으로 일반화하려는 시도를 하였다.

여기에서 관심을 끄는 점은 소외와 직무만족 두 가지 연구 분야가 애초에 상이한 관심에서 출발하였음에도 불구하고, 개념 사용상의 혼

---

17 Robert Blauner. 1964. *Alienation and Freedom*. Chicago: Chicago University Press.

18 시이맨은 1959년에 발표된 "On the Meaning of Alienation"(American Sociological Review, 24: 783-791)에서, 소외를 여섯 가지 차원으로 구성된 것으로 보았는데 무력감 (powerlessness), 무의미성(meaninglessness), 무규범성(normlessness), 가치고립(value isolation), 자기소원(self-estrangement) 및 사회적 고립(social isolation)이 그것이다.

19 Joachim Israel. 1971. *Alienation: From Marx to Modern Society*. Boston: Allyn and Bacon, Inc.

동이나 경험적 조사연구에서 측정지표(measurement index) 사용에 혼란이 발생함으로써 흔히 동전의 양면 같은 것으로 인식되어지는 한편, 실제 연구들은 상호모순적인 연구결과들을 내놓고 있다는 점이다.

다시 말해, 소외에 관한 대부분의 연구들은 산업조직에서 노동자 소외의식이 존재한다는 점을 밝히고 있고 적어도 소외문제가 심각하다는 점을 함축하고 있는 반면에 직무만족에 대한 대부분의 연구결과는 노동자들의 높은 직무만족도를 보고하고 있다.[20] 이 문제는 실제로 많은 연구자들이 소외를 '직무만족의 결여'로 정의하며 직무만족 측정지수를 사용하고 있는 점을 고려할 때, 밸라스와 옐로우(Vallas and Yallow)가 지적한 대로 마르크스의 소외 개념을 왜곡시킨 것이라는 이론적 비판을 제기시킨다.[21]

즉 소외 연구가 활기를 띠기 시작한 1960년대의 미국 상황에서 시사를 받을 수 있듯이 소외에 관한 연구는 애초에 신마르크스주의(Neo-Marxism)적 이론적 지향에 그 뿌리를 두고 있는 반면에, 직무만족에 관한 연구는 구조기능주의의 배경을 가지면서 애초에 상당히 실질적인 측면에 관심이 있었기 때문이다.

---

20 유홍준. 1989. "노동자 소외의식과 직무만족". 사회과학. 제29권 제1호. p.34 참조.

21 Vallas, Steven Peter and Michael Yarrow. 1987. "Advanced Technology and Worker Alienation: Comments on the Blauner Marxism Debate". *Work and Occupation*, 14: 126-142.

4장

시스템 조직사회학
패러다임의 등장

구조기능주의 사회분석 패러다임이 하버드 대학교의 사회학자들에 의해 정리되기 시작하던 1930년대 후반 이래, 조직을 하나의 시스템 (체계)으로 파악하는 입장이 대두되었다. 1960년대까지 조직사회학의 중요한 연구 경향을 대표한 시스템 조직이론은 조직 외부 요인을 어떻게 취급하는가에 따라 크게 보아 두 가지 이론 틀로 전개되었는데, 폐쇄체계(closed system)론과 개방체계(open system)론이 그것이다. 아래에서는 먼저 시스템 조직사회학 등장의 배경이 된 구조기능주의 체계이론의 내용을 간단히 살펴보고, 두 가지 시스템 조직이론의 내용과 업적을 살펴본다.

1. 구조기능주의 시스템 이론

파레토(Pareto)의 연구성과[1]와 메이요의 인간관계론 연구의 발견에 의해 자극되어, 당시 메이요와 같은 하버드 대학교에서 인간피로연구소(Human Fatigue Laboratory)를 이끌고 있던 헨더슨(Henderson)에 의해 '사회체계(social system)' 개념이 처음으로 사용되고 '시스템(체계)'으로 개념화된 조직 분석 시각이 태동하였다. 그런데 헨더슨이 '사회체계'로 개념화된 조직 모델을 이론적으로 구성하는 데 중요한 연결고리 역할을 했지만, 시스템 조직이론의 이론적 기반은 파슨즈(Parsons)의 사회체계론을 통해 이루어졌다.

1) 파슨즈의 사회체계론과 시스템 조직사회학

탈코트 파슨즈(Talcott Parsons: 1902~1979)

파슨즈가 사회를 설명하기 위한 거대이론(grand theory)을 시도한 것은 잘 알려진 사실이다. 그는 모든 인간 사회에 적용될 수 있고 보편적 설명이 가능한 일반이론의 정립을 지향했던 것이다. 이를 통해 사회를 구성하고 있는 각 부분이 마치 유기체처럼 전체 사회의 조화로운 균형을 위해 나름대로의 기능을 수행한다고 하면서, 사회의 모든 영역과 활동이 그 기능에 의해 설명될 수 있는 '하나의 사회체계'로 개념화된 사회분석 모델을 제시하였다. 비록 그가 조직 수준의 분석에는 실제로 큰 관심을 두지 않았지만, 그의 사회체계론(social system theory)이 시스템 조직이론에 시사하는 바는 크다.

'체계(시스템)' 개념은, 한 체계가 하위체계들을 포함하며, 이들 하위

---

1   Pareto, Vilfredo. 1935. The Mind and Society.

체계들은 독립적으로 기능하는 한편 상위체계의 목표와 생존을 지향한다고 본다. 이때 하위체계 내부의 행위체계도 역시 상호작용하는 시스템의 구성 요소가 된다는 것이다.

이러한 시스템 개념을 조직에 적용시켜본다면, 조직은 그 자체가 하나의 시스템인 동시에 더 큰 시스템인 사회체계의 구성요소가 된다. 파슨즈는 "공식적인 분석적 준거점으로서, 특정한 목표달성을 지향하는 데 초점을 둔다는 점이, 조직을 다른 유형의 사회체계와 구별하는 특징"이라고 하였다. 우리는 이 정의에서 구조기능주의 시스템 조직사회학의 특징을 확인할 수 있다.

첫째, 조직이 개인, 집단, 하위부서 등의 여러 부분 요소로 구성됨과 동시에 조직은 더 큰 사회체계의 하위단위라는 점이며, 따라서 문제는 조직이 상위의 시스템에 어떻게 통합될 수 있는가에 있다. 이때 조직 분석의 초점은 조직의 가치와 목표에 있다. 조직목표는 항상 조직가치에 의해 정당화되어야 하며, 이 조직가치는 사회체계의 중심가치 체계(central value system)에 부합되어야 하고, 조직목표 또한 사회체계의 기능적 욕구를 충족시키는 것으로서 사회체계의 목표에 일치되어야 한다는 점을 시사한다. 또한 조직 구성원들의 기대와 역할은 사회규범의 내면화를 통해 규정되어지기 때문에 조직 자체의 목표와 가치에 부합되고 결국 사회체계의 목표와 가치에 부합되어서 시스템으로서의 사회가 생존하고 유지되는 데 안정적으로 기여, 즉 기능(function)한다는 것이다. 이 때문에 이 관점이 '기능주의'라고 불리는 것인데, 이에 따라 시스템의 균형 유지에 초점이 맞추어지고 규범의 내면화를 통해 과도사회화(over-socialized)된 인간을 전제로 하는 보수적인 조직 분석 시각이 형성된 것이다. 다시 말해서, 시스템 조직이론에서는 본질적으로 조직의 목표와 구성원들의 목표가 일치하지 않을 가능성이나 조직과 사회체계의 갈등을 인정하지 않으며, 이를 인식하더라도 역기능적인 문제로 파악한다.

둘째, 시스템 조직이론은 조직이 특정 목표를 지향하는 데 초점을 둔다고 봄으로써 목표지향이 모든 사회적 행위의 두드러진 특징이라고 보며, 이러한 목표지향이 조직의 안정적인 생존과 발전에 기여한다고 본다.

셋째, 조직은 환경과의 상호작용을 통해 생존과 성장을 추구하는 메커니즘을 가지고 있으므로 주위 환경으로부터 생존에 필요한 자원을 확보할 뿐만 아니라 환경과의 관계에서 자신의 정체성을 유지한다는 것이다.

파슨즈가 사회체계론에서 논의한 시스템의 기능적요건(functional imperatives of the system) 중 '적응(A; adaptation)' 및 '목표달성(G; goal attainment)'의 기능은 조직의 효율성에 관계되고 '통합(I; integration)' 기능과 '잠재유형 유지와 긴장관리(L; latent pattern maintenance and tension management)' 기능은 조직의 안정성과 관련된 것으로 파악 가능하다.[2]

그러나 파슨즈의 체계이론에 기반한 시스템 조직사회학은 조직과 환경의 관계에 비중이 두어진 반면에, 통합이나 잠재성 같은 조직의 내적 기능에는 상대적으로 무관심했다. 다시 말해, 조직이라는 사회의 하위체계에 대한 주요 관심은 하위체계가 더 큰 시스템(즉, 사회)와 상호작용하는 방식과 그것이 더 큰 시스템에 대해 갖는 준거의 종류이다.

---

2 이런 맥락에서 볼 때, 파슨즈는 조직사회학이론이 일반사회학이론과 긴밀한 관계를 가져야 한다는 점과, 조직사회학이 산업조직이나 정부조직뿐만 아니라(체계의 기능적 요건과 관련하여, '적응'기능은 주로 산업조직에 의해 이루어지고, '목표달성' 기능은 정부조직의 기능에 해당) 모든 유형의 조직에 적용되어야 함을 시사한 공로를 갖는다. Mouzelis, N. 1967. *Organization and Bureaucracy*. London: Routledge and Kegan Paul. PP.153-4.

따라서 하위체계가 구조화되고 조직되는 방식에 대해서는 거의 관심이 두어지지 않았다.[3] 이런 맥락에서 볼 때, 파슨즈식의 시스템 조직사회학은 개방 시스템 시각에 해당한다.

2) 시스템 조직사회학의 한계

조직을 '시스템'으로 분석하는 시각은 애초의 관심이 거시 사회학적이기 때문에 지나치게 추상화된 거대 모델의 성격을 띠어서 경험과학적인 명제나 연구가설 형성이 곤란한 한계를 갖는다.

더불어 보수적인 기능주의 관점을 취하면서 조직을 기계론적으로 파악하여 변동 및 갈등에 대한 분석을 간과하여 결과적으로 조직 내의 권력 분석에 한계를 노출하였다. 즉 조직의 가치와 목표가 궁극적으로 누구의 가치이고 목표이며, 이에 관련된 이해관계는 무엇이며, 어떤 방식으로 관련되어 있으며, 이것이 어떻게 구성원들에게 강제되는가에 관심이 결여되어 있다는 것이다. 이에 따라 통합의 측면에만 강조를 둔 일면적인 조직관이라는 비판이 제기되었다.

화이트(Whyte)는 파슨즈의 시스템 조직 분석틀의 문제점을 세 가지로 정리하였다. 첫째는 조직 내에서 무슨 일이 진행되고 있는지에 대한 관심 결여, 둘째는 이론을 뒷받침하는 경험연구의 결핍, 셋째는 가치의 역할이 지나치게 강조된 때문에 조직 행위에 영향을 끼치는 조직 내적

---

3 파슨즈의 후기 저작인 *Structure and Process in Modern Societies*. 1960. Chicago: Free Press.에서는 조직을 기술적, 관리적, 제도적 수준으로 구분하면서 내부적 검토를 보다 진전시키기는 하였으나 여전히 기술적, 관리적 수준에 대한 검토는 부족하다. Clegg and Dunkerley. 1980. *op. cit.* P.182.

구조에 대한 관심이 결여된 점이 그것이다.[4]

그러나 파슨즈의 제자였던 머튼(Merton)의 중범위이론(middle-range theory)적 시도에 의한 관료제의 역기능 분석은 조직 배열의 기능적 대안을 시사한 것으로 평가되며, 셀즈닉(Selznick)의 연구도 조직이 자기 방어적 속성을 갖는다는 점을 지적한 점에서 조직의 역기능을 분석한 업적을 남겼다.

2. 조직 시스템 이론의 발전과 한계

고전조직이론의 조직 개념은 불변하는 특정한 목표를 지닌 정태적인 것으로 조직을 정의하여 규정적일 뿐만 아니라 조직의 생산성과 효율성만을 지향하는 한계를 갖는다. 신고전조직이론은 조직 내 비공식 집단 및 개인과 집단 사이의 상호작용에까지 분석을 확장시킴으로써 조직연구 영역을 확장시키는 진전을 가져왔으나, 현장실험 위주의 단편적인 연구방법의 한계로 인해 조직이론의 산출에 기여한 바는 제한적이다.

이런 점에서 볼 때, 포괄적인 사회적 맥락(context) 현실 속에서 운용되는 조직을 분석하고 이해하는 데 중요한 일조를 한 것은 시스템으로 조직을 보는 시각의 발전이었으며, 경험적 조사연구를 통해 추상적인 시스템 이론을 조직 분석에 적용한 여러 학자들의 업적은 평가할 만하다.

---

4 Whyte, William F. 1964. "Parsons' Theory Applied to Organizations" in M. Black (ed.), *The Social Theories of Talcott Parsons*. NJ: Prentice-Hall. PP.250-67.

실버맨(Silverman)이 정리한 시스템 모델의 기본 가정은 다음과 같다. 첫째, 시스템으로서의 조직은 각 부분 요소들이 전체의 존속에 기여하는 상호의존적인 부분들로 구성된다. 각 부분들은 별도의 과정을 구성하는데, 이 과정 및 부분들 간의 상호작용은 중요한 관심대상이다. 둘째, 조직은 생존을 위한 욕구를 갖는다. 셋째, 조직은 목적 추구적 욕구를 갖는다.

조직을 시스템으로 분석하는 시각 중에도 시스템을 독립적이고 자기 충족적인 것으로 보는지 혹은 다른 시스템(환경)들과 상호작용하는 것으로 보는지에 따라 두 가지 시각으로 구분할 수 있다.

1) 폐쇄 시스템론

폐쇄 시스템론(closed-system theory)은 조직을 조직 외적인 환경요인으로부터 독립적이고 자기 충족적(self-sufficient)인 것으로 보는 관점이다. 사회심리학적 동기이론과 맥을 같이하는 이 관점은 '조직 내'의 객관적 요인들이 조직 행위에 직접적인 영향력을 행사한다는 가정을 기반으로 한다. 헤이즈(Hage)가 1965년에 *Axiomatic Theory of Organizations*에서 4가지 조직목표와 이를 달성하기 위한 4가지 조직수단을 제시하고, 이들 간의 연결을 통해 조직 분석에 적용 가능한 공리들을 제시한 것이 대표적인 연구이다.

이 시각은 조직이 자기 충족적이어서 모든 자원을 이용 가능하고 기획한 바에 따라서 자원의 적합한 배분이 조직 내에서 가능하다는 점을 의미하는 합리적(rational) 조직 모델을 전제로 하지만 실제로 조직이 그러한지는 의문스럽다.

실버맨은 상호작용론의 입장에서, 조직 행위가 개인들의 조직활동에서의 '상황정의(definition of the situation)'에 기반한다고 하였다. 그는 이러한 상황정의가 조직 내적 상호작용뿐만 아니라 조직 외적 상호작용 과정에서도 발생한다고 보아 조직 외적 요인을 무시하는 것은 적절하지 못하다고 비판하였다.[5]

더불어 조직이 합리적일 수 있다는 가정도 비현실적이라는 비판이 제기되었다. 톰슨(Thompson)은 조직이 합리적이기 위해서는 외부 환경으로부터 완충(buffer)력을 가져야 하며 '조직의 여유(organizational slack)'를 갖고 있어야 한다고 주장하였다.[6] 즉 잉여의 원료, 인적자원, 자본, 정보 등의 자원을 필요로 한다. 그러나 실제 조직은 매우 자원 의존적이며 불충분한 정보에 기반한 조직활동을 수행하기 때문에 합리적 조직 모델에 회의적인 것이다.

폐쇄 시스템 시각에 대해 마치와 사이먼(March and Simon)도 실버맨과 유사한 비판을 제기하였다.[7] 이들은 고전경제학의 완전히 '합리적인 경제인' 모델을 취한 폐쇄 시스템론의 시각을 거부하고 '제한된 합리성(bounded rationality)'의 수준에서 발생하는 구성원의 조직 참여와 활동에 주목할 것을 제안하였다. 조직 구성원들이 실제 조직 과정에 필요한 모든 정보를 획득할 수 없을 뿐만 아니라 정보해석상에도 상이한 상황정의에 따라 갈등이 발생할 여지를 간과할 수 없다는 주장이다. 이들의 조직 분석 시각은 실버맨과 더불어 7장에서 논의될 상호작용론 및 현상학적 조직연구의 기반이 되었다.

결론적으로 볼 때, 단지 조직의 내적 측면만으로 조직 내 변이를 설

---

5 Silverman, David. 1970. *The Theory of Organizations*. London: Heinemann. P.33.

6 Thompson,J. D. 1967. *Organizations in Action*. NY: McGraw-Hill.p.19.

7 March, J.G. and Simon, H.A. 1958. *Organizations*. NY: Wiley.

명하려는 폐쇄 시스템론의 시각은 이론적으로나 경험적으로 성공적이지 못한 것이며, 개방 시스템으로 조직을 분석하는 시각으로 대체를 요구받게 된다.

2) 개방 시스템론

개방 시스템론(open-system theory)은 조직 및 조직 내부의 상호의존적인 부분들에 대한 외부 환경의 영향을 인정하는 입장이다. 톰슨은 조직이 개방 시스템으로서 환경의 불확실성에 직면하여 확실성을 추구하려고 노력한다고 파악하였다. 이러한 시각은 신고전조직이론에 의해 자극받아 전개된 파슨즈 등의 시스템 이론에서 잘 드러난다. 즉 조직이 그 자체로 캡슐처럼 진공 상태에 존재하는 원자화된 존재가 아니고 더 큰 시스템의 부분 요소임을 인식함으로써 조직활동에 외부 환경요인이 중요한 맥락으로 작용한다는 점을 지적하였다.

굴드너(Gouldner)는 '합리적 시스템' 모델과 '자연적 시스템' 모델을 제시함으로써[8], 폐쇄 시스템과 개방 시스템을 구분할 수 있는 중요한 이론적 기여를 하였다. 그는 조직 분석 시각의 역사적 발전 과정에서 사회학자들 간에 두 가지 구분되는 접근방법이 있다고 지적하였다. 하나는 베버의 관료제론에서 가장 잘 제시된 것과 같은 '합리적' 시스템이라는 측면이 강조된 조직 모델이다. 다른 하나는 콩트에서 시작되어 미헬스(Michels), 파슨즈, 셀즈닉 등에 의해 보강된 접근방법으로서 조직을 '자연적' 시스템으로 보는 모델이다.

---

8 Gouldner, Alvin. 1959. "Organizational Analysis" in R. K. Merton, L. Broom, and C. Cottrel (eds). *Sociology Today*. NY: Basic Books. pp.400-28.

이때 '합리적 시스템' 모델은 조직을 내부적으로 조종이 가능한 부분들의 구조로 본다는 점에서 '폐쇄 시스템' 모델과 유사성을 갖는다. 폐쇄 시스템론이 조직 내에서의 항상성(homeostasis)을 강조하는 입장을 취하는 점이 바로 조직을 합리적으로 계획할 수 있음을 시사한다고 보는 것이다.

 이에 반해, '자연적 시스템' 모델은 조직을 그 자체로 '자연적인 전체(natural whole)'로 본다. 전체로서의 시스템(조직)이 추구하는 목표는 조직이 지향하는 여러 가지 다양한 욕구들 중의 하나일 따름이다. 조직 내부 구조는 다양한 욕구들의 연관 속에서 '발현(emergent)되는 것'이라고 본다.[9] 이 모델에 따르면 조직의 명시적 목표가 달성된 뒤에도 조직은 생존을 계속 추구하고 균형(항상성)을 유지하려고 시도한다. 이러한 생존욕구 자체가 더 중요하게 작용하는 경우에 종종 조직의 목표가 무시되고 왜곡되는 경우도 있다. 따라서 굴드너는 조직이 일단 형성되면 조직설계자의 의도와 무관하게, 이것과 긴장관계에 놓일 수밖에 없는 새로운 목표—통상 조직 자체의 생존 유지나 구성 부분들의 이익추구 목표—가 창출되는 경향이 있다고 지적하면서 조직은 '자연적' 시스템이라고 지적한 것이다. 이때 자연적 시스템 모델이 '시스템 욕구'

[그림 4.1] 시스템 이론의 연결

폐쇄 시스템	개방 시스템
체계론 초기 경향	조직과 외부 환경 관계

합리적 시스템	자연적 시스템
고전조직이론	신고전조직이론
	* 갈등론과 연계

---

9 합리적 시스템 모델은 이 점에 있어서, 대부분의 고전조직이론이 그러하듯이 조직구조는 '미리 설계된 것'으로 본다.

에 대한 강조를 한 점은 조직 외적 요소를 인식한 것이며 이점이 바로 '개방 시스템' 시각의 반영이다(그림 4.1 참조).

이미 살펴본 바와 같이 조직과 환경 간의 관계에는 어느 정도의 상호성이 있으며 조직의 상호의존적인 부분에 대한 환경의 영향을 인정한 것이 개방 시스템론이다. 즉 조직은 다른 조직, 제도들과 상호작용하며 보다 큰 시스템인 사회의 하위체계라는 것이다.

개방 시스템의 특징을 카츠와 칸(Katz and Kahn)은 9가지로 정리했는데 다음과 같다.[10] ① 에너지(자원)의 투입, ② 전환(throughput), ③ 산출, ④ 사건들이 순환되는 시스템, ⑤ 부정적 엔트로피(negative entropy), ⑥ 정보투입, 부정적 피드백과 부호화 과정, ⑦ 안정 상태와 역동적 항상성, ⑧ 분화, ⑨ 등결과성(equifinality). 이 중에서 앞의 세 가지 특징은 '투입 - 전환 - 산출'로 모델화되어, 시스템 이론에 기반한 경영학과 행정학 조직이론 구성의 기본 틀로 사용되고 있다.

개방 시스템론이 환경 요소를 중요시하는 입장을 기본으로 하고 있지만, 이 시각 내에서도 환경의 영향력에 상대적으로 큰 비중을 두어 환경이 조직구조나 운용, 구성원의 의식·행태를 좌우한다고 보는 환경 결정론적 입장과 반대로 조직이 환경을 적극적으로 변화시키고 통제하려고 시도한다는 입장이 있다. 후자는 '전략적 선택(strategic choice)' 모델로 전개되었는데, 조직 구성원들의 가치와 태도가 외적 영향에 따라 제약을 받기는 하지만 경영관리자는 상당 정도 조직 내에서 채택되는 전략을 선택할 수 있다는 주장이다. 개방 시스템 시각의 발전에 따라 급속하게 연구의 관심대상이 된 조직과 환경 간의 관계에 대한 상

---

10 Katz, D. and Kahn, R. 1966. The Social Psychology of Organizations. NY: Wiley.

세한 분석은 9장에서 다루어질 것이다.

3) 사회기술 시스템론

1960년대에 조직이 직면한 외부의 기술적 환경 변화에 주목하여, 조직이 기술 시스템과 사회적 시스템과의 상호의존관계에 있다는 점을 중시한 '사회기술 시스템(socio-technical system)' 개념이 등장하였다. 에머리와 트리스트(Emery and Trist) 등의 타비스톡(Tavistock) 연구자들에 의해 시작된 이 접근방법은 작업집단의 기술적 환경 및 업무와 관련된 상호작용에 기본적인 강조를 두고 있다. 따라서 조직은 전적으로 기술 시스템도 아니고 사회적 시스템도 아니며 이 둘은 상호영향을 주고받는 관계로 파악된다. 이렇게 볼 때, 사회기술 시스템론은 조직을 기계론적으로 파악하는 과학적 관리론을 비롯한 고전조직이론이나 조직 내의 비공식적 사회관계를 부각시킨 신고전조직이론을 극복하려는 시도로 평가된다.

사회기술 시스템 모델은 조직 내에서 합리적이고 탈인격적인 기술 과정이 인적 요인들과 상호작용함으로써 공식 조직구조 및 비공식 집단의 모습 등 특징적인 작업 상황을 규정하게 되며 궁극적으로는 조직 구성원들의 태도 및 조직 행위에 영향을 미치게 되는 시스템을 개념화하고 있다. 따라서 이 모델은 독립변수인 생산기술에 대한 인적(혹은 사회적) 요소의 반응 간의 상호의존성을 강조하고 있으며, "조직 내에서 사회적 및 기술적 측면이 혼합되어 있음"[11]을 의미한다. 기술적 시스템은 물리적인 기계류, 공장설비 및 작업의 기술적 과정이 조직되는 방

---

11 Broom, Leonard and Philip Selznick. 1958. *Sociology*. NY: Harper and Row.

식을 의미하는 반면, 사회적 시스템은 조직 구성원들의 작업동기, 숙련 수준, 조직관행 및 경영관리시책 등 인적, 구조적 요인을 의미하는 것이다.

그러나 실제로 후속적인 연구들은 여전히 이 두 요소를 모두 조직 내적인 문제로 인식하였고, 사실 이 모델 자체가 고전조직이론과 신고전조직이론의 결합에 불과한 것으로 조직 환경에 대한 본격적인 분석과는 거리가 있다는 비판이 제기될 수 있다. 실버맨이 사회기술 시스템론의 한계로 지적한 바는 다음과 같다.[12] 첫째, 거대이론을 선호하고 유기체적 유추를 채택하여 추상적인 경험주의에 빠졌다. 둘째, 조직이 실제 작용하고 있는 바를 서술하는 데 초점이 있는지 혹은 효과적으로 조직이 운용되기 위해서는 어떠해야 한다는 당위론을 주장하는지가 불분명하다. 셋째, 사회심리학적 분석이 결여되어 조직 구성원들의 조직활동 지향의 원천이 모호하다. 마지막으로, 사회기술 시스템론에서 논의되는 환경은 산업조직에 대한 시장의 요구, 즉 기술적·경제적 환경에 제한되어 있다는 지적이다.

4) 시스템 조직사회학의 한계 및 비판

시스템 조직사회학에 대한 여러 가지 비판 중 일부는 두 가지 시각(폐쇄 시스템과 개방 시스템, 합리적 시스템과 자연적 시스템) 중 어느 하나에만 해당된다는 점을 염두에 두고 그동안 제기된 여러 가지 한계점을 정리해보자.

첫째, 시스템 조직이론은 조직 내 구성 요소들의 통합과 상호의존성

---

12 Silverman, D. 1970. *The Theory of Organizations*. London: Heinemann.

에 지나친 강조를 두고 있어서 보수적 입장을 취하고 있다. 조직 내 부문 간 상호의존성의 변이를 무시하고 있을 뿐만 아니라 어떤 부문은 다른 부문과 분리되어서도 존립 가능하다는 '기능적 자율성'을 간과하고 있다.[13] 이는 결국 조직을 물화(物化)된 개념으로 귀결시킨다. 그런데 이러한 물화는 자연스러운 결과라기보다는 조직관리자가 구성원에게 행한 권력행사의 결과라는 점이 간과되고 있다는 것이다. 즉 시스템으로서의 조직의 안정·균형에 과도한 초점을 둠으로써 현상유지의 성격을 가지며 조직변동을 설명하기에 곤란하다는 것이다.

둘째, 특히 합리적 시스템론에서는 다양한 조직 구성원, 구성 부분들의 목표들을 정형화함으로써 실제 조직상황에서 발생 가능한 상충되는 다양한 목표의 존재 가능성을 무시하고 갈등을 간과하고 있다. 자연 시스템론에서는 비공식적 욕구(목표)의 존재를 인정하지만 경영관리자의 헤게모니가 조직 구성원들에게 강제된 것이라고 보는 갈등론의 입장과는 여전히 대응된다. 연관하여, 조직목표를 물화된 것으로 봄으로써 이를 '조직 구성원들 사이의 지속적 합의'[14]로 보는 상호작용론적 입장과도 대응된다.

셋째, 자연 시스템 모델은 조직 내의 비공식적 상호작용과 비공식 집단에 분석을 집중함으로써 조직의 합리적이고 계획된 배열 및 구조 측면을 경시하고 있다.

넷째, 개방 시스템론 조차도, 조직과 환경 간의 상호작용이 필연적으로 '선택적'일 수밖에 없음을 고려하고 있지 못하다는 비판이다. 다시 말해 모든 조직에 타당한 일반명제의 수준을 떠나 역사적으로 특수한

---

13 Gouldner, A. 1959. *op. cit.* p.409.
14 Silverman. 1970. *op. cit.* p.9.

조건들을 고려해야 함에도 불구하고 역사성을 고려하지 않은 접근방법을 사용했기 때문에 결정론적 입장에 빠지게 되었다는 것이다.[15]

3. 조직유형론의 등장

베버의 이념형적 관료제 모델이 제시되고 나서 거의 반세기 동안 관료제 모델은 조직의 전형적인 모습인 것으로 여겨져 왔다. 그러나 20세기 중반을 넘어서면서 현실 사회에서 다양한 모습의 조직들이 존재한다는 점이 부각되었고 1960년대에 이르러 모형화된 조직 분류 방법들이 출현하였다. 조직구조의 최대 효율성을 위해, 조직의 목표와 환경에 대응하는 가장 적합한 구조를 발견해내려는 목적 하에 연구 개발된 이들 조직유형 모델은 이후 조직유형론(organization typology)[16]이라고 일컬어지는 조직사회학의 한 갈래를 형성하였다.

조직유형론은 이념형적 관료제 모델이 함축하고 있는 조직구조의 단선적·일차원적 가정을 거부하고, 다양한 조직유형과 다차원적인 조직구조가 존재한다는 것을 시사한 점에서 우선 그 중요성을 평가할 수 있다.

그러나 유형론의 보다 중요한 가치는 여러 분류 기준 중 어느 것이 가장 적절한 조직판별 기준일 수 있는가의 문제와 그 유형론이 새로운 가설을 창출시킬 수 있느냐의 여부에 달려 있다. 즉 조직을 다양

---

15 Mayntz, R. 1964. "The Study of Organizations". *Current Sociology*. vol.13. p.113.

16 유형론(typology)은 선험적 추론에 따른 현상의 범주화 작업으로서, 현상에 대한 사후적·경험적 분류를 특정으로 하는 분류법(taxonomy)과는 구별된다.

한 유형으로 분류하는 것 자체가 목적이라면 그 유형론은 조직현상을 단순히 기술한 것에 불과한 것이다. 사회학이 현상의 단순한 기술(description)을 넘어서 현상을 설명(explanation)하는 데에서 이론적인 의의를 찾는 점을 생각해보더라도 좋은 유형론은 그것을 바탕으로 하여 후속적인 분석이 가능한 것이어야 할 것이다.

조직유형 분석은 1960년대에 활발해진 경험적 조직연구에 기반을 제공하기도 하고 이들 경험연구에 의해 그 유효성이 평가되기도 하여 상호 밀접한 영향을 주고받았다.

아래에서는 베버의 이념형 모델이 조직유형 분석에 대해 갖는 영향과 한계를 우선 논의한 뒤에 여러 학자의 조직유형 모델을 평가해본다.

1) 베버의 이념형적 관료제 모델과 유형론

베버의 관료제론이 조직사회학에 기여한 이론적, 방법론적 업적은 매우 큰 것이었지만, 그것이 현대조직을 설명하는 데 있어서 이론적 한계를 갖는다는 점이 20세기 중반을 거치면서 점차 인식되기 시작하였다. 그 한계는 신고전조직이론(인간관계론)의 발견과 시스템 조직 분석의 시각에서 관료제의 역기능을 지적했던 몇몇 학자들의 연구에서 이미 제기되어 왔지만, 비판의 초점은 베버식의 공식적 · 합리적 · 효율적 조직 모델이 현대조직의 다양한 모습을 대변하지 못한다는 데 있다.

앨브로우(Albrow)[17]는 베버의 지적 배경이 그로 하여금 조직과 그 구성원들의 '비'합리적, '비'효율적인 측면에 대한 관심을 상대적으로 결핍되게 한 것이라고 지적하였다.

---

17 Albrow, M. C. 1970. *Bureaucracy*. London: Paul Mall.

한편 베버가 사용한 '이념형'이라는 개념이 현상의 실재(reality)를 기술한 것이 아니고, 현상의 선별된 특징들을 논리적 극단(logical extreme)으로 과장한 방법론적 틀이라는 점을 염두에 두더라도, 블라우(Blau)[18]의 다음과 같은 비판은 주목할 만하다.

> 개념이 경험적 입증의 영역에 속하지 않는 반면, 가설적인 사실관계는 경험적으로 입증된다. 예를 들어, 권위적 행정·관리와 탈인격적 공정성이 어떤 상황에서 예견된 바대로 관리의 효율성을 높이는지의 문제나 이런 결과가 특정한 조건하에서만 일어나는지의 여부는 오로지 경험적 연구에 의해서만 확인될 수 있다(Blau, 1963: 309).

결국 베버의 이념형적 조직 모델이 갖는 한계는 조직의 '비'합리적 측면(비공식적 측면을 포함하여)과 조직 구성원들의 실제 가치, 태도, 행위를 적절하게 검토하지 못한 점이다. 고전조직이론이 전형적으로 안고 있는 문제점의 하나는, 조직 구성원들의 실제 태도 및 행위 등과 무관하게 별도의 표준화된 조직구조가 존재한다는 생각이었다.

그러나 인간관계론 연구에서 확인된 것처럼, 조직에서는 통제를 통해 부과된 구조(공식구조)와 비공식적 상호작용 및 협상을 통해 형성된 구조(비공식구조)가 구별되며, 조직 구성원들의 행위를 통해 구체화되는 조직구조는 조직연구의 중요한 관심의 하나가 되어야 한다.

이런 점에서 조직들이 어느 정도 유사성을 띠는지, 구조의 보편적인

---

18 Blau, P. M. 1963. "Critical Remarks on Weber's Theory of Authority". *American Political Science Review*. 57: 305-16.

특성이 존재하는지, 만약 조직에 따라 매우 상이한 조직구조가 존재한다면 그 원인은 무엇이며, 그 결과가 조직의 성취 및 구성원들에게 미치는 결과는 무엇인지 등이 관심의 대상이 되며, 이것이 조직유형에 대한 연구 및 경험적 조직연구를 자극하는 계기가 된 것이다.

2) 블라우와 스콧(Blau and Scott)의 유형론

블라우와 스콧[19]은 조직의 기본적인 수혜자(beneficiary)가 누구인가에 따라 조직을 유형 분류하였다. 이들은 조직과 연관을 맺고 있는 조직 구성원 범주를 넷으로 구분하고, 조직활동을 통한 혜택이 어느 범주의 구성원에게 주로 주어지는지에 따라 조직유형을 네 가지로 구분 가능하다고 본 것이다.

즉, ① 조직의 일반구성원들이 최대 수혜자인 상호수혜결사체(mutual-beneficial-associations), ② 조직의 소유자나 관리자가 궁극적인 수혜자가 되는 영업조직(business concerns), ③ 조직 외부에서 조직과 직접 접촉하는 고객들이 본질적인 수혜자인 서비스 조직(service organizations), ④ 사회의 포괄적인 일반인들(공중)이 최고 수혜자인 공익조직(common weal organizations)이 그것이다. 이 중, 상호수혜결사체는 정당, 노동조합, 종교조직, 동호인 클럽 등을 포함하는데, 통상 조직운영이 과두제(oligarchy)화 되는 것이 특징이다. 서비스 조직의 예는 학교, 병원, 사회사업조직 등이며, 군대·경찰조직 등의 관료조직은 공익조직에 해당한다.

---

19 Blau, P. M. and Scott, W. 1963. *Formal Organizations: A Comparative Approach*. London: Routledge and Kegan Paul.

블라우와 스콧은 각 유형의 조직이 상이한 구조, 구성원들의 독특한 참여의 성격을 기반으로 하여 고유한 조직상의 문제를 갖는다고 하였다. 예를 들어, 상호수혜결사체에서는 조직 구성원의 참여와 통제를 조건으로 하여 조직 내부 활동의 민주성을 확보하는 문제가 대두되고, 영업조직의 중심적인 문제는 경쟁상황 하에서 조직운용의 효율성을 어떻게 극대화시키는지이다. 한편 공익조직의 경우는 조직으로부터 봉사를 받는 일반 공중이 외부에서 조직을 민주적으로 통제할 수 있는 수단을 어떻게 갖는가가 관심의 대상이 될 것이다.

이들의 조직유형 분류는 네 가지 조직 범주간의 엄밀한 구분이 곤란한 중첩성의 문제가 있고 더불어 모든 조직을 포괄하지도 못하는 문제를 갖고 있다. 다시 말해 방법론적으로 분류의 기본이 되어야 하는 상호배타성(exclusiveness)과 망라성(exhaustiveness)의 기준을 충족시키지 못한 어설픈 유형 분류인 셈이다. 실제로도 많은 조직들은 수혜자를 복수로 갖는 혼합적 성격을 띤다. 예로 병원이나 학교는 서비스 조직임과 동시에 영업조직일 수도 있다. 그러나 더 큰 취약점은 이런 분류방식의 적합성(relevance)이며, 이런 맥락에서 여러 가지 비판이 제기되었는데 간단히 정리하면 다음과 같다.[20]

우선 이 유형론이 함축하고 있는 조직구조와 효율성의 관계에 대한 의문인데, 효율성이 의미하는 바가 불분명하다는 점과 효율성이 누구를 위한, 또 무슨 목적을 위한 것인가 하는 점이다. 더불어 조직구조가 조직의 효율성과 관련된다는 주장의 타당성이 쉽게 입증되지 않는다. 또한 과연 누가 실제 수혜자인가의 문제는 그 혜택의 성격과 규모를 결정하는 조직통제자의 손에 달려 있다는 점이 간과된 것이다. 즉 조직

---

20 Clegg and Dunkerley, 1980. *Organizations, Class, and Control*. pp.143-5.

통제 문제와 관련된 조직 내 힘의 역동성에 대한 고려가 결여되어 있다. 이를 정리하면, 기본적으로 누가 수혜자인가의 피상적인 문제에만 초점이 맞추어져서, 누구를 위한 또 무엇을 위한 효율성인가 하는 이데올로기적 문제가 간과되었다는 비판이다.

3) 에치오니(Etzioni)

에치오니의 조직유형론은 조직이 어떻게 지탱되며, 이에 따라 사회적 질서(통제)가 어떻게 유지되는가에 관한 의문에서 출발한다. 그의 유형론은 조직이 사용하는 권력유형(구조적 요인)과 그에 대한 구성원들의 복종의 형태(동기적 요인)를 기준으로 한 것이며, 이에 따라 '복종(compliance)[21] 모델'이라고도 불린다. 그는 조직 구성원들이 왜 그들에게 부과되는 명령에 따르고 행위기준을 지키는가의 문제에 관심을 갖고, 이를 조직 권력과 구성원의 동기유발이라는 양 측면을 통해 분석하였다. 다시 말해 조직 내에서의 복종은 두 측면으로 구성되는데, 한 측면은 복종을 확보하려는 권력(통제)의 구조이며, 다른 한 측면은 조직 구성원들이 권력에 승복하고 그에 헌신하는 정도에 관한 것이다.

조직이 사용하는 권력 유형은, 복종을 이끌어내기 위해 사용하는 수단에 따라 구분되었다. 물리적 억압이나 위협에 의거한 강제적(coercive)힘, 물질적·경제적 반대급부에 따른 보상적(remunerative) 힘,

---

21 '복종(또는 추종;compliance)'은 "한 행위자가 다른 행위자의 힘(권력)에 의해 뒷받침된 지시와 가해진 힘(권력)에 종속된 자신의 지향(orientation)에 따라 행위하는 관계"로 정의되었다. 다시 말해, 하급자를 통제하기 위해 상급자가 행사하는 권력과 그에 대한 하급자의 반응 사이에 형성되는 관계를 말한다. Etzioni, A. 1961. *The Comparative Analysis of Complex Organizations*. NY: Free Press. p.4.

상징적 수단을 사용한 규범적(normative) 힘이 그 세 가지 권력 유형이다. 이중 규범적 권력은 존경, 위신 등의 상징(symbol) 배분을 통해 보상과 제재를 할당하고 조작함으로써 조직이념을 공유하고 정체의식을 갖도록 하는 힘을 뜻한다.

한편 조직 구성원이 조직의 권력행사에 반응하는 방식, 즉 어떤 동기유발을 통해 조직활동에 개입하는지[22]도 세 가지로 구분되었다. 가장 비자발적인 개입 형태는 소외적 관여(alienative involvement)이고, 높은 헌신을 수반하는 도덕적(moral) 관여는 소외적 관여의 대응 개념이며, 양자의 중간 수준에 위치한 개입 형태는 계산적(calculative) 관여로 지칭되었다.

이상의 두 가지 측면—권력 유형과 관여의 유형—을 조합하면 9가지 조직유형이 가능하게 된다(표 4.1 참조).

[표 4.1] 에치오니의 조직유형

| | | 권력 유형 | | |
		강제적	보상적	규범적
관여의 유형	소외적	1	2	3
	계산적	4	5	6
	도덕적	7	8	9

에치오니는 이 중에서 두 가지 요인이 조응관계에 있는 세 가지 조직유형(즉, 대각선상의 1, 5, 9 조직)에서 조직의 효과성이 잘 실현될 수 있

---

22 에치오니는 이를 조직 구성원들의 '관여(involvement)'라고 개념화하였으며, "목적에 대한 행위자들의 정감적-평가적 지향(cathectic-evaluative orientation)"이라고 정의하였다. Etzioni, A. 1961. p.9.

으며, 실제로도 이 세 가지 조직유형이 가장 보편적으로 존재한다고 하였다. 1의 조직은 '강제적(coercive) 조직'으로 지칭되며 교도소, 수용소 등이 이에 해당한다. 5의 조직은 '실리적(utilitarian) 조직'으로서 기업조직이 전형적인 예다. 9의 조직은 '규범적(normative) 조직'으로 지칭되었는데, 종교조직이나 전문직으로 구성된 조사연구기관, 학교조직 등이 예로 꼽힌다. 규범적 조직에서의 권력행사는 위신에 관한 상징 조작이나 사회적 고립과 같은 비공식 제재 수단에 기반한다.

더불어 유사한 복종구조를 갖는 조직은 유사한 조직목표를 수행하는 경향이 있고, 또한 유사한 목표수행을 위해서는 유사한 복종구조가 수반된다고 에치오니는 주장하였다.

그러나 에치오니는 실제 상황에서 권력과 관여 유형에서 두 측면이 조응되지 못하는 경우가 있을 수 있다는 점을 인식하였지만, 이런 조직들은 조응의 형태로 이행하려는 조직의 구조적 균형 메커니즘이 있다고 주장하였다.

에치오니는 조직에서의 복종관계가 조직구조의 핵심을 이루기 때문에 자신의 유형론은 조직을 설명하는 데 유용한 예측력을 가지며, 단일조직에 대한 사례연구와 조직 일반에 대한 추상적 이론 사이의 간격을 메울 수 있는 '중범위이론(middle range theory)'적 기여를 할 수 있다고 주장했다.

샐러먼(Salaman)도 에치오니의 유형 분석이 기존의 피상적인 조직 분류를 능가하여, 조직의 통제문제에 관한 경험적 가설설정과 검증을 가능케 한 것으로 평가하였다.[23] 이렇게 볼 때, 에치오니의 유형론은 새

---

23 Salaman, G. 1974. "Classification of Organizations". in *Structure and System: Basic Concepts and Theories*. Milton Keynes: Open University Press. p.47.

로운 가설형성이 가능한 중범위 이론 구축이라는 차원에서는 일단 성공한 것으로 보인다.

그러나 에치오니의 유형론도 역시 몇 가지 비판에 직면해 있다. 우선 복종관계가 조직구조를 결정한다는 주장이나 유사한 조직목표를 가진 경우에 유사한 복종구조를 나타낸다는 주장의 타당성이 경험적인 뒷받침을 받지 못한다. 더불어 비조응적 조직유형은 조응적 권력-복종 관계를 갖는 조직유형으로 이행한다는 점을 지나치게 부각시킴으로써 조직의 구조적 균형과 효과성에 치중한 기능주의 시각을 벗어나지 못하였다. 즉 조직 권력에 관한 연구들에서 종종 지적되는 것처럼,[24] 한 조직 구성원이 각기 다른 상황에서 상이한 유형의 권력을 행사하기도 하고 또한 관여 메커니즘도 동일한 개인에게조차 상이한 상황이나 시점에서 다르게 작용할 수 있다는 점을 소홀히 함으로써, 조직의 효과성이 개인과 조직의 이해관계 및 선택과 무관한 것으로 파악한다는 점이다.[25]

마지막으로, '권력-관여'라는 단일차원적인 분석이면서도 조직목표, 구조, 효과성 등의 개념이 복잡하게 얽혀 있는 유형론이라는 비판이 제기되는데, 퍼로우(Perrow)는 적절한 유형론은 조직목표 혹은 구조 등의 개념과는 독립된 조직 특성에 기반해야 한다고 주장한 바 있다.[26]

그러나 에치오니가 기능주의적 조직 분석틀 내에서 조직효과성, 조직목표 등을 중요한 개념으로 부각시켰다고 하더라도 그는 파슨즈와 달리 조직의 실제목표는 공표된 공식 목표와 다를 수 있다는 점을 잘

---

24 French, J. P. and Raven, B.H. 1959. "The Bases of Social Power", in D. Cartwright (ed.). *Studies in Social Power*. Ann Arbor: Michigan University Press. pp.150-67.

25 Clegg and Dunkerley, 1980. *op. cit.* p.149.

26 Perrow, C. 1972. *Complex Organizations: A Critical Essay*. Glenview: Scott Foresman.

간파하고 있었고, 권력-복종관계에 대한 인식을 통해 갈등론자인 다렌도프(Dahrendorf)의 강제이론(coersion theory)의 맥락에 접근한 점은 기능주의와 갈등이론의 시각을 조직사회학에 접목시키려는 시도를 한 것으로 평가받을 만하다.

4) 블라우와 스콧의 유형론과 에치오니의 유형론 간의 비교

홀(Hall) 연구팀은 위의 두 가지 유형론을 경험적으로 비교분석함으로써, 조직이론 발전에 중요한 함의를 제공하였다.[27] 이들은 정치, 경제, 교육, 종교 등의 영역에서 조직 규모(조직 구성원의 수)가 6명에서 9천 명에 이르는 다양한 크기의 75개 조직체에 대한 관리자와의 면접 및 공식기록 검토를 통해 자료를 수집한 뒤, 이 조직들을 블라우와 스콧의 네 가지 조직유형과 에치오니의 세 가지 조직유형으로 분류하였다(표 4.2 참조).

[표 4.2] 조사대상 조직체의 분류

블라우와 스콧

　상호수혜결사체: 노동조합, 정당 등 14개 조직

　영업조직: 은행, 호텔, 공장 등 27개 조직

　서비스 조직: 대학, 병원 등 18개 조직

　공익조직: 우체국, 교육방송국 등 16개 조직

에치오니

27　Hall, R.H., Hass, J.E., and Johnson, N. J. 1966. "An Examination of the Blau-Scott and Etzioni Typologies". Administrative Science Quarterly. 12: 118-39.

강제적 조직: 감옥, 국립병원, 국립학교 등 11개 조직

공리적 조직: 은행, 상점, 식당 등 35개 조직

규범적 조직: 교회, 정당 등 29개 조직

이러한 분류에 따른 두 가지 유형론 간의 관계는 [표 4.3]으로 정리되었다.

[표 4.3] 블라우와 스콧의 유형론과 에치오니 유형론 간의 비교

	상호수혜 (14)	영업 (27)	서비스 (18)	공익 (16)
강제적	0	0	17	50
공리적	43	89	6	25
규범적	57	11	77	25

1. $X2=52.25$ （$P<.001$) 2. 표의 수치는 %임

• 자료: Hall, Hass, and Johnson. 1966. p.123.

이 표는 두 가지 조직유형론 간에 통계적으로 유의미한 관계가 있음을 보여준다. 영업조직은 89퍼센트가 공리적 조직이며 극히 일부는 규범적 조직의 성격을 갖는다. 상호수혜결사체의 경우는 규범적 조직의 특성을 갖는 조직과 공리적 조직의 특성을 갖는 조직으로 양분되는 경향을 보여준다. 이는 조직 구성원을 최고 수혜자로 하는 상호수혜결사체에서 구성원들의 조직활동에 대한 관여의 형태가 도덕적이기도 하고 계산적이기도 하다는 점을 시사한다.

한편 이 표는 예상 외의 결과를 보여주기도 하는데, 서비스 조직에서 규범적 권력이 주로 사용되는 점과 공익조직에서 강제적 권력이 보

편적으로 행사되고 있다는 점이 바로 그것이다. 에치오니는 일반 공중
이 수혜자인 공익조직은 주로 정부기관으로서, 이 결과는 정부 행정관
료 조직이 다른 수단보다도 강제에 의존하고 있음을 보여주는 것이라
고 주장하였다.[28]

그러나 위의 표 4.2에서 보듯이, 홀 연구팀의 조직 분류가 상당히 작
위적인 점을 감안한다면 위의 분석 내용 자체가 갖는 의미는 그리 큰
것 같지 않다. 보다 중요한 점은 조직유형에 대한 경험적 분석을 함으
로써, 고전조직이론의 조직에 대한 일면적이고 단선적인 시각을 극복
하고 조직의 실제적 다양성을 이론적으로 정리할 수 있는 계기를 제공
했다는 점일 것이다.

이러한 지향이 조직구조, 기술, 규모, 환경 등에 대한 조직연구를 통
해 '상황조건적(contingent) 조직'이라는 시각과 이론으로 발전하게 된
것이다.

5) 번스와 스톨커(Burns and Stalker)의 조직유형 분류

번스와 스톨커의 연구[29]는 애초부터 조직유형 분류에 초점을 둔 것
은 아니었다. 이들은 영국 전자산업 부문의 조직에 대한 경험적 연구
를 통해, 어떤 기업들은 성공적인 반면에 그렇지 못한 조직도 있는
것에 주목하면서, 조직이 환경에 어떻게 대응하는가에 따라 기계적
(mechanical) 조직과 유기적(organic) 조직을 구분하게 된다.

---

28 Etzioni. A. 1975. *The Comparative Analysis of Complex Organizations*. NY: Free Press.

29 Burns, T. and Stalker, G. M. 1961. *The Management of Innovation*. London: Tavistock.

기계적 조직이 관료제적 조직을 대변하는 것인 반면, 유기적 조직은 정태적인 구조화의 정도가 낮고 적응성과 탄력성이 높은 조직을 의미한다. 유기적 조직도 공식 구조를 갖고 있지만 엄격한 지위, 역할 분화 및 권위의 위계보다는 작업 중심의 문제 해결을 지향하는 성격이 강한 조직 특성을 보인다는 것이다. 그들은 조직의 '유기적' 구조를 통해 새로운 문제나 예측이 불가능한 변화하는 환경에 보다 적절하게 대응할 수 있고 성공적인 결과를 산출할 수 있다고 주장하였다. 리터러(Litterer)가 정리한 두 가지 조직의 구조적 특성을 살펴보면 [표 4.4]와 같다.[30]

[표 4.4] 번스와 스톨커의 기계적 조직과 유기적 조직 간의 비교

	기계적 조직	유기적 조직
세분화(전문화)	고도의 명백한 분화	낮고 불분명한 분화
표준화	고도로 상세한 규정	정도 낮고 사안별 수행
구성원의 지향	수단	목표
갈등해소	상급자에 의한 해소	상호작용 통한 해소
권한 · 통제 · 의사소통	위계상의 직위에 따름	전체 구성원의 참여
능력과 힘의 소재지	조직상층부	숙련이나 기술의 소재지
상호작용	수직적	수평적
의사전달의 내용	지시, 명령	정보, 조언
충성심의 대상	조직 위계직위	과제 및 집단
특권의 기반	조직 위계직위	개인의 공헌

주의할 점은, 번스와 스톨커가 유기적 조직에 집중적인 관심을 보였

30　Joseph Litterer. 1973. *The Analysis of Organizations*. NY: John Wiley. p.339에서 재구성.

다고 해서 기계적(관료제적) 조직의 유효성을 부인한 것은 아니라는 것이다. 그들은 안정적인 환경에서 기계적 조직구조가 갖는 효과성을 인정하며, 다만 이념형적인 관료조직 형태가 어떤 상황에나 적절한 조직이 될 수 없다는 점을 밝힌 것이다.

6) 굴드너(Gouldner)의 관료제 유형론

굴드너는 베버가 조직의 실제적 과정보다는 구조에 더 큰 초점을 둔 점을 비판하면서, 조직 내의 권력분배 양상에 관심을 두어 조직규칙이 조직에 대해 갖는 의미를 집중적으로 분석하였다. 그가 조직규칙에 관해 제기하는 질문은, ① 통상 누가 규칙을 만들어내는가? ② 누구의 가치에 의해 규칙이 정당성을 부여받는가? ③ 규칙이 강요되고 시행됨에 따라 누구의 가치가 침해받는가? ④ 규칙에 대한 위반은 통상 어떻게 해석되는가? ⑤ 규칙은 참여자(조직 구성원)의 지위에 어떤 영향을 끼치는지의 다섯 가지이며, 이러한 기준에 따라 관료조직을 세 가지 유형으로 구분하였다.

첫째는 모조(mock) 관료제 모형이다. 이 유형의 조직에서는 관리자들에 의해 규칙이 강요되지도 않고 또한 구성원들에 의해 준수되지도 않는다. 관리자와 하위자 간의 갈등은 거의 없으며, 구성원들의 비공식적 정서(sentiments)는 규칙을 공동으로 위반하거나 기피하는 것을 지지한다.

둘째는 대의적(representative) 관료제이다. 이 유형의 조직에서는 규칙이 관리자에 의해 시행되고 구성원들은 이를 준수한다. 관리자와 하위자 간에 약간의 긴장은 초래되지만 공공연한 갈등으로 나타나지는 않는다. 결국 조직 구성원들의 비공식적 정서, 상호참여 및 교육 등을 통해 규칙이 공동으로 지지받게 되는 것이 이 유형의 조직 특성이다.

세 번째 징계중심적(punishment-centered) 관료제 모형은, 규칙이 관리자나 일반 조직 구성원 중 어느 한편에 의해 시행되고 상대편은 이를 기피하는 양상을 특징으로 한다. 따라서 양자 간에 상대적으로 큰 긴장과 갈등이 생기고, 양자의 어느 한편으로부터만 정서적 지지를 받는 규칙은 결국 징계를 통해서 시행되고 강요된다.

이러한 굴드너의 조직유형 연구 역시 이념형적 관료제 모델을 한층 더 정교화시켰다는 점에서 중요성을 갖는다.

제2부에서는 1960년대 이후 본격적으로 경험연구에 기반한 조직사회학이 발전한 양상을 정리하려고 한다. 여기서 설명될 내용은 경험연구의 출발에서 시작하여 조직과 관련된 구체적이고 다양한 연구주제들이 어떻게 발전하였는지에 대한 연구내용을 담고 있다.

5장 조직구조 연구와 상황조건론에서는 경험적 조직연구의 등장배경과 상황조건론(contingency theory) 관점이 무엇인지를 정리하면서, 당시 경험적 조직연구의 주요 연구과제였던 조직구조에 대해 설명한다.

6장 기술론과 규모론의 조직연구에서는 초기 경험적 조직연구의 핵심으로 등장한 기술결정론과 규모결정론 간의 논쟁을 비교해서 정리하고, 이 두 가지 대립되는 관점이 어떻게 수렴되어갔으며 결과적으로 현대 조직사회학에 어떤 의미를 제공했는지를 정리한다.

7장은 상호작용론의 관점에 기반한 조직사회학을 주제로 하는데, 행위조직이론이 어떻게 발전되어갔는지를 정리하고, 또 이러한 연구경향이 조직문화론에 미친 영향을 정리한다.

8~10장은 20세기 후반부에 조직사회학 분야에서 중요한 연구 관심으로 부각되었던 구체적인 연구주제들을 정리하고 있다. 8장에서는 조직목표와 조직전략에 대해 살펴보았고, 9장은 조직 환경을 둘러싼 이론적 관점들과 주요 연구성과를 정리하였으며, 10장에서는 1970년대 중반 이후 다시 재기되었던 네오마르크스주의(NeoMarxism) 갈등론적 조직사회학을 '권력과 통제의 장으로서의 조직'이라는 제목을 통해 정리할 것이다.

제2부

경험적 조직연구의
출발

5장

조직구조 연구와
상황조건론

시스템 조직사회학 이론은 구조기능주의적 시각에 기반하여 조직의 정태적 구조와 안정 및 효율성을 지나치게 강조하는 한편, 거시 이론적 속성으로 인해 그 주장의 타당성을 경험적으로 뒷받침하는 데는 별로 관심을 두지 않는 한계를 노출하였다. 인간관계론과 이에 자극받은 중범위(middle range) 수준의 시스템 조직연구들(예로 머튼이나 셀즈닉 등이 행한 관료제의 역기능에 대한 분석들)은 조직현상을 경험적으로 확인하는 계기를 제공했지만 사례연구(case study)라는 방법론을 택했기 때문에 다양한 조직현상을 파악하는 데는 성공적이지 못하였다[1].

앞에서 살펴본 것과 같은 조직유형론이 등장하면서 조직의 모습이

---

1 크로지어(Crozier)는 사례연구가 서술과 이해 중심의 총체적(global) 접근방법, 학제간의 혼합적(mixed) 접근방법, 비공식적 활동에 초점을 둔 해석적(interpretative) 접근방법을 취하기 때문에 몇 가지 취약점이 있음을 지적하였다. 분석단위가 조직이 아니어서 단일조직 내의 과정(process)에 초점이 맞추어진 점과, 하나의 사례연구의 결과로 가설을 일반화하여 이론화하고, 이 이론을 다른 사례에 적용시키는 방법론이 갖는 과학적 검증의 결여가 그 문제점이다. Crozier, M. 1976. "Comparing Structures and Comparing Games", in G. Hofstede and M. S. Kassem (eds.), *European Contributions to Organization Theory*. Assen: Van Gorcum. pp. 194-5.

다양하다는 것이 인식되었지만, 이미 언급한 대로 유형 분류에 따른 조직현상에 대한 기술(description)에 치중하여 완전한 조직이론의 성립—조직 현상의 변인과 변인 간의 관계에 대한 설명(explanation)—에는 미치지 못하는 한계를 보였다.

1. 경험적 조직연구의 등장 배경

이러한 상황에서 1960년대 이후, 경험주의적 양적(quantitative) 분석을 사용하는 새로운 조직연구 방법이 출현하였다. 이 연구들은 분석단위(unit of analysis)를 조직으로 하여, 여러 조직체에 대한 자료 수집과 자료의 통계적 분석을 통해 가설을 검증하면서, 조직의 성패를 좌우하는 조직 특성은 어떤 것이며 또 조직의 특성에 영향을 미치는 요인은 무엇인지를 파악해내려고 시도했다. 1960년대에 이르러 이러한 연구가 시도된 것은 조직유형론 연구의 뒷받침과 더불어, 무엇보다도 이 무렵에 컴퓨터가 개발되어 학문 영역에서도 컴퓨터를 이용한 복잡한 통계분석이 가능해진 여건을 반영한 것이다.

경험적 조직연구의 초점은 애초에 조직의 성취(performance; 생산성, 효과성, 적응성 등)에 중요한 영향을 끼치는 것으로 고려된 조직의 구조적 특성을 찾는 데 있었다. 따라서 '조직구조(organization structure)'는 과연 어떤 것이며 이를 어떻게 개념화할 것인가가 문제였다. 그러나 연구과정에서의 뜻밖의 발견[2]으로 인해, 이후 조직구조에 영향을 끼치는 요인을 찾는 데로 관심의 초점이 전환된다.

---

2 이에 대한 상세한 논의는 6장을 참조할 것.

이전부터 심리학자들이 인간의 퍼스낼리티(personality)를 개념 정의하기 위해 사용한 요인분석(factor analysis)이라는 통계기법에 착안하여, 조직구조를 최초로 경험적으로 정의한 학자는 영국 애스턴 대학의 퓨우(Pugh)였다. 그는 조직 구성원들로부터 확인한, 조직의 구조적 특성이라고 할 만한 수많은 구체적 특성들을 상관관계가 높은 것끼리 묶어내는 통계기법을 사용하여 활동의 구조화, 권위의 집중화, 작업진행의 계선통제, 지원 구성요소의 상대적 크기라고 이름 붙인 조직구조의 측면을 결정화시켰다.

2. 상황조건론

다음 절에서 조직구조의 여러 측면에 대한 개념 정의 등 상세한 내용을 집중적으로 다루기에 앞서서, 이 절에서는 대표적인 경험연구들의 분석틀 구성 및 이들 연구가 공통적으로 확인한 '상황조건적(contingent) 조직'이라는 입장에 대해 정리하려고 한다.

1960년대부터 활발히 이루어진 경험적 조직 분석은 주로 산업조직에 초점을 맞추었다. 기업의 경제적, 사회적 입지와 기술체계 등이 조직 특성을 어떻게 규정하는가를 집중적으로 탐구함으로써 조직이 서로 비교될 수 있는 준거를 만들려는 것이었다. 따라서 대부분의 연구가 갖는 기본적인 분석틀은 조직의 구조적 특성을 연구의 주된 변인으로 삼고, 이 변인에 영향을 끼치는 조직 내외의 맥락적(context) 요인과의 관계를 확인하는 것과 더불어 조직구조가 조직활동의 성취에 어떤 결과를 초래하는지를 분석해내려는 것이었다.

이러한 연구 틀(research frame)을 간단히 도식화하면 그림 5.1과 같다.

[표 5.1] 경험적 조직연구의 분석틀

맥락변인 ──────▶ 조직구조변인 ──────▶ 성취변인

위의 분석틀에서 독립변인으로 가정된 맥락변인은 조직의 성립 연원과 조직의 역사, 소유와 경영의 분리 정도,[3] 조직이 활동하는 국가와 지역별 위치, 조직이 사용하고 필요로 하는 인적·물적 자원의 종류, 양(量) 및 그 공급원, 조직과 환경과의 관계,[4] 조직목표(이데올로기),[5] 조직규모 및 조직이 사용하는 기술(technology)[6] 등이다.

우드워드(Woodward)는 조직이 사용하는 기술에 따라 적합한 조직구조가 달라져야 한다는 연구결과를 산출하여 조직의 상황조건이론(contingency theory)을 처음으로 제시한 학자라고 평가할 수 있다. 그녀는 애초에 조직유형상의 차이가 조직의 성패에 어떠한 연관을 갖는지에 기본적인 관심을 두고 연구를 수행하였지만 유의미한 일관성을 발견해내지 못했다. 그러던 중에 연구대상 조직들을 각 조직이 사용하는 기술유형에 따라 분류한 뒤에야 기술유형─조직구조─조직성취 간의 일관된 흐름을 파악해내게 된다.[7]

그녀의 연구가 시사한 점은, 조직 특성이, 단선형 관료제 모델의 주장과 달리, 생산기술을 비롯한 맥락적 요인의 상황에 따라 다를 수 있

---

3 번햄(Burnham)은 소유자가 직접 통제하는 기업은 경영이 분리된 기업과 다른 조직활동의 모습을 보인다고 주장하였고, 애스턴(Aston) 연구자들도 소유자 통제를 측정할 수 있는 지표를 개발하였다. Clegg and Dunkerley. 1980. *op. cit*. p.222에서 재인용.

4 조직과 환경의 관계에 대한 상세한 분석은 9장 참조.

5 조직목표 및 조직이 사용하는 전략에 대한 상세한 논의는 8장 참조.

6 조직 규모 및 기술에 대한 상세한 논의는 6장 참조.

7 Woodward, J. 1965. *Industrial Organizations: Theory and Practice*. London: Oxford University Press. 우드워드 연구에 대한 상세한 논의는 6장 참조.

다(contingent; 상황조건적)는 것이다. 이 연구결과는 모든 상황에서 가장 좋은 성과를 얻을 수 있는 조직구조나 관리원칙이 존재한다고 믿었던 고전관리론의 패러다임이 지배하던 1960년대에 논쟁과 다양한 후속 연구를 자극하면서 새로운 패러다임으로 정립되었다.

애스턴(Aston) 연구자들[8]은 몇 가지 중요한 조직구조 요인을 도출해 냄으로써, 베버 이후의 관료제적 조직 모델을 거부하고 이를 경험적으로 파악된 조직이론으로 대체했다고 주장했다. 즉 이념형적 관료제론이 함축한 조직구조의 단일 요인성을 거부하고 복수 요인적(multi-factor) 시각을 정립했다는 것이다. 이들은 활동의 구조화와 권위의 집중화 변수를 X-Y축으로 하여 조직들의 분산 형태를 파악한 결과 작업진행관료제, 인사관료제, 잠재적으로 구조화된 조직, 완전관료제의 네 가지 조직유형을 도출하였으며, 여기에 작업진행의 계선통제라는 요인을 첨부하여 관료제 유형을 더욱 세분화하였다.

이들의 연구는, 조직구조에 가장 큰 영향을 끼치는 맥락요인으로 기술 대신 조직 규모를 꼽고 있다는 점을 제외하고는, 우드워드의 연구가 시사한 점과 똑같이 조직은 상황조건적 이라는 입장을 드러낸 것이다.

조직구조에 대한 이러한 상황조건적 시각은 결과적으로 조직을 '이미 주어진 것'이라기보다는 조정 혹은 통제 가능한 것으로 인식되게 만들었고, 그 결과 수많은 조직설계(organization design)에 관한 연구를 자극하게 된다.

그러나 조직구조를 경험적으로 분석하고 조직설계를 하는 데 있어서 초래된 문제점은, 이들 연구가 공식화된 관리체계를 드러내어 조직

---

8 영국 애스턴 대학의 조직연구자 집단을 지칭하는데, 퓨우(Pugh), 힉슨(Hickson), 히닝스 (Hinings) 등이 대표적인 학자이다.

에서 '공식적으로 기대하는 바와 행해져야 하는 바'를 나타낼 뿐이지 '현실적으로 행해진 것', 즉 조직활동에서 '실제로 일어난 바'를 보여주지 못했다는 점이다[9]. 이 점에 대한 일상생활방법론(ethnomethodology) 및 현상학(phenomenology)의 접근은 주목할 만하다. 일상생활방법론은 사회질서를 기능주의에서처럼 이미 주어진, 즉 구성되어 있는 객관적 실체로 보는 대신에, 사회구성원들이 일상생활에서의 암묵적 가정(마치 그러한 것이 존재하는 것처럼 행하는)을 통해 주관적으로 구성해 나가는 것으로 파악하는 입장이다.

이 입장에서 과학적 지식은 반드시 상식선의 가정이나 일상적인 행위에 기초를 둔 것이어야 하기 때문에, 경험적 분석은 관찰에 의해 구성된 대상을 분석하기보다는 그러한 대상이 구성되는 방법(method)을 분석해야 한다는 것이다. 이런 맥락에서 조직연구는 조직 구성원들이 스스로의 조직 개념을 형성해나가는 방법 및 과정에 초점을 맞출 것이 요구된다. 실버맨(Silverman) 등의 학자들에 의해 주로 1970년대 이후에 집중적으로 부각된 이 조직관에 대한 자세한 논의는 7장에서 다룬다.

3. 조직구조 연구

조직 '구조'를 간단히 정의하면 '조직을 형성하고 있는 부분 요소들 간에 설정된 관계의 유형(patterns of relationships)'이라고 할 수 있다.

---

9 Pugh, D. S. and Hickson, D. J. 1976. *Organizational Structure in its Context: The Aston Programme I*. London: Saxon House. 이러한 비판이 제기되는 이유는, 조직구조를 경험적으로 측정하기 위하여 공식문서의 검토나 조직 구성원들에 대한 면접·질문지법을 사용하게 되는데 이러한 방법론이 있는 그대로의 실제 모습을 밝혀내기 어렵다는 점이다.

특정한 목표를 지향해 만들어져 있는 조직체들이 외부 환경과 상호작용을 하는 맥락 속에서 자체 내의 활동을 조정할 수 있는 틀을 짜놓은 것을 조직구조라고 볼 때, 여러 종류의 조직체들이 추구하는 활동의 목표에 적합한 다양한 형태의 틀을 갖고 있을 것이다. 즉 정부 관료조직이나 사기업조직, 병원, 학교, 정치조직 등과 같이 상이한 목적과 활동을 갖는 조직체들은 각기 나름의 조직활동을 지원할 수 있는 구별되는 모습의 조직구조를 갖고 있다는 것이다.

그러나 한편으로는 현대 산업사회에서 조직체들이 복합조직(complex organization)의 형태를 띠어가면서 기본적인 조직구조에 있어서 수렴화를 이루어가는 것으로 지적되기도 한다.

조직구조는 사실 공식 구조(formal structure)와 비공식 구조(informal structure)를 모두 포함하는 것이다. 공식 구조는 조직목표를 효과적으로 수행하기 위해 부분요소 간의 관계를 의도적으로 계획하여 설정해놓은 유형을 지칭한다. 이는 조직 의사결정과 의사소통이 이루어지는 공식 계통을 정한 것이며, 조직 위계상의 각 직위가 갖는 권한, 책임을 규정하고 직위 간의 관계를 틀 지운 것이다. 그러나 조직활동은 공식적으로 규정된 상호관계의 틀 밖에서 이루어질 수도 있다. 이처럼 공식적으로 계획되지 않았지만 구성원 간의 상호작용 과정에서 자생적으로 형성된 관계의 유형이 비공식 구조이다.

조직활동이 항상 공식 규칙의 틀 속에서 이루어지는 것은 아니라는 점을 고려할 때, 비공식 구조에 대한 분석은 있는 그대로의 조직모습을 파악하기 위해 필수적이다. 사실 조직관행(organizational practice)의 많은 부분은 비공식 관계 구조를 통해 형성된다. 이러한 비공식 구조에 대한 논의는 7장에서 주로 다루어질 것이기 때문에 이 장에서는 우선 공식 조직구조에 관한 논의를 중점적으로 할 것이다.

'조직구조'를 형성하고 있는 구성요소(차원)가 어떤 것이며, 또 이들을 어떻게 개념 정의하고 경험적 연구를 위해 조작화할 것인가는, 학자들의 분석시각 및 연구관심에 따라 매우 다양하기 때문에 '조직구조는 이러 이러한 것이다'라고 한마디로 정의하기는 어렵다. 참고로, 그 동안 조직학자들에 의해 조직구조의 차원으로 논의되어온 여러 구성요소들 중에 비교적 인정되고 있는 차원들의 정의를 살펴보면 다음과 같다.[10]

① 관리지원 부서의 비중(administrative component): 종업원 총수에 대비한 라인 감독자, 관리자, 스태프 직원의 총수[11]
② 자율성(autonomy): 최고관리자가 어떤 특정한 의사결정을 권한 계층에 따라 하향적으로 위임하고 있는 정도[12]
③ 집권화(centralization): 의사결정에 참가하고 있는 사람들이 맡고 있는 직무의 비율, 그리고 그들이 참가하는 분야의 수,[13] 권력배분의 집중화,[14] 중요하고 구체적인 의사결정에 관한 의사결정의 부위(locus of decision making)를 나타내는 지표, 계층 간의 정보교환의 정도, 장기 계획의 수립과정에 참가하는 정도[15]

---

10 Stephen P. Robbins. *Organization Theory: The Structure and Design of Organizations*. 김남현 역. 1985. 『경영조직론』. 경문사. 79-81쪽에서 재인용.

11 Bernard C. Reimann. 1974. "Dimensions of Structure in Effective Organizations: Some Empirical Evidence". *Academy of Management Journal*. pp.693-708.

12 *ibid*.

13 Jerald Hage. 1965. "An Axiomatic Theory of Organizations". *Administrative Science Quarterly*. December: 289-320.

14 James D. Thompson. 1967. *Organizations in Action*. NY: McGraw-Hill.

15 Reimann. 1974. *op. cit*.

④ 복잡성(complexity): 전문직 및 전문직 활동의 수, 종업원의 전문직 훈련의 정도[16]

⑤ 권한위양(delegation of authority): 최고관리자가 가지고 있는 의사결정권의 수(the number he has the authority to make)에 대한 최고관리자가 위양하고 있는 구체적인 관리상의 의사결정 수의 비율 (the ratio of the number of specific management decisions)[17]

⑥ 분화(differentiation): 기업조직 내에서의 전문기능의 수(the number of specialty functions),[18] 여러 부서에서 관리자들 간의 인지적 지향과 정서적 지향에 있어서의 차이(the difference in cognitive and emotional orientation among managers in different departments)[19]

⑦ 공식화(formalization): 종업원의 역할이 공식적 문서에 의해 규정되어 있는 정도[20]

⑧ 통합(integration): 통일된 노력을 위해 각 부서 간에 이루어지고 있는 협동노력의 상태 및 그 질적 수준,[21] 혹은 조직 단위들 간의 협동을 위한 계획 및 피드백[22]

---

16 Jerald Hage and Michael Aiken. 1967. "Relationship of Centralization to other Structure Properties". *Administrative Science Quarterly*. June: 79-80.

17 Reimann. *op. cit.*

18 Max Weber. 1947. *The Theory of Social and Economic Organizations*. T. Parsons(ed.), T. Parsons and A. Henderson(trans.). NY: Free Press.

19 Paul R. Lawrence and Jay W. Lorsch. 1967. *Organization and Environment*. Boston: Harvard University Press.

20 Reimann. *op. cit.*

21 Lawrence and Lorsch. *op. cit.*

22 Charles Perrow. 1970. *Organizational Analysis: A Sociological View*. Calif: Wadsworth.

⑨ 전문직업화(professionalization): 종업원들이 그들의 행동의 '준거의 틀(major reference)'로서 전문직업 조직을 활용하고 있는 정도, 대 공중(對 公衆) 서비스에 있어서의 자신의 신념, 자기규제에 있어서의 자신의 신념(belief in self-regulation), 자신의 전문분야에 대한 헌신의 정도 및 자율성(autonomy)의 정도[23]

⑩ 통제의 범위(span of control): 각 관리자가 통제 가능하고 또 통제해야 할 부하의 수[24]

⑪ 전문화(specialization): 조직 내의 전문직의 수 및 각 전문직에 요구되는 훈련기간의 장단[25], 여러 기능별로 공식적인 직무기술서에 매우 구체적인 직무의 성질 및 그 활동 내용이 명문화되어 있는 정도[26]

⑫ 표준화(standardization): 그 직무를 규정하고 있는 규칙의 범위 내에서 허용되는 변이의 정도(range of variation that is tolerated within the rules defining the jobs)[27]

⑬ 수직적 범위(vertical span): 권한계층에 있어서 최하에서 최고까지에 이르는 계층의 수[28]

이처럼 조직의 구조적 차원은 매우 다양하게 파악되고 있으나, 내

---

23 Richard H. Hall. 1968. "Professionalization and Bureaucratization". *American Sociological Review*. February: 92-104.

24 William G. Ouchi and John B. Dowling. 1974. "Defining the Span of Control". *Administrative Science Quarterly*. September: 357-365.

25 Hage. *op. cit.*

26 Reimann. *op. cit.*

27 Hage. *op. cit.*

28 Reimann. *op. cit.*

용상 크게 세 가지 구조요인으로 분류가 가능할 것 같다. 첫째는 관리지원 부서의 비중, 분화, 통합, 통제의 범위, 수직적 범위 등을 포괄하는 복잡성(complexity)이다. 둘째는 자율성, 권한위양 등을 포함한 집권화(centralization)이며, 셋째는 표준화, 전문화를 포괄한 공식화(formalization)이다. 아래에서는 세 가지 조직구조 차원 각각의 내용에 대해 보다 상세한 논의를 한다.

1) 복잡성

현대사회의 공식 조직들을 흔히 복합조직(complex organization)이라고 부르는 것에서 확인할 수 있듯이 복잡성(complexity)은 현대의 조직구조를 대변하는 중요한 특성이다. 복잡성은 조직의 내부적 분화(differentiation) 정도를 의미하는데, 하위부서 간의 분화인 수평적 분화와 더불어 조직위계의 계층화 정도를 뜻하는 수직적 분화를 포함한 개념이다. 이에 더불어 조직의 시설과 자원이 공간(지역)적으로 분산된 정도(spatial dispertion)를 복잡성의 개념에 넣기도 한다.

퓨우와 힉슨 등의 애스턴 연구자들이 제시한 5가지 조직의 구조적 요소 중에 '활동의 세분화'와 '역할구조의 모습'은 이 복잡성 개념에 포함된다.

(1) 수평적 분화

수평적 분화는 조직 내의 활동이 과업의 성격, 구성원의 특성 등에 의해 분화되고 있는 정도를 의미한다. 조직 내에 세분화된 직무가 많을수록 이에 따라 하위 집단 간에 분화가 생기며 분화는 결국 차이를 초래한다. 즉 분화된 집단 간에 조직에 대한 인식이나 활동에 대한 강조점이 달라지게 될 가능성이 크며, 결국 원활한 조직활동에 필요한 커뮤니케이션과 조정이 더욱 필요해지고 조직의 복잡성은 증가하게 된다.

조직이 수평적으로 분화되면서 나타나는 구체적인 현상은 '직무의 세분화(job specialization)'와 '부서화(departmentation)'이다. 대부분의 현대조직은 직무의 세분화를 기본적인 특징으로 하는데, 그 이유는 분업이 초래하는 효율성(efficiency) 때문이다. 세분화된 직무는 동일하거나 유사한 직무를 수행하는 사람들을 집단화시키게 되고 이것이 '부서화'인데, 부서화는 조직이 분화된 활동을 조정하고 통제하기 위한 수단이다.

조직이 부서화의 준거로 사용하는 기준은 매우 다양해서 기능별, 생산품이나 용역별, 과정별, 지역별, 고객별로 나뉘기도 하고 많은 경우에 이 기준들이 복합적으로 사용되어 부서화가 이루어지기도 한다. 예를 들어, 커다란 산업조직의 경우에 기능(functions)별로 총무, 생산, 영업부를 나누고 다시 생산 기능을 산출품에 따라 분화한 뒤 각각의 산출부서는 또다시 생산과정(process)에 따라 부문화하기도 하며, 영업 기능은 지역별, 고객별로 다시 하위부서로 쪼갤 수 있다.

조직학자들이 수평적 분화를 경험적으로 확인하기 위해 사용한 측정지표로는 부서의 수, 상이한 직무명칭(세분화된 직업)의 수, 과업의 일상성, 개별업무의 훈련수준 등이 있다.

(2) 수직적 분화

수직적 분화는 조직 위계구조(hierarchy)의 최상층에서 최하층에 이르는 직위(position)[29]의 계층화 정도를 의미하는 개념이다. 조직이 수평적으로 분화될수록 부서 간의 의사소통을 가능하게 하고 활동을 감독, 조정하기 위해 상급 직무가 필요하게 된다. 이에 따라 수직적 분화가 진전되어 계층 수가 늘어나게 된다. 조직 공식 구조상의 직위의 위계는 기본적인 의사소통 및 명령의 계통이 된다.

통상 조직 규모(총 구성원 수)가 클수록 수직적 분화의 정도가 크지만, 조직 위계구조가 상대적으로 납작한 모양인지 뾰족한 모양인지를 결정하는 것은 규모 그 자체이기 보다는 '통제의 범위(span of control)'이다. 통제의 범위는 한 명의 관리자가 효과적으로 통제하고 감독할 수 있는 하위자의 수를 의미하는 개념인데, 다른 조건이 동일하다면 통제의 범위가 작을수록 조직은 다계층 조직의 모습을 띠게 된다.

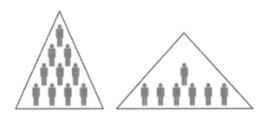

조직 위계구조가 다계층인 경우와 소계층인 경우의 어느 쪽이 보다 효과적인가에 대해서는 결론을 쉽게 내릴 수 없고, 다만 앞의 장에서 논의한 것처럼 상황조건적으로 보는 것이 타당할 것이다.[30]

조직 위계구조가 뾰족한 다계층 조직의 경우는 보다 엄격한 감독과 통제가 가능한 반면에 커뮤니케이션 통로가 길어지기 때문에 의사소통의 왜곡이 발생할 가능성이 크다. 한편 소계층 조직의 경우는 다계층

29　조직 내에서 활동이 배치되는 자리, 즉 업무의 소재지를 뜻하는 개념으로서, 지위(status) 개념과는 구분된다.

30　조직 규모, 직무의 성격 및 구성원의 개인적 특성 등이 조직의 수직적 분화와 조직효과성 간의 관계에 개입하는 변수들로서 인식되고 있다. 김남현 역. 앞의 책. 89쪽에서 재인용.

조직의 단점을 극복할 수 있겠지만, 한명의 상위자가 감독할 하위자가 많아지고 승진 가능성이 제한되는 문제가 있다.

조직의 수직적 분화는 조직계층의 수로 측정하므로 측정이 간단하지만 간혹 부문별로 계층의 수가 다른 경우에는 일반적으로 평균 계층 수를 이용한다.

2) 집권화

집권화(centralization)—혹은 집중화—는 말 뜻 그대로 조직 내의 공식적인 의사결정권이 어느 한 직위(통상 최상층부)에 집중되어 있는 정도를 의미하며, 권한(authority) 및 명령의 연쇄(chain of command) 개념과 밀접하게 관련된다. 애스턴 연구자들의 조직구조 요인 중 '권위의 집중화'(조직에 영향을 미치는 의사결정을 할 수 있는 권위의 소재가 집중화된 정도)가 집권화 개념에 해당하는 것으로 볼 수 있다.

(1) 권한과 명령의 연쇄

조직에서 '권한'은 조직목표 수행을 위해서 다른 조직 구성원들에게 조직활동을 수행하도록 명령할 수 있는 정당화된 힘(power)을 의미한다. 이러한 권한은 조직 내의 직위(position)에 수반되어, 각각의 공식직위에는 고유한 권한과 이에 따른 책임이 규정되어 있는데, 이러한 권한은 재직자 자연인과는 직접적인 관계가 없는 것이어서 그 직위에 배치되는 어느 구성원에게나 승계되어 조직활동의 연속성이 가능해진다.

조직구조의 복잡성에서 이미 확인된 것처럼, 조직은 위계구조로 이루어져서 권한관계에 따라 명령과 복종의 연쇄(chain)를 이루고 있다. 이러한 명령의 연쇄를 한눈에 파악할 수 있도록 해주는 것이 조직표

(organization chart)이다. 조직표 상에서 직위(개인 혹은 부서)는 박스(box)로 표시되며 이들 박스를 연결하는 선(line)은 지시가 하달되고 보고가 올라가는 명령의 연쇄를 표시하는데, 의사결정이 분권화된 때는 권한이 명령의 연쇄를 따라 하향적으로 내려온다.

(2) 조직 의사결정과 집권화

조직의 경영 관리자는 조직목표의 설정, 우선순위에 따른 자원의 할당, 목표수행 과정 등에 있어서 지속적으로 선택과 의사결정(decision making)을 하게 된다. 이때 의사결정의 전체 과정이 한 사람(통상 최고 관리자)의 통제 하에 있어서 의사결정에 필요한 정보의 수집·분석·선택이 스스로의 힘으로 이루어지고 그 결정에 대한 인정을 받을 필요도 없이 결정사항이 실천에 옮겨지는 경우라면 고도로 집권화된 조직구조를 갖는 셈이다.

반면에 의사결정 과정에 간여하고 투입(input)을 행하는 사람이 많고 조직 위계구조의 하층에 까지 의사결정에 참여하는 사람이 존재할수록 분권화(decentralize)된 조직구조를 갖는 셈이다.

근래에 조직 환경이 급변하고 조직이 활동을 위해 고려해야 하는 정보의 양이 증대됨에 따라, 의사결정자의 정보처리 능력을 넘는 과중한 정보투입을 분산시키고 변화하는 환경(상황)에 신속하게 대응하기 위한 필요에서 정보 분석, 선택 등 의사결정의 일부를 다른 사람들에게 위임하는 분권화가 확대된다는 주장이 있다.

분권화된 조직구조에서는 조직활동 중 직면한 상황이 수직적 계층을 따라 보고되어 처리될 필요가 없기 때문에 신속한 대응조치가 가능하고 구성원들의 의사결정 참여를 통한 동기유발이 이루어지는 강점을 갖지만, 의사결정이 포괄적·종합적인 관점에서 이루어져야 할 경우

등에는 집권화가 보다 효과적일 수도 있어서 상황적 요인에 따른 집권화—분권화 수준의 결정이 바람직하다. 기존의 연구결과는 조직이 복잡할수록 분권화의 경향이 있다는 점을 밝히고 있다.[31]

그런데 여기서 한 가지 염두에 두어야 할 것은, 최근의 정보기술 발달이 조직구조의 집권화 정도에 미치는 영향을 분석한 기존 연구들의 결과가 꼭 일치하지는 않는다는 점이다. 예를 들어, 자료 처리 및 커뮤니케이션이 전산망을 통해 이루어지기 때문에, 단말기 앞에서 전체 전산망의 작동을 쉽게 확인 할 수 있는 관리자에게 권한이 집권화된다는 주장이 있는가 하면, 반대로 컴퓨터에 의한 자료 처리가 감독자의 통제 폭을 감소시키고, 계층 수를 줄이는 방향으로 분권화를 초래한다는 주장도 있다.[32]

3) 공식화

공식화란 조직 내의 활동이 표준화되어 있는 정도를 의미하는 개념인데, 애스턴 연구자들이 분류해 낸 조직구조 요인 중에 '절차의 표준화'(의사탐색, 결정, 정보전달, 업무수행 등의 절차가 표준화된 정도), '역할의 표준화'(분화된 직책에 따른 역할 규정이나 역할수행 절차가 표준화된 정도) 및 '기록의 공식화'(업무수행의 내용이 문서로 정리 보관됨)에 해당되는 것이다.

조직활동이 고도로 공식화되어 있다면, 그러한 활동을 수행하는 구

---

31 예로, Hage and Aiken. 1967. op. cit. pp.72-91 및 John Child. 1972. "Organization Structure and Strategies of Control: A Replication of Aston Study". Administrative Science Quarterly. June: 163-177.ckawh.

32 Thomas Whiter. 1970. Information Technology and Organizational Change. Calif: Wardsworth Publishing Co.

성원이 무엇을, 어느 상황에서, 어떤 절차로 수행해야 하는지가 이미 규정되어 프로그램화되어 있다는 것을 의미한다. 공식화의 정도가 높은 조직에서는 직무활동의 내용과 절차를 명확하게 기술해놓은 직무기술서나 명문화된 규칙과 절차가 마련되어 있어서, 조직 구성원들이 투입(input)을 동일한 절차에 의해 처리하여 표준화된 산출(output)을 하도록 기대한다. 따라서 이러한 직무를 수행하는 조직 구성원은 일을 하는 데 있어서 자율적인 재량권을 거의 갖지 못한다.

현대조직을 공식 조직(formal organization)이라고 지칭하는 것에서 확인할 수 있듯이 조직은 공식화·표준화를 중요시한다. 그 이유는 조직 구성원의 활동이 조직목표를 지향하도록 규제함으로써 활동의 변이(variability)를 감소시키고 조정을 용이하게 할 수 있는 데에서 오는 효과성 때문이다. 더불어 활동을 표준화시킴으로써 자유재량 부여에 따른 비용을 절감할 수 있다는 경제성의 논리도 작용한다.

그러나 조직 공식화의 정도는 조직별 특성에 따라 달라지며 동일 조직 내에서도 직무의 성격, 위계구조상의 위치 등에 따라 다르게 나타난다. 일반적으로 단순반복적인 직무의 경우에 공식화 수준이 높고, 환경의 변화에 따라 독특한 대응을 필요로 하거나 창의적이고 전문적인 활동이 요구되는 직무에는 활동의 유연성을 위해 자유재량이 부여되는 경향이 크다.

조직이 구성원의 활동을 표준화하기 위해 사용하는 방법은 선발과정에서부터 시작하여 규칙 부여, 훈련 및 상징 부여를 통한 기법에 이르기까지 다양하다.

(1) 조직 구성원 선발과 공식화

자발적 결사체까지를 포함한 모든 조직체는 구성원을 충원하기 위한 일련의 선발(selection) 절차를 마련하고 있다. 그 구체적 과정이 어떤 것이건 간에 모든 선발 절차는 조직이 필요로 하고 조직에 적합한 인력을 확보하기 위한 동일한 목적을 갖는다. 이때 조직에 적합한 사람은 이전까지의 사회화(socialization) 과정을 거치면서 조직이 바라는 방향의 인성과 일에 대한 태도를 갖춘 사람을 의미하며, 이 경우에 조직에 충원되어서도 표준화된 조직활동에 잘 적응할 것으로 기대되는 것이다.

(2) 직무할당과 규칙 부여

조직에 선발된 구성원은 특정한 직위에 배정되는데, 모든 사회적 지위(status)에 나름의 역할(role)이 부여되어 있듯이, 조직의 모든 직위(position)에도 그 직무담당자가 어떻게 활동해야 하는가에 대한 역할 기대가 존재하며, 이것이 통상 직무기술서(記述書)를 통해 명문화되어 있다. 직무기술서의 내용이 세밀할수록 개인의 자유재량의 범위는 축소되고 조직은 보다 공식화되어 있는 셈이다.

직무기술(記述) 외에도, 조직은 구성원들이 조직활동을 위해 무엇을 해야 하고 무엇을 해서는 안 되는지를 알리는 규칙(rule)을 통해서 구체적인 행위 양식을 제시하고 구성원의 행위를 통제, 감독한다.

(3) 훈련과 의례(ritual)를 통한 공식화

조직은 신입 구성원에 대한 오리엔테이션 및 직무훈련(on-the-job training; OJT), 직무외 훈련(off-the-job training) 등을 통해 조직활동에의 표준화를 요구한다. 더불어, 우수한 조직 구성원에 대한 칭찬·포상·승진 등을 통해 전체 조직원들에게 조직이 요구하는 태도와 행위의 모델이 어떤 것인가를 상징적으로 전달함으로써 간접적으로 조직활동을 표준화하기도 한다.

기존의 연구결과들은 조직구조의 복잡성이 공식화 정도에 미치는 영향에 대해 일관된 결론을 제시하지 못하고 있다. 하지만 조직이 수직적 분화를 통해 복잡성을 높인 경우에 통상 전문·관리 직무가 확대된 셈이어서 공식화의 정도는 낮게 되고, 수평적 분화를 통한 복잡성 증대의 경우에는 단순 반복적 활동의 증대와 관련이 높기 때문에 통상 공식화 수준도 높아지는 것으로 보인다.

4) 애스턴 연구팀의 조직구조 연구

애스턴(Aston) 연구팀의 연구가 의도한 바는 '산업조직의 경제적, 사회적 위치와 기술체계 등'[33]을 고려함으로써 조직이 비교될 수 있는 근거를 마련하려는 것이었다. 이러한 시도는 사례연구에 기반한 조직유형론의 결함을 극복하기 위한 것이었는데, 이들은 영국 버밍햄(Birmingham)지역에 있는 52개의 산업조직에 대한 표본조사를 통해 조직을 경험적으로 분류할 수 있는 길을 마련하였다.[34]

면접 자료의 검토를 통해 애스턴 연구자들이 구분해낸 조직의 구조적 요인들은 아래의 다섯 가지이다. 이후 이들 조직구조를 조작적(operational)으로 정의하여, 경험적으로 측정할 수 있는 측정지표(measurement indicators)를 개발하였다.

---

33 Pugh, D. S. and Hickson, D. J. 1976. *Organizational Structure in its Context: the Aston Programme I,* London: Saxon House.

34 4장에서 논의한 조직유형론이 선험적, 사전적인 조직분류 방식인 반면에 애스턴 연구팀의 작업은 경험적, 사후적인 조직분류법이다. 전자는 유형론(typology)으로 지칭되고 후자는 분류법(taxonomy)으로 불린다.

(1) 개념적으로 구성한 조직구조의 차원들

첫째는 세분화(specialization)이다. 이 용어는 조직 내의 분업을 의미하며, 조작적 정의는 조직 내의 '세분화된 직책(기능)의 수'와 '역할 세분화의 정도'이다. '역할 세분화의 정도'는 '역할 규정의 특정성(specificity of role prescriptions)'으로도 표현된다.

둘째는 표준화(standardization)이다. 이는 '절차의 표준화'와 '역할의 표준화'를 포함한다.

셋째는 공식화(formalization)로서 조직 내 커뮤니케이션의 내용과 절차가 문서로 기록되고 보관되는 정도를 의미한다. 구체적으로 살펴보면, "① 절차, 규칙, 역할에 대한 언명(계약, 약정 등을 포함) 및 ② 의사탐색(자본차입신청서 등), 결정과 지시(계획안, 회의록, 명령서 등)의 전달, 피드백(feedback)을 포함한 정보전달 등에 관한 절차를 규정하고 시행하는 것"[35]을 뜻한다.

넷째는 집권화(centralization)이다. 이것은 "조직에 영향을 미치는 의사결정을 할 수 있는 권위의 소재지(locus)"[36]로 정의되는데, 이때 권위는 직위에서 파생되는 '공식적, 제도적 권위'와 전문지식에 기반한 '실질적, 인적 권위'를 모두 포함한다. 집권화의 조작적 정의는 '최고경영관리자의 자원(돈, 사람, 원료, 아이디어, 시간) 및 활동(정체감, 작업과정, 감독 및 활동유지보전)에 대한 통제'이다.

다섯째는 구성(configuration)이다. "상위자의 권위와 하위자의 책무라는 관점에서 기술된 직위 혹은 직무 간의 관계체계"[37]를 의미하며 조

---

35 Pugh and Hickson, 1976, *op. cit*. p.32.

36 *Ibid*. p.32.

37 *Ibid*. p.33.

직표로 표현되는 구조의 모습 혹은 구성이다.

(2) 경험적으로 확인한 조직구조의 차원들

애스턴 연구의 표집 대상이 된 52개 기업은 소유 형태, 산출물과 조직 규모에 있어서 다양했는데, 이들 조직체에서 얻어진 자료를 '주요 구성요인 분석(principal components analysis)'이라는 통계기법을 사용하여 분석함으로써 애스턴 연구자들은 네 가지 구분되는 조직구조 차원을 제시했다.

첫째는 '활동의 구조화(structuring of activities)'이다. 이 요인은 표준화, 세분화, 공식화의 변수들로 구성되며 '역할 규정의 특정성' 개념과 통한다.

둘째는 '권위의 집중화(concentration of authority)'로서 조직의 자율성, 집권화, 작업진행에서의 상급자 비율, 선발과 승진 절차의 표준화 등을 망라한다.

셋째는 '작업진행의 계선통제(line control of workflow)'인데 이 요인은 상급자비율, 역할수행기록의 공식화 정도, 선발과 승진 절차의 표준화를 망라한다.

넷째는 '지원구성요소의 상대적 크기(relative size of supportive component)'로 부른 요인으로 작업진행과 직접적인 관련이 없는 조직의 부수적인 활동의 양과 관련된 개념이다. 사무, 수송, 조달업무 등과 관련된 작업 영역과 관련된 개념이다.

애스턴 연구자들은 위의 네 가지 요인 중 앞의 세 가지 요인을 각각 X-Y축으로 한 뒤, 연구대상 조직체들을 위치시킨 결과 다양한 조직 형태가 존재한다는 점을 경험적으로 확인하였다. 이들은 또한 네 가지 구조 요인이 각기 별개의 요인이라고 주장하면서 그 독립성을 주장했다.

이 점에서 애스턴 연구는 베버의 관료제론을 거부한 셈이 된다. 베버는 관료제 조직에서 표준화, 세분화, 공식화가 증대함과 더불어 규칙에 기반하여 직위에 권한이 주어진다고 주장한 점에서 분권화 경향을 시사한 것에 반해, 애스턴 연구자들은 '활동의 구조화'와 '권한의 집중화'를 별개의 독립 요인이라고 주장한 셈이기 때문이다.

이 연구를 통해 애스턴 연구자들은, 조직을 이론적 대상으로만 다루는 베버식의 관료제 유형론을 폐기하고 경험적으로 확인되는 조직분류법으로 대체했다고 주장하였다. 관료제가—즉 조직의 구조적 모습이—상황에 따라 다르게 나타난다는 그들의 주장은 이론적으로 상황조건론의 전개에 일조를 했다. 여기서 제기된 문제는 왜 조직구조가 다르게 나타나는지의 원인을 탐색해야 한다는 점이고, 이후 애스턴 연구자들뿐만 아니라 많은 조직학자들에 의해 조직구조에 영향을 끼치는 맥락변인을 탐색하도록 자극하는 계기가 되었다.

5) 조직구조 측정

위에서 조직구조의 차원 중 핵심적인 요소들에 대해 정리해보았다. 조직구조의 개념 정의에 대해서도 조직학자들 간에 일관된 합의가 이루어지지 못한 상황이지만, 조직구조 연구가 일관된 연구결과를 산출하고 있지 못한 보다 중요한 이유는 어떻게 측정할 것인가의 문제 및 이와 관련된 조작적 정의의 불일치 때문이라고 볼 수 있다. 아래에서는 이에 관한 내용을 간단히 정리한다.

조직구조의 여러 측면 각각에 대한 개념은 조직구조를 측정하는 두 가지 상이한 접근방법에 따라 그 정의를 달리한다. 두 접근방법이란 제도적 접근방법(institutional approach)과 표본조사접근방법(survey approach)을 말하는데, 전자는 조직의 중요 관리자와의 면접을 통해 얻는 정보를 통해 조직의 구조적 특성을 파악하는 방법이며 종종 조직표 및 각종 공식 자료를 분석 자료로 사용한다. 여러 학자들이[38] 이 방법으로 조직구조를 파악하였는데 차일드와 맨스필드(Child and Mansfield)는 애스턴 연구자들이 만든 척도들이 조직의 구조적 측면을 측정하기 위한 여러 시도들 중 가장 견고하고 엄정한 것이라고 평가한 바 있다.[39]

반면에 표본조사접근방법은 표집된 조직 구성원들의 응답을 집합하여 조직 수준의 구조측정치를 산출해내는 방법으로서 홀(Hall), 에이큰과 헤이즈(Aiken and Hage), 던컨(Duncan) 등에 의해 사용되었다.

두 접근방법 각각의 장단점이 페닝스(Pennings)[40]에 의해 지적되었고 몇몇 학자들은[41] 조직의 집중화, 공식화, 기능적 분화 등의 구조 측정치 간의 대체 가능성을 알아보기 위해 두 가지 접근방법을 동시에 사용하기도 하였다. 이들의 연구결과는 두 접근방법 간에 큰 일치를 보이지 못하고 있음을 보여주고 있으며, 따라서 연구의 관심에 따라 두 방법 중에서 선택을 할 수밖에 없다고 제안했다.

참고로, 집권화(centralization)를 표본조사를 통해 측정하는 측에서는 '의사결정에의 참여지수(Index of participation in decision making)'[42] 또는

---

38 예로, 블라우(Blau) 연구팀, 퓨우(Pugh) 연구팀, 인클리스(Inkles) 연구팀 등이 있음.

39 John Child and Roger Mansfield. 1972. "Technology, Size, and Organization Structure". *Sociology*. 6: 376.

40 Johannes Pennings. 1973. "Measures of Organization Structure: A Methodological Note". *American Journal of Sociology*. 79: 687-688.

41 페닝스(Pennings), 세이드(Sathe), 월튼(Walton) 등이 해당된다.

42 헤이즈 및 에이큰이 개발한 척도인데, 조직 내 피고용자가 조직정책입안 및 자원할당과 관련된 의사결정에 참여하는 정도를 측정한다. Jerald Hage and Michael Aiken. 1967. "Relationship of Centralization to Other Structural Properties". *Administrative Science Quarterly*. 12: 77-78 참조.

'권위의 위계지수(Index of hierarchy of authority)'[43]를 개발하여 사용하는 반면에 제도적 접근법을 취한 애스턴 연구팀은 '자율성 척도(Autonomy scale)'를 사용하였다. 한편, 제도적 접근법에서 공식화(formalization)는 "조직 업무수행과 관련된 규칙, 절차, 지시 및 의사전달경로 등이 문서화된 정도"[44]를 의미하며 결국 구성원들의 각 역할이 조직표, 직무기술서, 공정교범, 작업절차 안내서 등의 다양한 공식 문서에 의해 규정되어 있는 정도로 측정된다. 반면에, 표본조사 접근법에서는 "조직 내에서 규칙이 실제로 적용되는 양상"[45]을 지칭하며 구성원들에게 활동에 대한 감독이 어느 정도 시행되고 있는지를 물어봐서 측정한다.

---

43 이 척도는 조직 내 피고용자가 자신의 업무수행과 관련된 결정에 있어서 감독 등 상사에 의지하는 정도를 측정한다.

44 Pugh, D. S. , D. J. Hickson, and C. R. Hinnings. 1968. "Dimensions of Organization Structure". *Administrative Science Quarterly*. 13: 75.

45 Hage and Aiken. *op. cit*. 79.

6장

기술론과
규모론의
조직연구

앞의 장에서 조직구조 형성에 관한 상황조건론을 소개하면서, 조직구조 형성에 영향을 끼칠 수 있는 요인으로 기존 연구들에서 다양한 맥락변수(context variable)들을 고려한 바 있고, 이러한 조직 맥락에 따라 조직구조는 상황조건적으로 영향을 받는다는 점을 지적했다.

이러한 맥락변수 중에는 조직의 기원, 조직이 주식시장에 상장되었는지의 여부, 공조직인지 아니면 사조직인지의 소유 형태, 생산에 사용되는 기술의 종류, 조직의 크기 즉 조직 규모, 조직의 목표나 지향하는 이데올로기, 조직이 자리 잡은 지리적 위치, 시장 환경에서 조직의 위치가 독점적인지 아니면 완전 경쟁 상황에 처해 있는지 등이 포함된다고 밝힌 바 있다.

그런데 이처럼 다양한 맥락 요인들 중에 1960년대에 경험적 조직연구가 이루어지던 초기부터 중요하게 부각되어 집중적인 연구가 이루어진 요인들은 조직이 산출에 사용하는 기술(technology)과 조직 규모(organization size) 두 가지였다. 사실상 경험적 조직연구를 주도했던 영국에서의 두 갈래 연구결과가 각기 기술 혹은 조직 규모를 조직구조 형성에 보다 결정적인 요인이라고 주장하는 상반된 연구결과를 내놓음에 따라, 이후 수많은 조직학자들에 의해 후속적인 연구가 수행되면서 기술론(혹은 기술결정론) 대 규모론(혹은 규모결정론) 간의 논쟁으로 정리되었다.

이 장에서는 우드워드(Woodward)의 연구를 중심으로 한 기술론과 애스턴(Aston) 대학 연구팀의 연구성과를 중심으로 하는 규모론의 연구결과를 살펴보고, 이러한 연구성과와 관련된 함의를 살펴보려고 한다. 더불어 현대사회에서 기술이 조직과 사회에 대해 제기하는 연구 의제를 정리할 것이다.

1. 기술론의 조직연구

1) 기술(technology)

조직은 재화(물품; goods)를 생산하건 아니면 용역(서비스; services)을 산출함으로써 활동을 수행하건 간에 나름대로의 생산기술을 사용하게 된다. 즉 그 조직이 제조업체이든, 정부관료기관이든, 병원·학교나 종교기관이든, 사회봉사기관이나 연구소이든 간에 산출(output)을 위해 어떤 종류의 기술을 활용하게 마련이라는 것이다.

'기술'에 대한 개념 정의는 매우 다양한데, 통상 넓은 의미로는 '투입(input)을 산출(output)로 전환시키는 데 이용되는 모든 지식, 전략 및 노하우(know-how)'를 의미하며 좁은 의미로는 '원료를 생산품으로 전환시키는 작업 공정에 이용되는 기계·도구 및 기법(technique)'을 지칭한다.

넓은 의미의 기술 개념은 다양한 유형의 조직체에 적용될 수 있는 강점을 갖는다. 톰슨(Thompson)은[1] '길게 연결된(long-linked) 기술'(예로, 컨베이어벨트를 이용한 조립생산), '중개적(mediating) 기술'(예로, 은행·보험회사 및 고용알선기관 등에서 사용) 및 '집약적(intensive) 기술'(예로, 병원. 연구기관에서 사용)로 기술 유형 분류를 함으로써 서비스 조직을 포함한 다양한 조직체에서 사용하는 기술을 구분해낼 수 있는 기준을 제공하였다.

퍼로우(Perrow)의 경우도 공정과정에서 처리되어야 하는 예외적 상황의 빈도와 문제 탐색이 분석 가능한 절차에 따라 이루어질 수 있는지의 여부라는 두 가지 기술 측면에 기반하여 조직들의 비교가 가능하다고 주장하였다[2]. 퍼로우의 기술 개념은 다양한 조직체에 적용시킬 수 있는 강점을 갖는 반면에, 생산 조직체에 적용시킬 때는 조작적 정의의 곤란을 야기할 것으로 보인다.

한편 여러 학자들이 좁은 의미의 기술 개념에 의거하여 제조업 부문에서 사용하는 생산기술을 분류하였는데, 우드워드는 생산 공정의 통제 가능성 및 결과의 예측성을 의미하는 '기술적 복잡성(technical complexity)'을 기준으로 하여 11개의 기술 유형을 범주화했다. 이 분류는 이후 세 범주로 크게 묶여서 여러 연구에 응용되었다. 우드워드의 분류와 유사하게, 기술을 "산업체에서 재화 및 용역을 산출하는 데 정규적으로 사용되는 물질 대상물과 손 작업·기계 작업을 통한 기술적 조작의 복합체"라고 정의한 블라우너(Blauner)는 기술 유형을 수공업(craft)기술, 기계운용(machine-tending)기술, 조립생산(assembly-line)기술 및 연속공정(continuous-process)기술의 네 가지로 구분하였다.[3]

---

1 Thompson, James H. 1967. *Organizations in Action*. NY: McGrow-Hill.

2 Charles Perrow. 1967. "A Framework for the comparative analysis of organizations." *American Sociological Review*. 32: 194-208.

3 Robert Blauner. 1964. *Alienation and Freedom*. Chicago: Chicago Universirty Press.

우드워드의 기술 유형 분류를 보다 정교화시킨 앰버 부부(Amber and Amber)는 공정에 사용되는 기계류의 자동화 정도에 따라 기술 단계를 크게 다섯 범주로 나누었고 기술 유형을 등간척도(interval scale)로 측정할 수 있는 방법을 제시하였다.

위에서 언급한 다양한 기술 개념과 분류 방법은 '기술'을 구체적으로 측정하는 데에 있어서 큰 차이를 낳게 되고, 결국 기술과 조직구조 간의 관계에 대한 연구들이 다양할 뿐만 아니라 경우에 따라 상충되기도 하는 연구결과를 제시하게 된 배경이 된다. 아래에서는 기술과 조직구조 간의 관계에 대한 중요한 연구결과들을 정리한다.

2) 기술과 조직구조

(1) 우드워드의 연구

조직구조와 조직체가 사용하는 생산기술과의 관련에 관한 관심은 우드워드의 연구로부터 본격화되었다.[4] 그녀는 영국 남부의 에섹스(Essex) 지방에 있는 80여 개 산업조직체를 대상으로 연구를 수행하였다.[5] 애초에 그녀의 연구 목적은 성공적인 산업조직의 전

---

4 우드워드 이전에 기술의 역할을 강조한 학자들로는, 트리스트와 뱀포드(Trist and Bamforth, 1951), 워커와 게스트(Walker and Guest, 1952), 블라우너(Blauner, 1964), 맨과 호프만(Mann and Hoffman, 1960), 세일즈(Sayles, 1958), 브라이트(Bright, 1958) 등이 있다(Clegg and Dunkerley. 1980. *Organization, Class, and Control. London*: Routledge and Kegan Paul. p.239에서 재인용).

5 Joan Woodward. 1965. *Industrial Organization: Theory and Practice*. London: Oxford University Press.

형적인 조직구조가 어떤 것인가를 확인해 내려는 것이었다.

이러한 연구 관심은 이전까지의 조직이론 전개 과정에 따라, 조직은 다양한 구조를 가질 수 있다는 점을 인식한 것이었지만 특정한 조직 구조화가 조직의 성취에 영향을 미칠 것이라는 고전조직이론의 공식 관리론적 입장을 수용한 결과였다.

그러나 우드워드는 자료를 분석한 결과, 조직구조와 조직의 성공이 나 실패 간에 뚜렷하게 일관된 관계가 있지 않다는 점을 발견하게 된 다. 이후 각 산업조직체에서 사용하는 생산기술이 다르다는 점에 착안 하여 유사한 생산기술을 사용하는 조직체들끼리 묶은 다음[6]에야 '특정 생산기술을 사용하는 조직체에서는 조직의 성패가 특정한 조직구조와 중요한 연관을 갖는다'는 식의 주장을 할 수 있게 되었다.

이러한 발견이 조직구조를 결정하는 데에 조직이 사용하는 생산기 술이 매우 중요한 요인이 된다는 기술결정론(technological imperatives) 적 연구를 확대시키는 계기가 된 것이다.

앞서 언급한 대로, 우드워드는 기술적 복잡성—생산과정이 통제될 수 있고 결과가 예측될 수 있는 정도—을 기준으로 하여 11개의 세분 화된 기술유형을 분류한 뒤 다시 이를 세 가지 기술범주로 묶었는데, '단위·소규모(unit and small batch) 생산기술', '대규모·대량(large batch and mass) 생산기술' 및 '연속공정(continuous-process) 생산기술'이 그 것이다.[7] 한편 그녀가 조직구조의 측정치로 사용한 변수는 위계계층의

---

6 통계학적인 용어로 표현하면, '생산기술변수를 통제'한 것임.

7 하비(Harvey)는 우드워드의 기술 분류에서 첫째단계가 셋째단계만큼이나 기술적으로 복 잡한 공정을 요구함을 지적하면서 우드워드의 '순환적(circular)' 해석을 비판한 바 있으며, 그 라노베터와 틸리(Granovetter and Tilly) 또한 이 문제를 지적하였다. Harvey, Edward. 1968. "Technology and the Structure of Organizations". *American Sociological Review*. 33: 247-249., Granovetter, Mark and Charles Tilly. 1987. "Inequality and Labor Process" in

수, 통제의 범위, 관리 지원구성요소의 크기, 공식화의 정도 등이었다.

여러 조직체들에 대한 검토 결과, 우드워드는 기술적 복잡성이 일련의 조직적 특성들, 예를 들어 조직 위계계층의 수, 관리자의 통제 폭 등과 관련되어 있다는 점을 발견하였는데 그 결과를 정리해보면 [표 6.1]과 같다.

[표 6.1] 우드워드의 기술유형과 조직구조

	단위 · 소규모생산 (n=24)	대규모 · 대량생산 (n=31)	연속공정생산 (n=25)
기술적 특성			
기술적 복잡성	낮음	중간	높음
기계에 의한 통제	낮음	높음	매우 높음
결과의 예측성	낮음	높음	매우 높음
구조적 특성			
위계계층의 수	3	4	6
최고경영자의 통제폭	4	7	10
관리직원의 비율	낮음	중간	높음
직접: 간접생산자 비율	9 : 1	4 : 1	1 : 1
제일선 감독의 통제폭	23	48	15
공식화 정도	낮음	중간	높음
집권화 정도	낮음	중간	높음
숙련작업자의 수	많음	적음	많음
문서화된 의사소통	낮음	높음	낮음
구두 의사소통	높음	낮음	높음

- 주. 표에서 평균값으로 제시된 수치는 중앙값(median)임.
- 자료: Joan Woodward. 1965. *op. cit.* p.35. 오석홍 편. 1991. 『조직학의 주요이론』. 경세원. 52쪽에서 재인용 · 재구성.

N. Smelser and R. Bunt (eds.) *Handbook of Sociology*. Sage Publications. p.93.

위 표는 위계계층의 수(수직적 분화), 최고경영자의 통제폭, 관리직원의 비율(관리구성요소의 크기), 공식화 및 집권화가 기술적 복잡성에 따라 증대하는 것을 보여준다. 그러나 직접 대 간접 생산자의 비율은 기술적 복잡성과 음(-)의 선형(linear) 관계를 보이며, 제일선 감독의 통제 폭은 대규모·대량 생산기술 단계에서 가장 높은 역U자형(逆U字型)의 관계를 갖는다. 이러한 결과와 더불어 우드워드는 각 기술단계에 속한 기업들 중에 조직구조 각 차원의 평균값(중앙값)에 해당되는 조직체들이 효과적인 성취를 이루고 있다는 점을 밝혔다.

그런데 우드워드는 이처럼 생산기술에 따라 구조적 모습이 다르게 나타나는 이유를 조직체들이 사용하는 기술에 따라 조직이 직면한 핵심적인 문제가 서로 다르다는 데에서 찾고 있다. 즉, 단위·소규모 생산 및 연속공정 생산기술의 핵심 문제는 각각 신상품개발과 시장 확보(마케팅)이다. 이를 위해서는 기술혁신이 요구되고 그러한 조건하에서는 보다 유연한 조직구조가 요구된다는 것이다. 반면에 대규모·대량 생산기술을 사용하는 조직체에서 핵심적인 문제는 효율적인 관리와 생산에 대한 통제이기 때문에 상대적으로 관료제적인 조직구조가 요구된다는 것이다.

기술이 조직이론의 중요한 초점으로 등장한 이래, 사회기술체계(socio-technical systems) 이론 틀에 기반한 연구를 비롯하여 수많은 연구들에서 조직구조 형성에 기술이 끼치는 영향력이 분석되어 왔다.[8]

---

8 예로, Hage, James and Aiken, M. 1969. "Routine Technology, Social Structure and Organizational Goals". *Administrative Science Quarterly*. 14: 366-376., Kast, Fremont E. and James Rosenzweig. 1973. *Contingency Views of Organizations and Management*. Chicago: Science Research Associations, Inc., Raymond Hunt. 1970. "Technology and Organizations" *Academy of Management*. September: 235-252., Zwerman, William L. 1970. *New Perspectives on Organizaton Theory*. CT: Greenwood Publishing Co. 등 참

우드워드의 연구를 정교화시킨 하비(Harvey)는[9] 조직 규모를 통제한 가운데, 기술이 조직의 분화(differentiation), 공식화 및 통제의 폭 등과 같은 구조변수에 영향력을 행사하는 점을 발견하였다. 그는 조직 규모가 조직구조와 유의미한 관계가 없다고 주장하였고, 조직이 사용하는 기술의 유형과 조직 규모 간의 연관관계도 부인하였다.

우드워드의 연구가 이루어진 약 10년 뒤에, 영국 미니애폴리스(Minnepolis) 지역의 산업조직을 대상으로 하여 기술-구조 간의 연관을 분석한 저맨(Zwerman)의 연구결과는 기본적으로 우드워드의 주장을 뒷받침했다. 그러나 우드워드의 연구에서는 생산기술 유형에 따라 제일선 감독의 통제폭이 달랐지만, 저맨은 양자 간에 통계적으로 유의미한 연관관계를 확인할 수 없다고 보고하였다.

결론적으로 우드워드의 연구는 기술 개념을 정교화시키는 데 앞장 선 것과, 측정 척도(scale)의 개발을 자극하는 등 조직연구 방법론의 진전을 이끌었으며 상황조건론을 제기한 중요한 공헌을 한 것으로 평가된다.

(2) 퍼로우의 연구

우드워드의 연구에 대한 비판의 중요한 하나가 그녀의 기술 개념이 지나치게 생산기술에 치우친 것이라는 점을 고려한 퍼로우(Perrow)는 지식에 기반한 기술(knowledge-based technology)에 착안하여 기술을 "사람이 대상물에 변화를 초래하기 위하여 도구나 기계장치의 도움을 받거나 혹은 도움 없이 행하는 활동"[10]이라고 넓게 정의하였다. 그

조.

9 Harvey, Edward. 1968. *op. cit.* 그가 사용한 기술 개념은 '기술적 명확성(technical specificity)'이다.

10 Perrow, Charles. 1967. *op. cit.*

는 더 나아가 기술이 두 가지 하위 개념으로 구성된다고 보았다. 하나는 '과업의 변이성(task variability)'인데 작업과정에서 직면하게 되는 예외적 상황의 빈도를 의미한다. 둘째는 '문제의 분석가능성(problem analyzability)'인데 예외적인 문제에 당면하여 논리적이며 분석적인 탐색 절차가 가능한지의 여부에 관한 개념이다. 퍼로우는 이 두 가지 개념을 조합하여 [표 6.2]와 같이 네 가지 기술유형을 도출하였다.

[표 6.2] 퍼로우의 기술유형 분류

		과업의 변이성	
		예외가 없는 일상성	예외가 많은 다양성
문제의 분석가능성	문제의 내용 분명 분석 가능	일상적 기술	공학적 기술
	문제점 불분명 분석 곤란	장인기술	비일상적 기술

일상적 기술은 대량 생산기술이나 연속공정 생산기술에 해당되며 공학적 기술은 건축기술이 예가 되고 비일상적 기술은 항공우주산업에서 사용되는 기술을 예로 들 수 있다.

이러한 기술 구분에 근거한 퍼로우는 기술적 일상성의 정도가 높을수록 조직은 구조화될 필요가 있으며 반대로 비일상적인 기술은 구조상의 유연성을 필요로 한다고 주장하였다. 그는 직무수행에서의 불확실성 즉 예외적 상황 여부에 따라 조직구조가 다르게 나타난다고 지적하면서 원료 획득의 불확실성은 자율성과 창의력이 높은 조직구조를 초래한다고 주장하였다.[11]

---

11 *Ibid.*

헤이즈(Hage)는 조직이 사용하는 기술이 일상화된(routinized) 업무 수행을 초래하는 경우에 의사결정의 집권화, 공식화 및 표준화를 증대한다는 연구결과를 발표하였다.

그러나 기술결정론에 대해 여러 측면에서 비판이 제기되기도 했는데, 일부는 측정 문제 등과 관련한 방법론적인 문제이지만 규모결정론 학자들의 문제 제기는 보다 실제적인 내용상의 쟁점을 제기하였다.

2. 규모론의 조직연구

1) 조직 규모와 조직구조

(1) 애스턴 연구

앞의 장에서 논의한 조직구조에 대한 분석의 연장선에서 애스턴 연구자들은 조직구조에 영향을 끼치는 요인으로 조직의 크기에 주목하였다.

조직 규모라는 개념은 학문 영역과 연구의 관심에 따라 총자산, 산출용량, 설비규모, 순이익 및 조직 구성원의 수 등 여러 가지 상이한 개념으로 사용되고 있다. 열거된 개념의 상당수가 경제학적인 점에서 알 수 있듯이 규모와 조직구조 간의 관계는 '규모의 경제(economy of scale)' 개념을 사용하는 경제·경영학자들에 의해 발전된 측면이 강하다.

그러나 사회학에서도 베버의 관료제론이 현대사회에서 조직의 규모가 커진다는 점을 염두에 두고 전개되었다는 점을 상기할 필요가 있다. 이런 때문에 통상 조직구조의 측면과 관련된 조직사회학의 연구들에서는 조직 구성원의 수에 초점을 두어 '전체 조직 구성원의 수'를 조직

규모 개념으로 사용한다. 다만 이 개념은 몇 가지 논란의 여지가 있다. 첫째는 전일제(full-time)로 활동하지 않는 구성원을 어떻게 포함시킬 것인가의 문제가 있다. 즉 정당 당원 숫자의 예처럼 자발적 결사체의 경우가 특히 문제되며, 기업의 시간제 고용자나 임시직, 하청기업 구성원 등의 포함 여부를 둘러싼 조작적 정의의 문제이다. 둘째는 산업조직의 경우에 한 개의 기업이 여러 개의 자(子)회사 혹은 지부(支部)나 별도의 공장을 갖고 있는 경우에, 단일사업장(establishment)의 조직구조를 연구하는 데 있어서 기업(firm) 전체가 아닌 그 특정 단일사업장 내의 총 피고용자 수가 조직 규모의 조작적 정의가 되어야 하지 않는가 하는 점이다.

이러한 문제에도 불구하고 '전체 조직 구성원의 수'가 조직 규모의 적절한 측정치가 될 수 있는 것은 '전체 조직 구성원의 수'가 규모의 다른 측정치들과 높은 상관관계를 보인다는 점이 기존 연구들에서 확인되고 있기 때문이다. 예를 들면, 산업조직에 대한 한 연구에서 구성원 총수와 순자산과의 상관관계가 .74로 나타났고 병원조직연구에서는 총 구성원 수와 일평균 환자 수 간의 관계가 .96, 학교조직의 경우 전체 교원 수와 학생 수 간의 상관관계가 .94에 이른다는 것이다.[12]

애스턴 연구자들의 주요 결론은 조직 규모가 확대되면 조직활동의 구조화(복잡성, 공식화)가 증대하고 권위의 집중화는 감소되는 경향을 보이며 따라서 규모와 구조 간에는 인과관계가 있다는 점이며, 규모는 조직구조를 예측하는 데 있어서 기술보다 훨씬 더 중요한 요인이라는 것이었다.[13] 생산조직체들에 대한 연구를 통해 운용기술(operations

---

12   김남현. 전게서. 168쪽에서 재인용.

13   예로, Pugh, D. S., Hickson, D. J., and Hinnings, C. R. 1969. "An Empirical Taxonomy

technology)은 오직 작업장에서 사용되는 숙련도, 업무 세분화의 정도, 작업과정 감독의 엄격성 등 직접적인 생산공정 수준의 구조적 측면과 관련해서만 연관을 가질 뿐이며, 조직의 전반적인 행정, 위계 구조―기능의 전문화, 공식화, 위계(位階)의 수―를 결정하는 주요인은 기업 규모라고 주장하여 기술결정론을 거부한 셈이다.

그런데 이러한 연구결과는 비슷한 시기에 미국에서 53개의 주정부 고용안정 기관 및 뉴저지 주(州)의 산업조직체들을 대상으로 연구한 블라우(Blau)의 연구 발견과 합치되는 것이다.

(2) 블라우의 연구

조직 내의 계층, 부서, 직무 명칭의 수를 분화(differentiation)의 조작적 정의로 사용하여 측정한 결과, 블라우는 조직 규모가 커지면 분화가 증대하지만 분화율은 점차 낮아져서 총경영비용이 줄어들고 관리자의 통제 폭이 커지는 등의 구조 변화가 생긴다고 주장하였다.[14] 이러한 결론은 '규모의 경제' 개념을 수긍한 것이고 '파킨슨의 법칙(Parkinson's law)'[15]을 뒷받침한 것이다. 조직 규모의 증대가 초래하는 복잡성에 직면하여 관리자는 조직 구성원의 활동을 통제할 필요를 갖게 되는데, 이

---

of Work Organizations". *Administrative Science Quarterly*. 14: 115-126. 및 Child, John and Mansfield, R. 1972. "Technology, Size and Organization Structure". *Sociology*. 6: 369-393.참조.

14 Blau, Peter. 1968. "The Hierarchy of Authority in Organizations". *American Sociological Review*. 33: 453-467. 및 1970. "A Formal Theory of Differentiation in Organizations". *American Sociological Review*. 35: 201-218. 참조.

15 파킨슨의 법칙은, 조직의 규모확대가 관리·지원구성요소(예로, 생산공장의 사무직)의 크기를 증대시키지만 그 증대율은 조직 규모의 확대율보다 작다는 파킨슨(Parkinson)의 주장을 뜻한다. 그러나 이 주장은 광범위한 지지를 받지는 못하였다. Parkinson, C. N. 1957. *Parkinson's Law*. Boston: Houghton Mifflin.

때 직접적인 감독 방식을 취할 경우 비용이 급속히 증대하므로 이를 공식화된 규정의 활용으로 대체하여 경제적 합리성을 달성하려고 시도한다는 것이다. 그래서 관리자들은 규칙, 절차의 제정과 시행을 통한 공식화 기법에 눈을 돌리게 되므로 조직 규모의 증대는 공식화와 밀접한 관계를 갖는데 이는 규모의 경제를 취하는 방향으로 나타난다는 논리적 주장이 가능해진다. 하스 연구팀(Haas et al.)[16]도 관리 부분의 크기가 조직 규모 증대에 따라 상대적으로 작아진다는 연구결과를 발표하여 규모의 경제에 동의하였다.

블라우의 연구결과 중 중요한 것들을 간추려보면 다음과 같다. 우선 생산기술은 조직 구성원 수로 정의된 규모와 역(逆) U자형의 형태로 연관이 있다. 다시 말해, 대량 생산기술을 사용하는 조직의 규모가 가장 크고, 그 다음이 단위소량 생산기술을 사용하는 조직이며, 연속공정 생산기술을 사용하는 조직체의 평균적인 규모가 가장 작다는 것이다. 한편, 직접생산 노동자(direct production worker)의 비율 및 제일선 감독과 중간관리자의 통제 폭 같은 조직구조는 생산기술 유형과 역시 역U자형의 관계를 갖는다. 이 발견은 앞서 생산기술―규모 간의 관계와 연관지어 생각해볼 때, 블라우가 생산기술보다 규모가 조직구조 결정에 더 큰 영향을 미친다고 주장하는 배경의 하나이다.

블라우는 결국 기술이 아니라 조직 규모가 커질 때 조직의 수직적 분화와 수평적 분화가 증가한다고 본 것이다. 한 가지 특징은 생산기술과 규모 간의 관계가 역U자형인 점을 생각하면, 우드워드는 기술적 복잡성과 조직구조 간의 관계를 대체로 직선형으로 파악한 것에 반해, 블

---

16 Haas, J. E., Hall, R. H., and Johnson, N. J. 1963. "The Size of the Supportive Component in Organizations". *Social Forces*. 42: 9-17.

라우는 곡선형(U자형 혹은 역U자형) 관계를 주장한 셈이 된다.

2) 규모론에 대한 반론

그러나 이상과 같은 규모론자들의 주장에 대한 반박도 적지 않다. 홀(Hall) 등은 기업, 행정조직, 종교조직, 교육기관 등을 망라한 75개의 다양한 조직체를 대상으로 한 연구에서 "복잡성이나 공식화 그 어느 것도 조직 규모로 부터 추론되어지지 않는다"고 말하고 조직 규모와 관리 부문의 크기 간의 관계가 약간 있다고 하더라도 그 관계는 부적(負的)이기보다 U자형의 관계라고 하였다.[17] 아지리스(Argyris)는 '조직체가 전통적인 경영관리 원칙에 따라 설계된 경우에만 피고용자수의 증가가 다양한 차원에서의 조직구조적 분화와 상관관계를 갖는다'[18]고 하면서 블라우의 주장을 부분적으로만 수용하였다. 애스턴 연구의 자료를 재분석한 올드리치(Aldrich)는 경로분석(path analysis)기법을 사용한 결과, 규모는 조직구조의 종속변수라는 주장—구조화의 정도가 큰 조직일수록 상대적으로 큰 규모의 인력을 필요로 한다는 주장—을 해서, 조직 규모를 맥락적 요인으로 보는 입장 자체를 거부하고 오히려 기술의 중요성을 강조하였다.

이와 같이 기술론과 규모론 간에 논쟁이 이어지는 상황에서, 애스턴

---

17 Hall, R. H., Haas, J. E., and Johnson, N. J. 1967. "Organization Size, Complexity and Formalization". *American Sociological Review*. 32: 903-912. 참고로 이들은 규모와 관리 부분의 크기 간에 부적(負的) 관계를 발표했던 하스(Haas)연구팀과 동일인들임을 밝혀 둔다. 즉 이들은 자료의 재검토 끝에 4년 만에 자신들의 기존 보고를 수정하는 연구결과를 발표한 셈이다.

18 Argyris, Chris. 1972. *The Applicability of Organizational Sociology*. Cambridge University Press. p.14.

연구팀의 일부 학자들이 70년대 중반에 발표한 글을 통해 규모와 기술이 조직구조 형성에 영향을 끼치는 각각의 상황에 대한 보다 정밀한 분석을 통해 기술론과 규모론을 동시에 수용하는 정교화(elaboration)를 행하였다.[19]

3) 기술론과 규모론의 통합

퓨우와 힉슨(Pugh and Hickson)은 조직 규모는 조직 '그 자체(per se)'보다는 조직구조의 특정 측면들에 대한 예측인(predictor)일 뿐이라고 본다. 이들은 "대규모 조직체는 소규모 조직체보다 더 세분화, 표준화, 공식화되는 경향이 있다. (그러나) 규모와 기타의 조직구조 차원들, 즉 권위의 집중화나 작업진행의 계선통제 사이에는 아무 관계도 발견되지 않는다"고 진술했다.[20] 아래에서는 이러한 주장의 근거와 내용을 보다 상세히 살펴보자.

우드워드의 '기술적 복잡성' 개념 대신에 '생산의 연속성' 개념을 사용한 힉슨 등은 조직이 사용하는 기술을 운용(operations)기술 , 지식(knowledge)기술 및 물질(material)기술의 세 가지로 분류한다.[21] 이들이

---

19 애스턴 연구자들이 조직구조에 영향을 미치는 맥락 요인으로 고려한 변수는 규모 이외에도 기술과 조직이 활동하는 지역적 위치 등이 있다. 다만 그들이 규모론자로 구분되는 이유는 다른 요인들보다 조직 규모의 영향을 가장 중요시 한 때문이다.

20 Pugh and Hickson. 1976. *op. cit.* p.87.

21 힉슨 등에 의하면, 운용기술은 "(생산)공정 활동들을 갖추고 배열하는 것"을 의미하고, 지식기술은 "공정에 사용되는 지식의 특성들"을 뜻하며, 물질기술은 "공정의 대상물 혹은 원재료의 특성들"을 지칭한다. Hickson, D. J., Pugh, D. S., and Pheysey, D. C. 1969. "Operations Technology and Organization Structure: An Empirical Appraisal". *Administrative Science Quarterly*. 14: 378-397. p.380 및 Perrow, Charles. 1967. "A Framework for the Comparative Analysis of Organizations". *American Sociological Review*. 32: 194-208. p.195. 참조.

특히 관심을 두는 것은 이 중에서 운용기술인데, '조직이 작업진행 활동 속에서 사용하는 기술'을 의미하며 설비의 자동화 정도, 공정의 경직성 정도, 작업평가의 특정성 및 생산설비 단위의 연속성 정도 등의 하위 개념을 포함한다.

이 운용기술과 조직구조와의 관계를 다변수상관관계분석(multi-variate correlation analysis)을 통해 검증한 이들은, 하위자-감독자 비율, 전체 구성원 중 직접 생산종사자 및 설계·검사 종사자의 백분율 등의 구조 변수가 기술의 영향을 받는다는 점을 확인하였다.[22] 그들은 이러한 발견을 기초로 하여 운용기술이 작업진행 중심의 구조적 차원들과는 관련이 있다고 보고 우드워드의 연구결과와 조합을 시도했다.

> 조직 규모가 작으면 작을수록 조직구조가 기술의 영향을 받을 가능성이 크다. 조직 규모가 커질수록, 기술의 영향은 작업진행 자체와 연관된 활동에 대한 구성원의 작업 평가 같은 변수에 한정되며 보다 거시적인 관리·위계구조 변수들에 대한 영향은 찾아보기 어렵다.[23]

애스턴 연구자들의 결론은 결국 기술이 소규모 조직체 및 생산공정 수준의 구조변수—작업장에서의 숙련도, 업무 세분화의 정도, 작업과정 감독의 엄격성 등—에 영향을 미치고 있음을 인정하는 셈이지만, 조직의 전반적인 행정, 위계구조—기능의 세분화, 공식화, 위계계층의 수 등—에 대한 기술의 영향보다는 규모의 영향이 보다 광범위하다는 것이다.

---

22 Pugh and Hickson. 1976. *op. cit.* p.143
23 *Ibid.* p.154.

3. 기술론과 규모론 조직연구의 함의

이상에서 언급된 것처럼 기술론자들과 규모론자들 간에 경험적 조사연구의 발견과 주장이 상반되지만 이 두 시각의 상이한 결과를 양립 불가능한 것으로만 생각할 필요는 없을 듯하다. 리이맨(Reiman)이 "기술-구조 간의 연관관계는 상당 정도 분석 수준의 함수이다"[24]라고 언급했듯이 두 학파의 주장이 불일치하는 근본적인 이유의 하나는 두 학파가 조직구조의 상이한 측면과 수준에 초점을 두고 있기 때문이다.

그러나 전반적인 조직연구 경향이나 자료 검토 결과는 기술결정론의 주장에 대해 회의적인 것 같다. 클레그와 던커리(Clegg and Dunkerley)도 '우드워드보다는 베버가 더 타당한 것 같고 베버보다는 블라우 등의 일반적 결론들이 더 타당한 것 같다'[25]고 진술하였다.[26]

더불어 조직체가 사용하는 기술과 그 조직이 활동하는 산업 범주 간에 강한 상관관계가 있기 때문에, 기술과 조직구조 간의 관계에 대한 그동안의 발견이 사실상 산업분야와 조직구조 간의 관계일지도 모른다는 차일드와 맨스필드(Child and Mansfield)의 주장도 고려할 필요가 있다.[27] 이에 덧붙여 이들은 기술-구조 간의 연구에 환경 변인이나 경

---

24 Reiman,Bernard. 1980. "Organization Structure and Technology in Manufacturing: System Versus Work Flow Level Perspectives". *Academy of Management Journal*. 23: 61-77. p.73.

25 Clegg and Dunkerley. 1980. *op. cit*. p.246.

26 참고로, 필자가 우리나라 생산조직체를 대상으로 하여 기술론과 규모론의 주장을 검증해 본 결과 제1차 감독의 통제폭은 기술의 영향을 상대적으로 크게 받는 한편, 집중화, 공식화, 관리강도(administrative intensity) 등의 구조변수는 조직 규모에 의해 더 큰 영향을 받는 것으로 나타나서 퓨우와 힉슨의 연구결론을 뒷받침한다. 졸고. 1990. "조직구조 결정요인 분석: 한국제조업체를 중심으로" 사회과학(제29권 제2호). 성균관대학교 사회과학연구소. 111-126쪽.

27 Child, John and Mansfield, R. 1972. *op. cit*. p.390-391.

영 이데올로기를 고려할 필요도 거론하였다.

한편 기술 개념을 기계류와 구체적인 작업공정을 의미하는 좁은 의미에 국한시키지 않고, 넓게 해석하여 일이 조직되는 방식, 사회적 분업, 실제적인 과업 할당 등을 포괄하는 경우에 기술과 조직 간의 관계에 대한 비판적인 검토가 가능해진다.

즉 블라우너(Blauner)가 기술과 구조 간의 상관관계를 인식하면서도 기술이 조직구조의 유일한 결정요인이 아니라 어느 정도의 제한을 가하는 요소라는 점을 시사한 것처럼,[28] 조직구조가 기술결정론자들이 제시한 바와 같이 불가피하고 필연적인 방식으로 형성되는 것이 아니라 경우에 따라서는 선택되어질 수 있다는 주장이 가능해진다.

이러한 시각은 조직을 단지 공식적인 구조적 현상으로만 연구할 경우에 인간 개입의 효과를 분석할 여지가 없어진다고 지적한 차일드(Child)에 의해 '전략적 선택(strategic choice)' 개념으로 정리되었다.[29]

조직구조를 결정하는 데 있어서나 기술도입에 있어서 선택이 개입되고, 이 선택은 특정 유력한 조직 구성원들의 이해관계를 반영한다고 주장하는 점에 있어서 아지리스(Argyris) 역시 차일드와 견해를 같이 하였다.[30] 이들의 입장은 결국 기술에 대한 가치중립적 견해에 반론을 제기하고 기술 이용에 따른 부정적 산물들에 대한 관심을 부각시킨 셈이다.

기술론을 비판한 아지리스는 기술이 정태적인 변인이기 때문에 조직에서 일어나는 일을 설명할 수 없으며, 만약 기술이 구조를 결정한다고 한다면 무엇이 기술을 결정하는지가 먼저 탐색되어야 한다고 주

---

28 Robert Blauner, 1964. *Alienation and Freedom*. Illi.: Chicago University Press. p.8.
29 상세한 논의는 10장 및 11장 참조.
30 Chris Argyris, 1972. *The Applicability of Organizational Sociology*. Cambridge University Press.

장하였다. 이러한 주장은 근대화이론을 비롯한 산업사회론(industrial society theory)이 배경으로 깔고 있는 기술에 대한 형이상학적 페이소스(metaphysical pathos)—기술의 발달과 채택은 자본가 중심의 이데올로기적 선택과 무관한 중립적인 것으로서 기술은 피할 수 없이 현재의 상태로 발전해 왔고 실제 발달하면 할수록 좋다는 일종의 문화적 절망주의—를 거부한 것으로서, 조직 내 지배동맹(dominant coalition)이 취하는 '전략적 선택(strategic choice)'의 중요성을 강조한 차일드[31]의 주장과 합치한다.

이상의 논의를 종합해볼 때, 기술결정론과 규모결정론이 보여주고 있는 불일치 그 자체가 더 이상 중요한 문제가 아니게 되었다. 즉 기존의 연구결과에서 보여주고 있는, 조직구조 형성에 대해 생산기술 및 조직 규모가 미치는 영향력으로 설명되지 못하는 나머지 변량(variance)이 갖는 의미가 무엇인가를 분석해내는 일이 더욱 시급한 과제가 된 것이다. 조직 규모나 기술이 설명하지 못하는 구조결정력의 잔여 부분에 대한 분석은 조직체 내에서 실제 조직구조 결정에 개입되는 힘의 동학을 조직사회학과 노동과정론 분야에서 관심의 대상이 되고 있는 '조직관행(organization practice)'에 대한 심층적인 분석 및 차일드의 '전략적 선택' 개념의 사용을 통해 해내려는 작업으로 이어졌다.

즉 조직의 구조를 결정하는 주요 요인은 생산기술이나 조직 규모 등과 같은 정태적 요인이라기보다는 자본가나 경영자의 조직 운영과 관련된 이해를 반영하는 전략적 선택이거나 조직 구성원 간에 일의 역할을 통한 사회적 행위를 통해 형성되는 조직의 관행 등 동태적인 변인

---

31 Child, John. 1972. "Organization Structure, Environment and Performance: the Role of Strategic Choice". *Sociology*. 6: 1-22.

일 가능성을 탐색해보는 일이 요구된 것이다. 덧붙여, 리이맨(Reiman)[32] 및 로런스와 로쉬(Lawrence and Lorsch)[33] 등이 언급한 대로 조직구조 결정에 산업 환경(industrial environment)적 요인들—예로, 경제상황 및 시장 환경 등—이 작용하고 있을 가능성도 염두에 두어야 할 것이다.

4. 현대사회의 기술과 조직

1) 기술과 노동자 소외의식

과학과 기술의 발전이 초래한 생산조직에서의 기계화·자동화 및 대량생산이 생산과정의 분업·전문화를 통해 생산성을 향상시키고 현대 산업사회를 이끌어나가는 주요한 추진력의 하나임에는 틀림이 없다. 그러나 한편, 대량생산과 작업의 미세한 분화가 노동자들로 하여금 일의 의미를 상실하게 하고 전반적으로 작업에 대한 부정적 태도를 갖게 한다는 지적도 제기되어 왔다.

1964년에 출판된 『소외와 자유(Alienation and Freedom)』에서 블라우너는 생산기술의 유형에 따라서 각 기술단계에서 노동자들이 느끼게 되는 소외의식의 정도에 차이가 있다고 주장하였다. 이 연구는 당시 산업사회학 분야의 주요 연구들과 더불어 생산기술이 노동자들의 작업환경, 조직구조, 직무불만족 등을 결정하는 중요 요인이라고 보는 기술

---

32 Reimann, Bernard. 1980. *op. cit.* p.62.

33 Lawrence, P. R. and Lorsch, J. W. 1969. *Organization and Environment*. Boston: Harvard University Press.

결정론의 사고를 반영한다.

이후 블라우너의 주장에 대한 반론이 제기되기도 하였다.[34] 그러나 정통 마르크시즘의 주장과는 다소 이탈된 그의 중심 테마—기술을 발달 단계에 따라 수공업기술, 기계운용기술, 조립생산기술 및 연속공정/자동화기술의 네 단계로 구분하여 작업자들의 소외의식을 조사한 결과, 조립생산 기술단계에서 미세하게 분화된 업무를 반복적으로 작업하는 노동자들에게 소외의식이 가장 높게 나타나며, 생산과정이 자동화되어 통제실에서 게이지 등의 조작을 통해 생산이 이루어지는 석유정제 및 화학공업 부문의 연속공정 기술단계 노동자들에게서는 소외감의 감소가 초래된다고 하는 '역U자형 가설(inverted-U-curve hypothesis)'—은 여러 경험연구들에서 재확인된 바 있다.

그렇지만 기술의 노동자 소외의식에 대한 인과관계는 표피적 관계(spurious relationship)에 불과할 가능성이 있다. 즉 수공업기술, 기계운용기술, 조립생산기술 및 연속공정기술의 각각을 사용하는 산업조직체들은 기술 이외에도 여러 측면에서 상이한 특성을 가질 수 있다. 노동력구성의 내용이 다를 수 있으며, 조직구조나 작업 상황 요인들이 다른 모습을 보일 가능성이 있다. 실제 이러한 여러 요인들은 블라우너 자신의 이론 틀이기도 한 '사회기술체계이론(socio-tecchnical systems theory)'이 간과하지 않은 점이고 블라우너도 각 기술 단계가 보여주는 독특한 작업 상황에 대한 묘사를 통해 이 점을 인식하고 있음을 보여주고 있다.

노동자 소외의식에 대한 생산기술의 영향에 주목하는 연구들은 사회기술체계 이론으로부터 통찰력을 끌어온 것으로 생각할 수 있다. 마

---

34 예로, Harry Braverman. 1974. *Labor and Monopoly Capital*. NY: Monthly Review. 및 David Halle. 1984. *America's Working Man*. Chicago: Chicago University Press. 참조.

르크스의 소외이론이 자본주의적 생산양식의 모순을 지적하는 거대이론의 성격을 띠면서 현대 산업사회를 상당히 균일한 하나의 모습으로 파악한 데 반해 조직 수준에서 논의되는 사회기술체계이론은 작업장에 따라 생산기술과 노동자 소외의 관계가 상이한 유형을 보일 수 있다는 점을 함축하고 있다. 결국 사회기술체계 모델은 조직에서 사용되는 생산기술의 유형이 독특한 작업 상황을 형성하며, 결과적으로 노동자 소외의식에 영향을 미친다고 하는 기본 가정을 우리에게 제공한다.

블라우너의 연구도 사회기술체계 모델에 기반한 것으로서 생산기술이 산업조직 내의 사회적 구조를 통해 노동자 소외의식을 결정한다고 주장하였다. 기술이 진보할수록 노동자의 소외는 필연적으로 증가될 것이라는 마르크스주의 전제에 반하여, 블라우너는 상이한 유형의 사회기술체계에 따라 작업과정 및 작업장의 구조적 모습이 다를 것이기 때문에 결국 상이한 수준의 노동자 소외의식을 보여줄 것이라고 가정하였다.

로퍼(Roper) 연구소가 약 3,000명의 육체노동자들을 대상으로 작업에 대한 태도조사를 해놓은 자료 및 데이비스(Davis)의 면접자료 등을 2차 분석(secondary analysis)한 결과, 블라우너는 기술 단계에 따라 노동자 소외의식의 정도는 두드러진 차이를 보여주고 있음을 경험적으로 제시하였다. 즉 생산기술을 그 발달 단계에 따라 수공업, 기계운용, 조립생산 및 자동화기술의 네 단계로 구분해볼 때, 노동자 소외의식은 컨베이어벨트 앞에서 조립생산이 이루어지는 단계까지는 증가를 보이지만 자동화가 이루어진 연속공정 생산기술 단계에서는 오히려 감소를 나타내는 역U자형의 모습을 나타낸다는 것이다.[35]

그러나 블라우너가 사회기술체계 개념 틀에 입각하여 연구를 하였음에도 불구하고 몇 가지 문제점이 지적될 수 있다. 우선 블라우너는 각 단계 생산기술을 대표적으로 사용하고 있는 산업(industry) 부문인 인쇄업, 방직업, 자동차공업 및 화학공업을 선정한 뒤 각 산업 부문이 각 단계의 '기술'을 대변하는 것으로 고려하여 2차 자료 분석을 하였으므로 실제 독립변수인 '기술'이 노동자 소외의식에 미치는 영향이 과대 평가되었거나 과소평가되었을 가능성이 충분하다.

보다 중요한 문제점은, 블라우너가 사용한 자료의 한계로 인해, 사회 기술체계 모델이 제시하고 있는 작업장의 독특한 상황 요인이나 조직 구조의 측면 등 사회적 체계(socio-system)의 매개변수로서의 영향력이 실증적으로 제시되지 못한 채, 다만 각 단계의 생산기술이 나름대로의 사회적 체계를 형성하고 결국 노동자 소외감의 결정인(決定因)이 된다고 하는 식의 단순한 기술에 그치고 있다는 점이다.

결국, 블라우너 및 후속 연구들은 기술이 노동자 소외의식에 영향을 미친다고 하는 인과관계에서 중간변수(intervening variable)로서 사회 기술체계 모델이 개념화하고 있는 여러 조직 내 요소들에 대한 직접적 측정이나 고려를 결여하고 있다. 따라서 생산기술이 이러한 모든 요인들을 결정하고 포괄하고 있는 것으로 보는 기술결정론에 입각한 이론적 오류 및 방법론적인 오류를 범하고 있는 것으로 평가할 수 있다.

2) 기술의 발달과 조직문제

(1) 기술과 위험(risk)

퍼로우(Perrow)는 1984년에 출간된 『정상적 사고(Normal Accidents)』에서 복잡한 기술의 발전이 한편으로 다양한 형태의 사회적 위험가능

---

35 Robert Blauner. 1964. *op. cit.* p.182.

성을 증대시키고 있다고 지적하였다.[36] 책의 제목이 시사하는 것처럼 우발적, 비정상적이어야 할 사고(事故)가 더 이상 그렇지 못하고 사고들은 오히려 예견되고 정규적일 수밖에 없다는 것이다.

퍼로우는 생산공정 체계를 두 가지 유형으로 구분했다. 복수(複數)의 공정이 동시다발적으로 수행되는 공정을 '복합 상호작용(complex interaction)'공정이라고 하고, 한 개의 공정이 다른 하나의 공정하고만 연결된 것을 '선형 상호작용(linear interaction)'공정이라고 지칭하였다. 한편 그는 공정 설비의 유형도 역시 두 가지로 구분한다. 두 가지 생산 공정 설비 가운데에 완충지역이 없이 연결된 조작이 이루어지는 것을 '꽉 짜인 연계(tight coupling)'라고 부르고, 생산공정 설비물 간에 독립적인 조작이 가능한 것을 '느슨한 연계(loose coupling)'라고 지칭하였다.

이때, 공정설비가 꽉 짜여진 연계를 가져서 연결조작이 필요하고 생산공정이 복합적일수록 사고발생 가능성이 높고 사고 시의 피해도 큰 '고위험(high-risk)' 기술이라고 정의한 퍼로우는, 사고발생 시 경영관리자들이 취하는 반응이 사회적 위험을 더욱 증대시킬 수 있다는 점에 주목하였다.

'비용-효과 합리성(cost-effective rationality)'을 취하는 경영관리자들이 사고의 결과를 최소화하는 데만 신경을 쓰면서 특정 기술에 대한 폐기 여론에 맞선다거나, 효율성 증대를 위해 작업수행 중에 안전기준을 실제로 무시하도록 강요받는 하위직 노동자만을 속죄양으로 비난하는 태도가 보편화되어 있다는 점에 우려를 표하였다. 이에 따라 퍼로우는 위험가능성이 크면서 대체비용이 상대적으로 싼 생산기술을 포

---

36 Charles Perrow. 1984. *Normal Accidents: Living with High-Risk Technology*. NY: Basic Books.

기할 것을 주장하기도 하였다.

(2) 정보기술의 발달과 조직

벨(Bell)이 제기한 탈산업사회(post-industrial society)론[37]의 지적 배경에서 형성된 사회이론 중의 하나로 정보사회론을 들 수 있다. 불평등, 아노미, 비인간화, 환경오염 등 현대 산업사회에 내재한 다양한 구조적 문제들을 극복하려는 시도로서, 미래사회에 대한 낙관적 전망을 기초로 하여 비마르크시스트 학자들에 의해 제기된 산업주의의 논리가 '정보사회론'이라는 개념으로 정리된 것이다.

정보사회는 거시적·제도적 차원에서는 정치적 민주화의 확립, 경제발전과 정보산업의 성장, 그리고 문화적 다원주의의 증대라는 특징을 보이는데 기술적(技術的) 차원에서는 자동화와 커뮤니케이션 방식의 변화 추세가 중요한 특징이다. 첨단 정보기술의 급속한 개발로 인한 인간생활의 자동화, 정보화, 전산화를 일차적 특징으로 하는 정보사회에서 정보기술이 생산조직과 서비스 조직에서 이용되는 형태를 조금 구체적으로 살펴보면 다음과 같다.

정보기술이 제조생산에 이용되는 형태를 보면 생산활동의 핵심 부분인 가공 부문에서뿐만 아니라 생산공정의 강도, 품질검사, 원료 및 부품의 이동과 재고관리, 설계 및 전략·계획수립 등의 보조적인 부문에서도 정보기술의 활용도가 높아져왔다. 하지만 컴퓨터를 도입한 자동화기술은 과거부터 활용되어 왔다는 점을 생각할 때, 정보기술의 이용이 생산조직에 가져온 가장 큰 혁신은 무엇보다도 제조 활동의 통합(統合)이라고 볼 수 있다.

---

37 Daniel Bell. 1973. *The Coming of Post-Industrial Society*. NY: Basic Books.

정보기술을 이용한 생산과정의 통합을 나타내는 대표적 개념이 CIM(computer intergrated manufacturing)이다. 제조부문에서 이용되는 정보기술의 형태로 CAD(computer-aided design) / CAM(computer-aided manufaturing), CAPM(computer- aided production management), FMS(flexible manufacturing system) 등이 있다. 제조공정의 통합은 석유화학산업 등의 예에서 보다 진전된 유형으로 나타나고 있다. 이러한 가공처리 산업의 자동화는 마이크로일렉트로닉스(micro-electronics) 기술을 제조 부문에 응용한 대표적 형태이다. 이러한 생산과정의 통합화가 제조업에 미치는 영향은 생산성의 증가뿐만 아니라 생산의 유연성 증대에서 두드러진다.

서비스 조직을 대물 서비스, 대인 서비스 및 정보 서비스 조직으로 분류할 때, 각 범주에서 정보기술의 이용 형태는 다르게 나타난다. 금융, 보험, 방송 등의 정보 서비스 분야에서는 정보의 저장, 전송, 처리 등의 핵심 작업 분야에 상당한 수준의 정보기술이 활용되고 있다. 반면 재화의 보관, 유지, 수송 등이 핵심인 대물 서비스와 교육, 의료, 사회복지 등의 대인 서비스 분야에서는 관리·행정 및 통신같은 보조적 활동 분야에 정보기술이 가장 중요하게 이용되고 있다.

서비스 조직에서 이용되는 정보기술이 통합 시스템을 구축하여 고객들의 개별적이고 다양한 수요를 충족시켜 줄 수 있다는 점은 제조부문의 경우와 마찬가지로 서비스 제공 시스템이 더욱 유연하고 신축성을 갖추게 된다는 것을 의미한다.

한편, 최근에는 컴퓨터가 조직체에 활용되면서 정보기술로 인한 조직 변화에 관하여 많은 논의와 연구가 진행되었다. 이들 연구가 보편적으로 지적하는 점은 정보기술의 발달이 조직구조를 집권화시키고 관리계층의 수를 감소시킬 것이라는 점이다.

(3) 과학기술혁명론의 조직관

과학과 기술의 발전 과정을 16~17세기의 과학혁명, 18세기의 산업혁명, 그리고 20세기 후반의 정보혁명으로 구분해볼 때, '과학기술혁명(Scientific Technological Revolution)'은 20세기 중반 이후 마이크로프로세서를 기반으로 한 과학과 기술의 비약적인 발전과 그에 따른 사회. 경제적 구조의 광범위한 변화를 지칭한다.

과학기술혁명의 개념에 대해서는 강조점의 차이에 따라 다양한 견해가 있을 수 있으나, 페도세예프(Fedoseev)는 이것을 "과학이 사회적 생산의 발달에 있어서 가장 중요한 요소로 변화됨으로서 이룩된 생산력의 근본적이고도 질적인 재조직화"라고 정의하였다.[38] 그에 따르면 과학기술혁명의 구체적 전개 양상은 개별 사회의 성격에 따라 다양성을 가질 수 있으나, 인간 활동의 여러 분야가 생산력이라는 하나의 범주에 단일한 체계로 통합된다는 일반적 특성을 공유한다는 것이다.

과학기술혁명이 진행되면서 생산력의 증대와 더불어 수반된 몇 가지 특징적인 변화 양상들이 지적되었다.[39] 즉 과학의 발달을 기반으로 한 과학혁명과 기술혁명의 결합, 과학의 '직접적 생산력'으로의 변화를 통한 생산의 과학화, 생산과정상의 여러 요소의 단일하고 자동화된 체계 내로의 통합, 생산의 기술적 기반의 질적인 변화, 새로운 형태의 노동자군의 형성, 노동생산성의 급격한 증대 등을 의미하는 생산의 내포적(intensive) 발전으로의 변화 등이다.

이상의 과학기술혁명론은 자본주의 발전 과정에서 자본이 이윤 확

---

38 조동기. 1990. "한국사회의 과학기술혁명과 계급구조의 변화" 한국사회사연구회 편. 현대 한국의 생산력과 과학기술. 문학과 지성사. 148쪽에서 재인용.

39 조동기. 앞의 글. 150-151쪽에서 정리.

대를 위해 과학기술을 생산과정에 직접적으로 포섭하는 과정에서 생산력의 증대 및 생산관계에 많은 변화를 초래한 과학기술혁명이 나타나게 된 것이라는 좌파적인 입장을 취하고 있다.

따라서 과학기술혁명론의 시각을 갖는 학자들의 연구 관심은 주로 과학기술혁명을 통해 초래된 조직에서의 노동과정상의 변화와 이에 맞물린 계급구조의 변화에 맞추어져 있다. 앞서 논의한 정보사회론이 계급구조의 탈프롤레타리아화를 시사하고 있는 반면, 과학기술혁명론에 기반한 네오마르크시스트 학자들은 노동자들의 프롤레타리아화에 주목하고 있다.

이들은 과학기술의 발달과 자동화가 숙련 작업을 소멸시키고 노동과정상에서 노동자들의 자율성과 자기통제를 감소시킨다는 자본주의의 내재적 경향을 강조한다. 따라서 기술발달이 부분적으로 새로운 유형의 숙련직을 필요로 하지만 전반적으로는 노동계급의 상대적 확대와 열악한 여건이 궁극적인 경향이라는 것이다. 이와 연관된 노동과정상의 변화에 대한 논의는 10장에서 다루어지고 있다.

7장

행위와
과정으로서의
조직

1960년대에 들어서면서 특히 미국 사회에서 일종의 반문화 운동의 성격을 띤 히피(hipi) 문화가 등장하고 베트남 전쟁에 반대하는 반전 운동이 격화되었을 뿐만 아니라, 흑백 간의 갈등에다가 여성해방 운동까지 전개되면서 제2차 세계대전 승리 이후 세계 최강대국으로서 유지해 오던 정치, 경제, 문화, 사회적 안정에 금이 가게 되었다.

이러한 사회적 여건의 변화는 전체 사회의 안정과 균형을 전제로 주목받아 오던 구조기능주의적 사회분석 패러다임에 대한 광범위한 비판을 불러일으키게 하였다. 그런 가운데 조직사회학에서도 시스템(체계) 이론의 조직관이 지나치게 정태적이고 결정론적이어서 물화(reified)된 조직관을 반영한다는 한계가 지적되었다. 사실 이전까지의 조직에 대한 접근은 과학적 관리론이나 공식관리론의 입장에서 확인되는 것처럼, 체계적인 규제를 통해 안정된 조직화를 강제하려는 경향이 우세했다. 심지어는 베버의 관료제론이 기반한 합리성 개념에서 조차도 예측 가능한 행위의 기반으로써 규칙(rule)이 '이미 저기 어디엔가 존재'한다는 사고가 깔려 있었다. 다시 말해 조직의 규칙은 이미 주어진 것으로 여겨졌다.

인간관계론이나 이에 수반한 사례연구를 통해 그 같은 규격화가 문제점(혹은 역기능)을 초래할 수 있다는 점이 인식되기는 했다. 그러나 본질적으로 결정론적인[1] 이러한 분석 틀 내에서는 '조직 그 자체'가 초점인 반면에 조직 내외의 '개인'에게는 선택의 여지가 거의 인정되지 않았다.

이런 상황에서 1960년대 이후 사회학 분야의 상호작용론, 현상학 등의 이론 발전에 힘입어서, 조직을 있는 그대로 이해하기 위해서 개인의 선택에 초점을 맞추는 새로운 조직 분석 시각이 태동하였다. 이러한 시각은 통제와 자유, 구조와 선택 간의 이분법에 기반한 것인데, 구조적 통제보다는 개인적 선택의 자유를 강조하는 입장으로 볼 수 있다.

하지만, 개인의 '자유' 혹은 '선택'이 흔히 조직활동에 비예측성과 비효과성을 초래한다는 이유로 인해 대다수의 조직이론가(특히 경영학자나 행정학자)들은 이러한 입장을 거부하거나 아니면 무시한 반면에, 다만 일부 조직사회학자들에 의해서 이론적인 발전을 하게 된다.

---

1 인간관계론의 발견은 비공식 규범이 집단구성원에 대한 규제력이 된다는 점이었으며, 머튼 등의 관료제 '역기능' 분석 또한 '규범'을 강조하는 기능주의의 틀 내에서 이루어진 분석이라는 점을 상기할 필요가 있다.

1. 상호작용 과정으로서의 조직

1) 사이먼과 마치의 조직관

상호작용론자로 분류할 수 있는 사이먼(Simon)과 마치(March)[2]는 조직에서의 행위가 '습관화된 선택(habituated choice)'에 기반한다고 주장함으로써 조직을 이미 주어진 '구조(structure)'가 아닌 끊임없이 구조화되어가는 '과정(process)'으로 보는 조직 분석 시각을 태동시켰다.

인간의 행위는 일상생활에서 다른 사람들과의 상호작용(interaction)을 통해 형성되는 습관으로 구성되고 이러한 습관은 의식(consciousness)을 통해 뚜렷해진다. 그런데 의식은 환경 즉 상황의 영향을 받기도 하지만, 인간은 의식을 통해 끊임없이 자신의 환경을 '재구성(reconstruct)'해나간다.[3]

이런 가운데 개인은 지속적인 선택에 직면하게 되지만 인간의 인지능력에는 한계가 있고 선택의 결과는 항상 미래의 일이기 때문에 선택을 뒷받침하는 완벽한 지식을 갖거나 예측을 하는 것은 불가능하다.

따라서 사이먼은 인간 합리성의 이러한 한계를 '제한된 합리성(bounded rationality)'이라고 개념화하면서, 조직활동에 관련된 모든 자원의 확보가 가능하고 정보의 획득도 완벽할 수 있다고 가정한 합리적 조직 모델에 반대하는 입장을 폈다. 이런 맥락에서 사이먼은 인간 행위의 '객관적 합리성(objective rationality)'은 허구이며 조직 내의 인간

---

2 Simon, H. A. 1957. *Administrative Behavior*. NY: Macmillan. 및 March, J. G. and Simon, H. A. 1958. *Organizations*. NY: Wiley. 참조.

3 Clegg and Dunkerley. 1980. *Organization, Class, and Control*. London. Routledge and Kegan Paul. p.265.

행위도 객관적으로 합리적인 범주에서가 아니라 다만 '관습적으로 합리적(habitually rational)'인 범주 내에서 이루어진다고 주장했다.[4]

따라서 조직은 구조화를 통해서 선택 상황을 정의하는 기능을 만들며 조직 구성원들의 개인적 합리성의 한계를 극복하려고 시도하게 된다. 조직 내 개인은 과거 경험으로부터의 학습, 편견, 개인적 이해 등에 따라 선택을 행하며 이러한 상호작용이 일상화된다. 그러므로 조직활동에서의 선택과 문제 해결은 '최적의(optimal)' 선택이라기보다는 '만족스러울 정도의(satisfactory)' 제한된 선택이 될 수밖에 없다.

이에 따라 마치와 사이먼은 조직구조를 "상대적으로 안정되고 변화의 속도가 더딘, 조직 내의 (만족화) 행동 유형의 측면들"이라고 정의했다.[5] 이런 구조는 불확실성을 극복하기 위해 존재하고 이에 따라 '관습상 합리적'인 합리성의 경계가 제시되는데, 조직 관리자는 이 구조에 대한 통제를 통해 '만족스러운' 조직활동을 지향한다는 것이다. 결국

조직구조는 '이미 저기 어딘가에 존재하는 것'으로서의 실재(reality)가 아니라 상호작용을 통해 끊임없이 구성되는 하나의 '과정(process)'인 것이다.

2) 웨익의 조직화 모델

사이먼과 마치의 생각을 발전시킨 웨익(Weick)은 조직을 "불확실한 환경(상황)에서 (문제 해결을 위한 선택: 저자 註)을 구성하는 담당자

---

4 Simon. 1957. *op. cit.* p.80.
5 March and Simon. 1958. *op. cit.* p.170.

(constitutive agent)"[6]라고 정의한다. 이는 조직을 '사회적 행위의 구조 (structure of social action)'로 보는 입장으로서 조직의 구조를 이미 주어진 것으로 보지 않고 구성되어가는 과정(process)으로 보는 것이며, 이에 따라 그는 '조직'이라는 용어보다 '조직화(organizing)'라는 용어를 선호했다.

즉 상호의존적인 조직 구성원들의 행위를 통해 구성되는(혹은 구성된 것처럼 인식되는) 환경에 적응하는 것이 '조직화'이며 이것이 조직의 본질이라는 것이다. 다시 말해서, 조직의 일이 대부분 눈에 보이지 않는 것처럼, 조직 내의 특정 상황뿐만 아니라 외부 환경조차도 객관화된 실재가 아니며, 사람들이 어떻게 인식하고 또 그런 인식을 공유하는가에 따라 규정되는 인식의 구성물(cognitive construct)이라는 것이다.

웨익의 이러한 생각 속에는 상징적 상호작용론을 집대성한 미드 (Mead) 이래로 상호작용론의 전형적인 입장인 인간의 능동성과 주체성에 대한 평가가 그대로 반영되어 있는 것을 확인할 수 있다. 이러한 입장에서 웨익은 조직이 단순히 환경에 반응(react)하는 것이 아니라 환경을 '내규화하여 형성(enact)'한다는 명제를[7] 발전시키고 이것을 다음 그림과 같이 모델화하였다(그림 7.1 참조).

[그림 7.1] 웨익의 '조직화' 모델

---

6 Clegg and Dunkerley. 1980. *op. cit*. p.266에서 재인용.

7 Weick, K. E. 1969. *The Social Psychology of Organizing*. Mass.: Addison-Wisley. pp.28-29.

이 모델은 실제 매우 복잡한 것이지만 간단히 이해하면 다음과 같다. 조직은 직면한 문제 해결 상황에서 불확실성을 감소시켜야만 한다. 위의 세 단계는 각각 모호성에 직면한 상황이다. 이때 조직은 우선 환경(상황)을 내규화(enactment)를 통해 구성하고 다시 그 인식된 상황 하에서 일정한 선택을 행하며, 그러한 선택은 구성원들에 의해 보유되어 유지되는 일련의 단계를 거쳐 '조직화'라는 과정을 이룬다는 것이다.

이러한 각 단계에서 모호성을 감소시키는 데에 웨익이 개념화한 '조립 규칙(assembly rules)'[8]이 작용한다. 규칙들이 조립해내는 것은 구성원들 간에 '상호 맞물린 행위 사이클'인데 이는 다시 말해 '조직의 일상사(organizational routines)'[9]를 뜻한다. '조립 규칙'은 각 단계에서 과정에 관련될 수 있는 모든 상호 맞물린 행위 사이클 중에서 실제로 특정한 행위 사이클이 선택되게 되는 준거(reference)가 된다. 쉽게 이야기하면, 조직 구성원들이 대충 인식을 공유한(엄밀하게 말하면, 공유하고 있지 않는가 하고 느끼는) 행위를 하는 데 있어서의 판단 기준이다.

이상과 같은 웨익의 이론은 1970년대 후반에 조직과 환경 간의 관계에 대한 정보시각(information perspective)의 기반이 되지만(9장 참조), 한편으로는 조직 환경을 객관적인 실재(reality)로 보지 않고 추상적인 관념의 구성물로 본다는 점에서 비판의 대상이 되었다.

---

8 *Ibid*. p.72.
9 *Ibid*. p.78.

2. 행위조직이론

1) 행위론적 조직관

상호작용론의 조직사회학자인 실버맨(Silverman)은 사회분석에 있어서의 두 가지 접근법을 구분하였다. 하나는 '초월적(transcendental)' 사회 모델이고 다른 하나는 '내재적(immanent)' 사회 모델이다.[10] 초월적 모델은 '체계(system)의 문제를 하나의 전체로 파악하며 인간 행위를 체계 욕구의 반영'으로 보는 입장인 반면에 내재적 모델은 '행위자가 자신의 행위와 타인의 행위에 대해 의미를 부여하고 이를 해석함으로써 발생하는 상호작용에 초점을 두는 시각'이라고 구분했다.[11]

그는 조직 분석에서는 이러한 두 가지 접근방법이 구조기능주의의 '체계이론'과 '행위의 준거틀(action frame of reference)' 간의 이분법으로 나타났다고 본다. 이러한 이분법은 결국 이전부터 있어 온 실증주의 (positivism)와 관념론(idealism) 간의 대비를 반영한 것이며, 한편으로는 거시사회학적 분석과 미시사회학적 분석 간의 차이와도 관련된다.

실버맨의 연구는 내재적 내지는 관념론적 시각을 취하며, 이런 입장 위에서 이전까지의 조직이론을 대표한 거시적 체계이론을 비판한 것이다. 따라서 그의 이론은 베버식의 행위론에 기반하고 있으며 버거 (Berger)나 럭크맨(Luckmann) 같은 학자들의 현상학(phenomenology)적 주관주의 사회학과 맥을 같이한다.

---

10 Silverman, David. 1968. "Formal Organizations or Industrial Sociology: Towards a Social Action Analysis of Organizations". *Sociology* 2: 221-238.

11 Silverman, David. 1970. *The Theory of Organizations*. London: Heinmann.

그는 기능주의의 시스템 조직이론이 조직연구에 있어서 조직의 '목표'나 '욕구'를 이미 주어진 것으로 취급함으로써 조직을 물화(reify)시켰다고 비판했다. 즉 체계이론의 오류는 '명백히 인간적인 동기(apparently human motivations)'를 무(無)생물적인 대상으로 치부해버렸다는 점이다.[12] 이런 비판에 기반하여, 실버맨은 조직을 "그들 자신의 문제 해결을 시도하는 동기화된 사람들이 산출해내는 것"[13]이라고 정의하고 조직을 '과정'으로 이해하려고 하였다.

이런 관점에서 볼 때, 기존의 조직이론과 구별되는 두 가지 조직관이 형성된다. 하나는 실버맨의 조직관에서 볼 수 있는 것처럼, 조직을 '물(thing)'이 아니라 결국 인간에 의해 형성되는 역동적인 것으로 보기 때문에 자연스럽게 상징적 상호작용론, 현상학 및 일상생활방법론(ethnomethododlogy)에 기반한 조직관이 전개된다.

또 다른 하나는 갈등론(conflict theory)에 접근한 조직관이다. 이 조직관이 태동되는 논리적 배경은 약간의 설명이 필요할 것 같다. 앞서 언급한 것처럼 시스템 조직이론은 조직 자체가 마치 목표나 욕구를 가지고 있는 것처럼 가정한다. 이러한 가정은 조직을 기능적이고 협동적인 전체로서 동의(consensus) 및 내적 균질성에 기반한 집합체로 보는 조직관과 쉽게 결합된다.

그러나 이러한 조직관은 정치적 보수성을 띤 가치부하적(value-laden) 경영관리관을 반영하고 있는 셈이다. 결국 조직 구성원들의 목표나 욕구가 실제 다양하고 그들 간에 갈등이 상당히 존재하고 있을 가능성이 간과된다는 것이다. 이런 맥락에서 갈등론적 시각이 적용되

---

12   Silverman, David. 1969. *op. cit.* p.228.
13   Silverman, David. 1970. *op. cit.* p.126.

고 조직을 합리적 체계(rational system)가 아닌 갈등체계 혹은 자연체계(natural system)로 파악하는 조직관이 등장한 것이다.

2) '행위의 준거틀'과 '상황정의'

실버맨은 의미를 내포한 개인의 행위(action)를 통해 일상의 세계가 사회적 실재로 규정된다고 보기 때문에 사회학적 접근의 중요한 관심사는 행위를 이해(understand)하는 것이 되어야 한다고 한다. 이에 따라 그는 조직 분석의 초점이 조직 구성원들의 '행위의 준거틀(action frame of reference)'을 확인하는 것이어야 하고 이는 조직 내 행위자들의 '상황정의(definitions of the situation)'를 연구함으로써 가능하다고 주장했다.

실버맨은 '상황정의'를 "과거의 역사와 현재의 사회구조로부터 행위자에게 주어지는 사회세계의 의미(meaning of the social world)를 통해 행위자들에 의해 구성된 것"이라고 정의한다.[14] 즉 조직활동에 있어서의 과거사와 현재의 구조를 통해서 구성원들에게 주어진 생활세계의 의미에 입각해서 행위자들 스스로가 구축해나가는 것이 조직에 대한 상황정의가 된다. 이 상황정의는 결국 한 조직이 처한 환경을 의미하며, '주관적으로 구성된 한정된 의미 영역(finite provinces of meaning)'이나 '지식의 쌓임(stock of knowledge)'에 기반한다.

여기에서 '의미(meaning)'는 현상학자인 슈츠(Schutz)의 '전형화(typification)'[15] 개념과 맥을 같이한다. 전형화는 다른 사람들이 우리에

---

14 *Ibid.* p.132.

15 Schutz, Alfred. 1964. *Collective Papers*. vol.2. Broderson, A.(ed.). Hague: Martinus Nijhoff.

게 어떻게 행동할 것인가 혹은 어떤 추상적 상징이 어떤 의미를 갖는가에 대한 습관화된 기대를 뜻한다. 이러한 전형화는 제도화되어 세계에 대한 우리의 인지적 구성의 한 부분이 되고 우리가 당연한 것으로 받아들이는 것의 한 부분이 된다. 이렇게 해서 의미는 이제 마치 객관적인 대상물인 것처럼 '실제' 현상을 지향하게 되어 사회적 사실로 제도화된다. 이러한 물화 과정을 통해 의미는 사회적으로 유지되고 마치 객관적인 실재로 보이는 주물 틀 속에서 깨지기 쉬운 의미의 망(網)을 끊임없이 재창조하는 것이다.[16]

이러한 입장에서 실버맨이 제기하는 조직 분석의 문제는 다음과 같은 것들이다. 조직이 특정한 사람 혹은 집단에 의해 창조된 것이라고 볼 때, 이들은 누구이며 그들로 하여금 특정한 목표를 가진 조직을 형성하도록 한 목적과 상황정의의 본질은 어떤 것인가? 조직 내에서의 정당화된 권위 형태와 기대 유형은 그 사회 특유의 지식의 쌓임(stock of knowledge)이나 조직 설립자의 한정된 의미 영역과 어떤 관련을 맺고 있는가?[17]

이러한 연구 초점은 그가 굴드너(Gouldner)의 연구[18]를 재분석하는 과정에서 조직 역할체계의 역사적 발전 과정은 어떤 것인지, 역할체계의 구성원들이 조직활동에 대해 어떤 유형의 개입을 하는지, 행위자의 조직에 대한 개입 및 상황정의로부터 어떠한 행위 전략이 뒤따르게 되는지, 상호작용의 유형이라는 관점에서 볼 때 행위와 의미가 제약되는 조직의 게임 규칙에 어떤 결과가 초래되는지 등을 구체적으로 지적하

---

16 Clegg and Dunkerley. *op. cit.* pp.275-276에서 재인용.

17 Silverman, D. 1970. *op. cit.* p.147-148.

18 Gouldner, Alvin. *Wildcat Strike*. NY: Free Press.

게 하였다. 아래에서 그 내용을 정리해보자.[19]

굴드너의 영국 석고공장 연구는 석고를 캐내는 광산이 안정적인 상황에 있었던 초기 균형 상태에 대한 분석에서부터 역사적 설명을 시작한다. 그 석고광산은 폐쇄적인 농촌공동체에 위치하고 있었다. 광산 관련자들의 역할과 조직은 합리적 조직의 필요에 의하기보다는 지역공동체의 전통적 구조와 가치에 더 의존적이었다. 명시된 규칙에 따른 엄격한 공식적 관리가 이루어지지 않고 묵시적이고 맥락적인 규칙에 따라 모든 일이 움직여졌다. 이런 상황은 굴드너가 얘기한 '대충 눈감아 주고 멋대로 하는 유형(indulgency pattern)' 개념으로 포괄적으로 설명이 가능하다. 공식적인 견지에서 볼 때 비합법적인 노동자의 요구나 행동(예로, 회사의 장비를 개인적으로 빌리거나 갖는 일)을 관리자가 통상 눈감아주는 것을 기반으로 하여 노사 간에는 상당한 정도의 주고받음(give-and-take)이 이루어지고 있었다. 조화롭고 평온한 존립이라는 이해관계에 물든 상태였다.

이렇게 평온하고 관용적인 조직유형이 어떤 특별한 기술적 요인이나 환경의 요인 때문에 생긴 것은 아니다. 조직 행위 체계의 가치와 주위 공동체 간에 일반적인 일치가 있다고 하더라도 이는 다른 가능성에 비해 훨씬 불안정한 것이었다. 이런 상황은 역사적으로 전개되면서 한 번도 근본적인 재협상이나 도전을 받지 않은 공동의 상황정의에 따른 것이었지만 변화가 눈앞에 다가왔다.

석고공장은 단지 농촌의 지리적, 사회적 환경 속에만 위치하고 있는 것이 아니다. 어떤 조직이라도 완전히 폐쇄적인 체계로서 진공 상태 속에서 존재할 수는 없다. 그것은 보다 큰 조직의 일부일 수밖에 없다. 지

---

19 이하의 정리는 Clegg and Dunkerley. 1980. *op. cit.* pp.279-281의 내용을 번역한 것임.

방 공장은 농촌공동체의 느슨한 생활방식에 젖어서 공식적·합리적 필수요건들을 준수하지 않았지만 전체로서의 기업은 그렇지 않았다. 본사가 예측했던 만큼의 이윤이 산출되지 못하자, 석고공장의 기존 관리자가 사망했을 때 본사는 거의 변화를 일으키지 못할 것으로 여겨지는 그 지방 사람 대신에 다른 곳으로부터 관리자를 데려왔다. 이 새로운 관리자는 지역 공동체에서 그동안 확립된 가치보다는 합리성 증대를 통한 이윤 증가에 관심을 둔 본사의 가치를 지향했다. 그의 준거틀과 가치체계에 의하면 '대충 눈감아주고 멋대로 하는 조직유형'은 비합리적인 것이었다. 여러 가지 현대화 조치가 도입되었다. 규칙은 꽉 짜여져서 엄격히 부과되었고 현대적인 기계도 도입되었다.

기존의 가치체계, 의미, 상황정의가 바뀌게 되자 노동자들의 불만이 증대하게 되었다. 오랜 습관적인 확실성은 사라져버렸다. 당연시되던 규칙들이 붕괴됨으로써 그들은 새롭게 불확실한 상황에 처하게 되었다. 그 결과 변화된 정의들과 변화된 상황(조직의 군더더기가 사라진)에 직면하여, 노동자들은 임금인상 요구를 통해 자신들의 불만을 표출하게 되었다. 그들이 요구를 이런 식으로 표현하는 이유는 변화된 상황정의 하에서 옛날 체계로의 복귀를 주장하는 것은 분명히 부당하지만, 임금인상 요구를 통해 표출되는 불만은 정당하고 합리적이라고 여겨지기 때문이었다.

사소한 위기를 거쳐서 임금 문제의 조정이 이루어지고 상황은 해소된 듯이 보였다. 안정되고 전통적인 상호작용 유형으로부터, 이전까지 당연시하던 노동자들의 의리·애착·정의라는 측면에서 볼 때 부당한, 규칙에 기반한 불안전한 유형으로 상황이 변화했던 것이다.

이전까지는 조직이 강제보다는 동의에 훨씬 더 의존했기 때문에, 비록 사회적 관계의 이러한 설득적 요소로 인해서 실제로는 보다 더 강제적인 생산관계가 은폐되어온 측면이 있었지만, 권력이 행사되지 않는 듯 여겨진 상태였던 반면에, 새로운 상황은 다음과 같았다. 즉 조직이 전통적 이데올로기의 지지를 결여하고 있기는 하지만, 보다 권력에 의존하는 쪽으로 상황 변화가 초래되었다. 따라서 이러한 이전의 이데올로기가 붕괴된 상황에서 거센 파업이 발생했을 때 관리자는 상황을 다시 안정시키기 위해 오로지 힘에 의존할 수밖에 없었다.

변화된 것은 자본주의적 생산관계라는 그 자체의 상황 문제가 아니었다. 실제로 변화된 것은 이데올로기적 지지, 즉 상황정의의 헤게모니 변화 문제였다. 굴드너는 노동자들이 불만을 표시하기 위한 시도로 행한 파업은, 관리자들로 하여금 보다 더 강력하게 조직규칙을 적용함으로써 대응하게 만드는 결과를 낳게 되었다고 해석하였다. 이렇게 되어 감독이 보다 철저해지고 규칙이 보다 공식적이고 명확해짐에 따라 노동자 자신들의 통제 여지는 더욱 축소되었다. 굴드너의 말을 빌리면, 전형적인 '악순환(vicious circle)'이 전개되었다.[20] 실버맨이 요약한 사건의 진행 과정은 다음과 같다.

> 노동자와 관리자 각 집단은 서로의 요구를 수락하기 거부했을 뿐만 아니라, 그들이 할 수 있었던 반응 양식은 상대편에 대한 의혹만을 확인하였다. 관리자들은 전임자들이 이용한 비공식적 방법을 사용할 수 없었으므로, 더욱 철저한 감독과 공식적 권위를 사용함으로써 상황 해결을 시도할 수밖에 없었다. 이에 대응하여 노동자들은 더 강하게 반발하게 되었으며, 관리자들은 한층 철저한 감독

---

20 이러한 악순환적 문제에 관해서는 2장의 관료제론에 대한 역기능을 논의하는 부분에서 이미 언급한 바 있다.

으로 이에 대응하였다. 관리자가 두 번이나 바뀐 3개월 후에 노조의 공식 구조가 관리자들을 지지하려고 하지 않았기 때문에 노동자들은 작업을 거부하고 거센 파업에 돌입했다. 이러한 갈등은 각각의 직위에 명확히 규정된 기능을 부여하고 공식적 규칙이 모든 상호작용에 적용되는 협상 과정, 즉 공장이 훨씬 더 관료제화되는 것을 포함하는 합의를 통해 해결되었다. 이에 따라 비인격적인 태도들이 강화되고 양측은 모두 이전까지의 행위 양식을 지지했던 가정들을 포기하게 되었다. 참여자들 간에 사회적 관계는 이제 전혀 새로운 기반 위에서 정의되게 되었다.[21]

이러한 분석의 강점은 조직을 일원적인 것으로나 물화된 행위자로 취급하지 않는다는 점에서 분명히 드러난다. 이렇게 볼 때, 우리는 실버맨이 바람직한 것으로 여기는 조직연구는 조직을 '구조'로보다는 '과정' 특히 게임의 규칙으로 여기는 점에서 공통적이라는 점을 알 수 있다. 또한 그의 조직 환경 개념은 주관적으로 구성된 지식의 쌓임, 상황 정의, 한정된 의미 영역으로 구성된 것이고 따라서 조직은 인간의 능동성을 통해 구성된 것이라는 점을 다시 한 번 확인하게 된다. 즉 모든 조직현상은 행위자의 의미로 환원되는 것이다.

3. 일상생활방법론의 조직사회학

실버맨의 행위론적 조직관은 1970년대를 거치면서 가핑켈(Garfinkel),

---

21 Silverman, David. 1970. *op. cit.* p.157.

짐머맨(Zimmerman) 등의 일상생활방법론(ethnomethodology)과 접맥되어 심화되고 발전하였다. 일상생활방법론에 기반한 조직사회학은 조직 내에서 상호작용하는 주체(구성원)들이 어떻게 사회적 '실재(reality)'라고 여겨지는 것을 형성해가는지를 밝힘으로써 이루어지는데, 이들 간에 '공유된 가정들(shared assumptions)' 혹은 '배경적 기대들(background expectancies)'을 통한 경험화의 과정을 이해함으로써 조직활동을 설명하려고 한 것이다.[22]

이에 따라 이전까지의 조직이론이 조직구조를 참여자들과 분리되어 존재하는 실재적이며 설계 가능한 것으로 보는 설명 방식의 오류를 다음과 같이 지적했다.

> 조직구조를 '실질적인 사물(real thing)'로 생각하는 믿음을 거둔다면, 조직 구성원들이 행위를 정의하고 해석하는 일을 위해 규칙(rule)을 사용하는 방식에 관심을 두는 대안적 입장을 발전시킬 수있다.[23]

실버맨은 일상생활방법론적 조직연구가 탐색해야 할 연구주제는 특정 문제 해결을 위해 조직 구성원들에 의해 조직 개념이 환기(invoke)되는 방식, 행위자가 '조직'이라고 간주하는 일반화된 행위 공식과 의미를 통해 문제가 갖게 되는 의미, 어떻게 '규칙과 일치하는' 방식으로

---

22 Silverman, David. 1972. "Some Neglected Questions about Social Reality". p. 166. in P. Filmer et al. (eds.) *New Directions in Social Theory*. London: Collier-Macmillan. pp.165-182.

23 Silverman, David. 1972. *op. cit*. p.179.

행동이 나타나는지 등이라고 지적했다.[24] 이러한 문제를 다룬 중요한 연구로 실버맨이 평가한 짐머맨의 연구를 정리해보자.[25]

짐머맨은 사회보장을 담당하고 있는 미국 공공부조국의 지역사무소를 대상으로 한 연구에서, 조직 구성원들이 자신들의 활동을 기록으로 작성하고 보존하는 실행을 행하는 것이 담고 있는 일상적 합리성에 대해 특별한 관심을 집중했다. 이 기관의 임무는 복지 혜택을 제공하는 것으로서, 복지 혜택은 기본적으로 규칙에 따라서 운영되어야 한다. 원하는 사람 모두가 그러한 혜택을 받는 것은 아니며 담당 직원은 수혜 지원자로부터 그들이 필요로 하는 요구사항을 듣고 정리해서 피수혜자로서의 적격 여부를 판단하며, 이런 과정에서 조직의 규칙을 따르는 듯이 보여야 한다. 접수계원이 수혜 지원자로부터 접수를 받으면 그 수혜 지원자는 한 명의 사회사업 요원에게 배당된다. 지원자의 복지수혜 적격성에 대한 기록문서를 만드는 일은 이 사회사업 요원의 임무이다.

짐머맨은 이 서류들에 대한 일상생활방법론적 분석을 끈기 있게 행함으로써 다음과 같은 점을 밝혔다. 즉 지원자가 적격으로 판단되거나 무적격으로 판단되었다는 것을 보여주는 서류와 이러한 판단을 내린 행위에 대한 기록 혹은 정당화를 제공하는 서류는 다시 말해 그러한 판정의 과정(process)이 매우 '합리적인 특징(rational character)'에 의해 이루어졌다는 최종적인 근거로서 남게 되는 서류인데, 이 서류는 '단순한 사실'에 대한 결과가 아니라 궁극적으로 판단 결과에 대한 정당화를

24 *Ibid.* p.179.

25 Zimmerman, D. 1971. "Record-Keeping and the Intake Process in a Public Welfare Organization" in S. Wheeler(ed.) *On Records: Files and Dossiers in American Life.* NY: Russel Sage Publications. 아래의 내용은 Clegg and Dunkerley. 1980. *op. cit.* pp.292-293을 번역, 정리한 것임.

제공하는 서류이다.

즉 평가의 과정이 매우 합리적인 기준에 의해 이루어졌다는 최종적인 근거로서 남게 되는 서류는 그런 '사실'을 낳는 조직 내 실행의 결과라는 것이다. 이러한 실행 과정은 공공부조 지역사무소의 직원들이 철저하게 회의적인 태도와 실행—그가 '치밀하게 조사하는 입장(investigative stance)'라고 부른 것—을 채택함으로써 구성된 것이다. 다시 말해, (기록에 의해 정리될 수 있는) 조사할 만한 문제 상황의 특징들을 유도해내고, '지원자들의 설명 속에서 흠을 잡아내기 위하여 지원자의 유형과 상황을 전형화함으로써 이루어진 것이다.[26]

따라서 조직에서 일을 하고 규칙을 따른다는 것은 조직 구성원들이 직면하게 될 상황(setting)들의 양상을 환기시킴으로써 이루어지며, 그 장면(scene)을 전형화하는 수단으로서, 문제될 것이 없는 문서화된 증거를 사용함으로써 이루어진다. 조직 구성원들이 생산해 내는 기록은 의학적, 복지적, 법적 기록 등의 여타 문서처럼 객관적인 것처럼 보이지만, 그런 기록들이 가정하는 것과는 다르게 문서화된 기록이다.

즉 이것들은 실제의 사실이 어떠한지에 대해 문자 그대로 객관적으로 묘사하는 것이 아니라, 항상 존재해 왔으나 당연시되고 언명되지 않았으며 구성원들의 실행에 배태(embedded)된, 조직적으로 상황 지워지고 내규화(enacted)된 규칙의 결과물이다. 이러한 문서화된 증거들은 '객관적으로 사실인' 것에 대해서가 아니라, 마치 객관적으로 '실재'인 것처럼 관련된 모든 사람들에게 구성되어지는 실행의 과정을 드러내

---

26 Silverman, David. 1975. "Accounts of Organizations: Organizational 'structures' and the accounting process". in J. McKinlay (ed.). *Processing People: Cases in Organizatonal Behavior*. London: Holt, Leinhart, and Winston. pp. 269-302.

보여준다.

일상생활방법론적 조직연구에 대해 제기된 비판은, 이런 연구가 어떤 사회적 맥락에도 적용 가능한 것인 만큼, 조직론의 주제를 벗어나기 때문에, '조직'이라는 특정한 구체적 현상에 대한 분석이 되지 못한다는 점이다.

4. 조직문화론의 발전

모건(Morgan, 1986)은 조직을 여러 측면으로 비유해서 정의한 학자인데, 조직을 문화적 현상으로 접근한 입장에서는 '사회적 실재(social reality)를 창조해나가는 것'이 조직이라고 비유했다. 이 입장은 상호작용론이나 현상학의 맥락에서, 조직이 이미 주어진 실체(entity)라기보다는 사람들의 인식에 의해 구성되어지는 것으로 본 관점을 드러내고 있다.

하지만 이 관점은 동시에, 조직이 한 사회의 발전 단계에 상응하여 변화하는 '문화적 현상'이기 때문에 사회에 따라서나 혹은 한 사회 내에서도 조직에 따라 조직문화의 양상이 다를 것이라고 본 특징을 갖는다. 사회학과 인류학을 비롯한 사회과학에서 '문화(culture)'는 공동체를 이루는 집단이나 사회의 구성원들이 과거부터 현재에 이르기까지 발전시켜온 '사는 모습'을 총체적으로 일컫는 용어이다. 따라서 한 사회의 문화가 있다면, 그 사회를 이루고 있는 하위 집단에는 각 집단별로 나름대로의 사는 모습이 역시 있을 것이고, 이것이 '하위문화' 혹은 '부분문화(sub-culture)'라고 일컬어진 것이다. 이때 하위문화는 그 집단이 속한 더 큰 사회의 문화와 구분되는 특징을 가질 것이지만, 그 문화의 영향에서 완전히 벗어나기는 어려울 것이다.

이러한 입장에 따라 특정 사회의 문화적 배경이 조직의 특성을 결정한다는 관점에서 국가 간 조직에 대한 비교연구가 수행되었고, 한편으로는 기업문화의 다양성에 관한 많은 연구가 수행되었다.[27]

그런데 조직문화에 대한 접근은 크게 두 가지 흐름으로 구분된다.[28] 하나는 조직이 이미 '문화'를 보유하고 있는 것으로 보는 입장으로서, 조직이 목표를 성취하는 데 어떻게 이 문화를 효율적으로 이용하고 동원할 것인가에 관심이 맞추어진 도구적 관심이다. 이는 응용과 실용성이 강조되는 경영·행정학 분야에서 주로 사용되는 접근법인데, 1980년대 이후 활발히 연구가 진행되어온 기업문화(corporative culture)론이 대표적인 예이다. 여기서 기업문화가 논의되는 배경에는 문화가 경영에 의해 특정한 기능적 역할의 수단으로 채택될 수 있다는 기업 경영상의 전략적 가치에 대한 인식이 깔려 있다.

다른 하나는 '조직'이라는 현상 그 자체를 '문화'라고 보는 관점이다. 앞에서 모건이 비유했던 조직 관점에 가까운 입장이다. 따라서 이 입장은 조직활동이 가능해지는 의미(meaning)와 조직 과정(process)에 본질적인 관심을 두는 접근법으로서 인류학 혹은 사회학적 접근에 해당된다. 이 절에서는 이 두 번째 입장에 따라 조직문화가 어떻게 만들어지고 유지되며 궁극적으로 '사회적 실재'로 구성되는가에 대해 살펴보자.

문화(culture)는 '한 사회를 이루고 있는 구성원들의 생활양식(patterns of life) 혹은 삶의 방식'이라고 정의된다. 현상학 및 일상생활

---

27 이러한 연구들은 애초 1970년대 중반 이후 괄목할 만한 성장을 이루어온 일본 기업의 실체를 파악해내려는 시도가 반영된 것이다.

28 Simirich, Linda. 1983. "Concepts of Culture and Organizational Analysis." *Administrative Science Quarterly*. 28: 339-358.

방법론의 입장에서 보면, 한 사회의 구성원들이 '공유된 의미와 이해 (shared meaning and understanding)'를 가지고 특정한 사건, 대상, 상황, 발언 등에 대해 독특한 방식으로 보고 이해함으로써 '실재를 구성해나 가는 과정(process of reality construction)'[29]이 바로 '문화'이다.

이렇게 볼 때, 조직의 문화란 조직 구성원들이 조직 상황 속에서 '공 유된 실재(shared reality)'를 형성한 것이며, 앞에서 웨익(Weick)이 '내규 화 과정(process of enactment)'이라고 개념화한 것과 같은 맥락의 개념 이다. 따라서 이때 중요하게 제기되는 문제는 이처럼 공유된 실재가 어 떻게 실행되는지의 문제이다.

조직문화를 제대로 이해하기 위해서는 눈에 쉽게 드러나는 공식적 인 측면보다 실재의 구성 과정에 대한 감추어진 가정들(assumptions)을 밝혀보는 것이 중요하다. 조직화를 가능하게 하는, 구성원들 간의 공유 된 해석 체계는 무엇인지, 그리고 그러한 공유된 해석 체계가 어떻게 창조되고 구성원들 간에 전이되고 유지되는지를 밝히는 것이 필요하 다는 것이다. 아래의 인용문을 보자.[30]

일상적인 재무관리 시스템의 운영을 통해 돈이 조직의 '실재'를 구성하는 예를 한번 들어보자. 재무관리 시스템 하에서는 학교의 학생이건, 병원의 환자이건, 제조업체의 작업팀이건 간에 모든 사 람과 집단들은 비용 및 수익에 관련된 단위로 여겨진다. 재정적 고 려가 주요한 이슈가 되는 문제에서 의사결정에 결정적인 영향을 미 치는 것은 바로 재무 시스템에 의해 제공되는 자료이다. 실제로 재

---

29 Silverman, 1970, p.128

30 *Ibid*. pp. 131-132

무 중심적 통제 시스템을 떠받치고 있는 공유된 해석 체계를 통해 원가 지향적·예산 중심적인 조직문화가 산출되고 있는 것이다.

통상 우리는 재무 담당자들이 조직문화의 실재를 구성하는 중요한 영향력을 행사한다고 생각하지는 않지만, 위의 예처럼 돈을 통한 해석이 조직 운영 방식에 중요하다는 점을 부각시키고 다른 조직 구성원들을 설득함으로써 한 조직의 실재를 구성하고 조직문화를 형성해갈 수 있는 것이다.

이와 유사하게 조직의 규칙, 정책, 목표, 관행 등도 모두 조직 구성원들에게 그들이 몸담고 있는 조직 맥락에 대해 생각하고 이해하는 일차적인 준거들을 제공하는 해석적 기능을 수행한다. 즉 이것들은 그 자체가 객관적 실재라기보다는 조직 내에 지속적인 실재를 형성하는 데 기여하는 '문화적 가공물(cultural artifact)'[31]인 셈이다.

조직문화의 많은 측면들은 일상적으로 조직이 행하는 실행의 여러 측면에 반영되어 있다. 따라서 조직 내에서 행해지는 여러 가지 의식(ritual)이나 사용되는 언어 및 구성원들 간의 일상적인 관계들을 '실재의 구성'이라는 관점에서 파악하면, 조직 내에서 의미 체계가 창조되고 유지되는 과정에 대한 이해를 높일 수 있다. 더불어 조직에 확산되어 있는 의미 체계에 대한 구성원들 간 이해의 공유가 높을수록 보다 응집력 있는 조직문화가 형성되는 것을 확인할 수 있다.

조직문화에 대한 연구는 몇 가지 관점에서 분석상의 강점을 갖는 것으로 평가된다.[32] 우선 조직 운영이나 의사결정의 합리성을 강조하는

---

31 *Ibid*. p.132.
32 *Ibid*. pp. 134-140.

기존의 조직 분석과는 달리, 객관적이고 합리적인 것으로 보이는 조직의 측면들이 실제로는 단지 상징성을 갖는 것이라는 점을 부각시킨다. 조직의 구조와 관행들은 조직의 일상적인 기능을 이해하는 데 있어서 결정적으로 중요한 주관적인 의미 양식들을 구체화시켜준다. 즉 조직 활동은 공유된 의미 체계에 기반해 일상적인 조직생활을 통해 실재로 구성된 것이라는 점을 강조하기 때문에 조직 구성원들의 주관적 능동성을 강조하고 있다.

또한 조직문화에 대한 연구는 바람직한 의미 양식을 창조하고 유지하는 상징적인 행위자인 구성원들 간에 상호 조정된 행위의 가능성을 향상시키는 방식으로 조직의 실재를 형성해갈 수 있는 방법을 제시해준다. 조직 내 리더십도 더 이상 일방적인 지시나 감독의 맥락에서 이해하지 않으며, 상황정의 및 의미에 대한 관리 역할로 여겨진다.

그렇지만 실제의 조직에서는 경영자나 컨설턴트들이 있는 그대로의 조직문화를 있는 그대로 파악해내기보다는 이것을 조작하거나 이데올로기화하려고 시도하는 것이 문제로 지적되기도 했다. 아래에서는 이에 대한 모건의 지적을 인용해본다.[33]

문화적 은유에 비롯된 여러 가지 영감들은 많은 경영자들과 관리이론가들로 하여금 서둘러 기업문화를 관리하는 방법을 발견하도록 종용하게 되었다. 그들은 대부분 조직가치의 상징적인 중요성을 이제 의식하게 되었고, 많은 조직들은 조직의 일상적인 행위 양식을 형성하는 문화와 하위문화의 패턴을 조사해보기 시작했다. 한

---

33 Ibid. pp. 138-139. 오세철 · 박성언 역. 1989. 『조직사회학』. 현상과 인식. 189-190쪽에서 재인용.

편으로는 이러한 현상이 긍정적인 발전으로 여겨질 수 있는데, 왜 냐하면 그것은 조직의 진정한 인간적 특성을 인정하고 따라서 조직을 단순한 기법보다는 인간을 중심으로 형성해야 할 필요성을 수긍하는 것으로 볼 수 있기 때문이다. 그러나 이에는 많은 잠재적인 부정적 결과들이 부수될 수도 있다.

좋은 문화와 나쁜 문화가 있을 수 있고, 강력한 조직문화는 기업의 성공에 있어서 필수적인 것이며, 기존하는 문화의 수정은 곧 종업원들로 하여금 더 열심히 일하고 더 큰 만족을 느낄 수 있게 만들어줄 것이라는 생각에 기초하여, 많은 경영자들과 경영전문가들은 새로운 형태의 기업정신을 창조하기 위한 기업의 정신적 지도자로서의 새로운 역할을 담당하기 시작했다. 많은 경영자들은 조직을 위해 좋은 것이면 그것은 곧 종업원들의 이해에도 부합되는 것이라는 가정에 근거하여 이러한 과제에 접근하려 하지만, 비판자들은 이러한 추세가 경영관리적 기술들을 하나의 이데올로기적인 통제과정으로서 발전시키게 되는 잠재적으로 위험한 것일 수도 있음을 인식하고 있다.

물론 경영관리는 항상 어느 정도 이념적인 관행으로서, 종업원들을 동기화시키고 통제하는 수단으로 이용되고, 적절한 태도와 가치 그리고 규범들을 촉진시키는 기능을 담당해온 것은 사실이다. 그러나 최근의 발전 가운데 새로운 것은 이제 보다 노골적인 방식으로 하나의 필수적인 경영전략으로서 이념적인 조작과 통제가 주장되고 있다는 것이다.

기업문화에 대한 많은 저술 가운데에는 어떤 이데올로기적인 맹점이 존재하고 있는데, 특히 경영자들이 조직의 문화를 형성·재구성해가는 민속적인 영웅들(folk heroes)이 되려고 시도하는 것을 지지하는 글들에서는 더욱 더 그러하다. 즉 그러한 조작에는 많은 저항과 분개, 그리고 불신이 수반되는 것이 당연하며, 종업원들은 이런 식으로 조작되어지는 것에 대해 적대적으로 반응할 수 있다는 사실은 거의 주목을 받지 못하고 있는 것이다.

이와 같은 문화적 은유가 가져다주는 영감들이 기업문화에 있어서 하나의 오웰(Owell)적인 세계를 창조하는 데 이용되어서, 문화가 인간적인 특성을 표현하기보다는 통제의 수단으로 전락해버리는 정도에 따라 이 은유는 그 영향력에 있어서 고도로 조작적이고 전체주의적인 성격을 띨 수 있다는 것이다.

8장

목표와
전략 추구자로서의
조직

1장에서 조직을 정의할 때 '구성원들이 공통의 목표를 지향'한다는 점을 언급하였다. 고전조직이론 이래의 대부분의 조직 분석에서는 복합조직(complex organization)이 인적 자원과 물적 자원을 결합해서 활동하는 가장 이유를, 조직이 추구하는 목표를 달성하기 위한 것이라고 본다.[1]

다시 말해 조직은 '목표 성취를 위한 합리성을 추구하기 위해 형성된 도구'라는 합리적 시스템(rational system) 모델이 고전이론 이래 보편적 입장이었다. 톰슨(Thompson)은 아래와 같은 주장을 하였다.

조직은 알려진 목표를 달성하기 위한 의도적이고 합리적인 수단이며 도구이다. 어떤 경우에는 목표가 명시적으로 진술된다. 다른 경우에는, 예를 들어 개인기업의 목표는 이윤 극대화에 있다고 가

---

1 베버의 관료제론, 과학적 관리론 및 공식관리이론 등은 모두 조직목표의 존재와 그 목표의 합리적 추구를 강조하는 경향을 띤다.

정하는 것처럼, 조직목표는 자명한 것으로 여겨진다.[2]

그러나 실제로는 조직연구자들 사이에서 '조직목표(organizational goal)'를 어떻게 정의해야 하는지에 대해 일치된 견해를 보이지 못하고 있다. 따라서 이 장에서는 앞 장에서 논의된 상호작용론과 현상학적 시각 및 갈등론의 시각을 염두에 두면서, 조직의 목표는 과연 무엇이며, 명확하게 존재하는지 또는 존재할 경우에 이는 누구의 목표이며 구성원 간의 동의(consensus)에 기반하고 있는지 등의 주제를 논의하려고 한다. 이에 덧붙여 조직목표와 밀접한 관련을 갖는 '조직전략(organization strategy)'에 대해 살펴보려고 한다.

1. 조직과 목표

1) 드러커의 목표관리론

합리적 시스템론의 조직목표 분석에 해당하는 전형적인 한 가지 예는 드러커(Drucker)의 연구이다. 경영학자인 드러커는 효과적인 경영을

---

2 Thompson, J. D. 1967. *Organizations in Action*. NY: McGraw-Hill. p.397.

위한 여러 가지 아이디어와 기법을 제시해 왔는데, 조직목표에 대한 그의 입장은 '목표에 의한 관리(management by objectives: MBO)' 개념으로 정리되었다.[3]

구조기능주의 조직 분석 시각을 반영한 그는 '목표'를 중심으로 조직이 관리될 때, 여러 측면에서 경영·관리자로 하여금 조직활동에 대한 통제력과 예측력을 제공한다고 보았다. 그의 주장은 다음과 같다.

첫째, 목표는 조직의 광범위한 활동을 몇 개의 용어로 포착할 수 있게 한다. 둘째, 목표는 용어상에 표현된 활동들을 실제 경험적으로 검증할 수 있도록 하는 기반이다. 셋째, 조직 구성원의 행위와 조직활동을 예측 가능하게 한다. 넷째, 의사결정이 적절한 것인가의 평가지침이 된다. 다섯째, 과거의 조직활동을 평가하고 분석하여 미래의 성과를 향상시키려고 할 때에도 '목표'는 중요한 준거가 된다.

드러커의 이러한 연구는 뒤에 언급될 '목표 모델'의 전형적인 예이다.

2) 조직목표 분석의 어려움

홀(Hall)은 조직의 목표를 분석할 때 어려움이 따른다는 점을 다음과 같이 언급하였다. 첫째, 모든 조직에서 목표는 모호해 보이거나 아니면 상호 갈등하는 여러 개의 목표를 가지고 있는 것처럼 보인다. 둘째, 여러 다른 제약들과 더불어 목표들 간에 다양성이 있고 상충되기 때문에 어떤 조직이든 간에 완벽하게 효과적일 수 없다. 셋째, 어느 한 구성요소에 대해서는 효과적인 조직이 다른 구성요소에 대해서는 그렇지 못하거나 심지어는 위협적일 수도 있다.[4]

---

3 Peter Drucker. 1954. *The Principles of Management*. NY: Harper and Brothers.

조르쥬(Georgiou) 또한 기존의 조직목표와 합리성 분석이 취약점을 보인다고 주장하였다.[5] 즉 흔히 목표가 모호하거나 갈등적인 것처럼 보인다는 점, 목표달성을 위한 수단은 통상 진술되지 않는다는 점, 목표와 구성원들의 조직행동 간의 관계가 완전히 설명되지 못했다는 점 등이 문제라는 것이다.

이러한 지적들은 굴드너(Gouldner)가 사용한 용어를 빌리면 합리적 시스템(rational system) 접근을 거부하는 셈이고, 조직을 자연적 시스템(natural system)으로 파악하는 입장에 가깝다.

자연적 시스템 모델은 조직이 목표달성을 추구한다는 점을 인정한다고 하더라도, 많은 경우에 조직의 욕구(특히 생존 욕구) 자체가 공식적인 목표만큼이나 강력한 조직 추동력이 될 수 있다는 점을 중요시하는 입장이다.

대표적인 자연적 시스템론자인 셀즈닉(Selznick)은 고전조직이론에서 무시되어온 조직 내의 비합리적(non-rational)이고 자의적(spontaneous)인 현상들과 행위들의 중요성에 주목하였다.[6] 그는 조직이 합리적이기를 추구한다고 하더라도, 조직은 또한 자연적이고 살아 움직이는 사람들의 공동체로서 존재해야만 한다고 본다. 그는 조직 내에 미리 계획되거나 설계되지 않은 현상과 상황이 일어나는 것을 발견하고, 어떤 조직도 모든 상황에 적응하고 대처할 수 있게 완벽하게 절

---

4 Hall, Richard. 1977. *Organizations: Structure and Process*. NJ: Prentice-Hall. p.67.

5 Georgiou, P. 1973. "The Goal Paradigm and Notes toward a Counter Paradigm". *Administrative Science Quarterly*. 18: 291-310.

6 Selznick, Philip. 1948. "Foundation for a Theory of Organizations". *American Sociological Review*. 13: 23-35. 및 1949. *TVA and the Grass Roots*. Berkerley: University of California Press 참조.

대적으로 설계될 수 없다고 지적하였다.

사실상 조직목표는 조직 내외에서 조직과 관계하는 개인이나 집단들, 그들의 행위를 제한하는 사회문화적 가치와 규범 및 개인의 욕구 등이 개입된 복잡한 상호작용의 결과물로서 파악되어야 한다. 이에 따라 그는 조직 구성원들의 욕구와 본능에 반응하는 구조로서의 조직에 관심을 갖고 조직 내의 비공식 유형(informal patterns)을 연구하였다.[7]

그러나 셀즈닉은 비공식 유형에 대한 연구를 통해 조직 내 엘리트에 초점을 맞추었기 때문에, 굴드너를 비롯한 갈등론자에 의해 목표 모델을 여전히 극복하지 못했다는 비판을 받았다.[8]

3) 에치오니의 조직목표 분석

에치오니(Etzioni)는 조직목표가 일반적으로 '조직이 미래에 실현하고자 하는 바람직한 일의 상태'라고 정의되는 것으로 파악했다.[9] 그러나 실제에 있어서 목표 개념은 관점에 따라서 여러 가지 의미로 사용된다. 그는 조직목표 분석에 있어서 두 가지 접근 방법이 있다고 밝히고 이 접근들의 통합을 시도하였다.

하나의 접근법은 그가 '목표 모델(goal model)'이라고 부른 것인데, 기존 조직 분석이 보편적으로 시도한 것처럼, 조직목표를 정의하고 이것

---

7 2장에서 언급된 셀즈닉의 부문화(departmentalization) 및 목표전치(goal displacement)의 역기능 분석이 한가지 예가 된다.

8 파슨즈는 하위 시스템인 조직의 목표는 그 조직이 속한 더 큰 시스템(사회)의 중심가치체계(central value system)에 의해 제한된다고 하였다. 그렇기 때문에 결국 조직목표를 설정하는 엘리트의 선택이 제한될 수밖에 없다고 주장하였다.

9 Etzioni, Amitai. 1964. *Modern Organizations*. NJ: Prentice-Hall. p.6.

의 달성 정도를 통해 조직의 효율성을 측정하려는 시도를 뜻한다. 에치오니는 그러나 조직효율성이라는 것도 절대적 기준이 있는 것이 아니라 상대적인 기준이므로 조직 간의 상대적 비교를 통해서만 조직목표의 성취 정도를 파악할 수 있을 뿐만 아니라, 조직목표는 종종 성취하려고 의도한 바가 아닐 수도 있다고 주장하면서 체계 모델을 제시한다.

또 다른 접근법인 '체계 모델(system model)'은 조직의 공식 목표는 중요한 것이 아니며 조직목표란 집합체로서의 조직이 실현하려는 바람직한 상태를 의미한다는 생각을 기반으로 한다. 즉 조직의 목표달성은 조직 내에서 최적의 혹은 균형 잡힌 자원배분을 통해 조직의 생존이 잘 유지되는지 여부나 목표달성에 가장 효율적으로 구성요소 간에 상호관계가 이루어져 있는가 하는 점으로 평가된다는 것이다.

이에 따르면 공식적으로 '언명된 목표(stated goal)' 대신에 경험적 연구를 통해 드러나는 '실제 목표(real goal)'가 중요한 초점이 된다. 실제 목표란 조직의 다양한 수준에서의 개인 및 집단들 간의 협상과 갈등의 결과이며, 공식 기능(function)보다는 과정(process)의 결과인데 이것을 연구하면 목표 모델과 체계 모델의 종합이 가능하다고 본 것이다.

4) 카스트와 로젠즈비그의 조직목표 다차원성

카스트와 로젠즈비그(Kast and Rosenzweig)는 조직목표를 4개의 위계적 차원으로 정교화시켰는데 궁극적 목표, 전략적 목표, 조정적 목표 및 조작적 목표 차원들이 그것이다.[10] 궁극적 목표 차원은 조직의 기본

---

10 Fremont Kast and James Rosenzweig. 1979. *Organization and Management*. NY: McGraw-Hill. p.164.

적 생존과 발전에 관계하는 단계이며, 장기적인 조직목표에 해당한다. 전략적 목표 차원은 주로 조직 환경과 관련되는 단계인데 이러한 조직 목표는 매우 포괄적이고, 수단의 선택에 있어서도 상당한 융통성이 존재한다고 본다. 조정적 목표 차원은 앞의 두 가지 상위 차원의 목표를 활동으로 전환시키는 데 있어서 조직 위계와 기능 간의 활동을 조정하는 것이다. 가장 하위의 조작적 목표 차원은 실제의 과업 수행에 관계되며, 이 단계에서의 목표는 구체적으로 기술되고 단기간에 활동의 결과가 측정되는 것이라고 하였다.

카스트와 로젠즈비그는 조직의 목표가 상위 차원에서 하위 차원으로 확산됨에 따라 목표달성의 수단이 더욱 구체화되고 세분화되어서 목표달성에 내재한 불확실성이 감소되는 것이라고 주장하였다.

이들의 조직목표 분석은 여전히 기능주의적 시각을 반영하고 있기는 하지만, 조직 내 기능의 분화로 인해 목표를 설정하고 달성해나가는 데 있어서 갈등이 초래될 수 있음을 시사한 것으로 평가될 수 있으며, 이런 점에서 조직의 실제 목표는 조직 내 '협상의 결과'라는 시각과 연결된다.

5) 조직목표와 과정

앞의 장에서 사이먼(Simon)은 조직을 '구성원들의 상황에 대한 정의를 기반으로 하여 선택이 이루어지는 과정(조직화)'으로 파악하고 있다는 점을 살펴보았다. 조직에서 의사결정이 이루어지는 과정에 대한 이러한 그의 분석은 조직목표 분석과 쉽게 연관된다. 그는 다음과 같이 주장하였다.

우리가 조직의 내적 구조에 관심을 가질 때 (……) 우리는 조직 내 개별 구성원들의 목표에 입각해서 조직 행위를 설명하든지, 아니면 하나 혹은 그 이상의 조직목표가 개인들의 목표 위에 존재한다고 가정할 수밖에 없다.[11]

위의 인용문에 나타난 두 가지 설명 방식 중 앞의 입장을 취한 사이먼은, 조직목표를 조직 구성원 간의 상호작용의 산출물로 파악하였고, 따라서 조직목표란 의사결정 과정에서의 제약(constraint)이라고 파악한다. 즉 조직 구성원들은 항상 자신에게 부여된 조직목표를 준거로 하여 행위하기보다는, 일련의 상황요건 및 제약에 대한 인식 위에서 행위를 선택한다는 것이다. 다시 말해, 조직목표는 조직 구성원들의 이질적이고 때로는 상충되는 목표들이 조정되고 협상되는 과정에서 결과로 드러나는 것이라는 뜻이다.

따라서 조직 내의 복수 목표 간에나 그러한 목표를 달성하기 위한 수단 간에 갈등이 존재한다는 것은 조직 상황에서 예외적인 것이라기보다는 오히려 일반적인 현상이라고 보는 것이다.

이러한 조직목표 개념은 인간 행위가 규범—여기서는 조직목표—에 의해 구속받는다는 점을 지나치게 강조하는 입장을 거부한 상징적 상호작용론의 입장에서는 당연한 귀결이기는 하지만, 한편 행위자의 지향이나 상황에 대한 주관적 정의를 너무 강조한 목표 개념이라는 비판을 받았다.[12]

---

11   Simon, Herbert. 1964. "On the Concept of Organizational Goal". *Administrative Science Quarterly*. 9: 1-22. p.2.

12   Rose. 1945. p.243. Clegg and Dunkerley. 1980. *op. cit*. p.307에서 재인용.

6) 퍼로우의 조직목표 분석

퍼로우(Perrow)는 기존의 지나치게 합리적인 조직목표 관점이 한계를 갖는다고 생각하였다. 즉 규정된 목표가 조직 내 구성원들의 활동에 실제로 거의 영향을 끼치지 못하고, 조직 구성원들은 종종 비합리적이고 전통적인 지향에 따라 활동한다는 점에 주목하였다. 이는 조직목표와 조직 구성원들의 개인적 목표 간에 갈등이 존재할 가능성을 염두에 둔 셈이다. 이에 따라 그는 조직의 공식적인 목표와 구분되는 '운용목표(operative goal)'라는 개념을 만들었다.

공식목표(official goal)는 "정관, 연례보고서, 핵심 관리자의 공적 발언 및 기타 권위적인 언명을 통해 드러난 조직의 일반적 목적들"을 의미한다. 반면에 운용목표는 "조직의 실제 운용 과정을 통해 발견되는 목적이며 이는 공식목표가 추구하는 바와는 무관하게 조직이 실제로 행하고자 하는 바를 우리에게 제시한다"고 주장하였다.[13]

퍼로우는 조직의 운용목표가 "조직에 가장 중요한 특정 과업의 긴박성, (훈련. 경력. 전공 영역에 기반한 독특한 시각 같은) 배경적 특성들이나 자기들의 목표를 위해 조직을 비공식적으로 활용하는 것 등을 반영하는, 지배집단(dominant group)에 의해 결정된다"고 하였다.[14]

이러한 퍼로우의 분석은, 조직 내 집단들이 자신들의 목적을 달성하기 위해 조직을 이용하는 방식을 볼 수 있게 해주며, 이런 면에서 그의 목표분석은 자연 시스템의 입장을 반영한다. 동시에, 조직 내의 집단

---

13 Perrow, Charles. 1961. "The Analysis of Goals in Complex Organizations". *American Sociological Review*. 26: 854-866. p.855.

14 *Ibid*. pp.856-857.

(특히 지배집단의) 이해관계가 조직의 실제적인 목표를 규정한다는 점에 대한 그의 관심은 더 나아가 갈등론적 조직 분석 시각과도 통한다.

퍼로우는 조직의 운용목표 결정에 가장 큰 영향력을 행사하는 집단은 조직활동의 특정 시기에 가장 중요한 과업을 맡음으로서 지배적인 위치에 서는 집단이라고 보았다. 즉 그가 조직활동의 기본적 과업으로 파악하는 자본획득, 활동의 정당성 확보, 기술획득, 조직성원의 활동을 외부 환경과 조정하는 것 중 한두 가지가 특정 시기에 가장 지배적인 활동이 될 것이고, 그 일을 맡게 되는 개인이나 집단이 조직의 운용목표를 규정하게 된다는 것이다. 이러한 논리는 조직 내에 조직활동에 대한 통제를 위한 힘의 역학이 작용할 것임을 시사한다.[15]

한편 그는 조직목표가 누구의 견해를 인정한 것인가에 따라, 사회적(societal) 목표, 산출(output) 목표, 체계(system) 목표, 생산물(product) 목표, 파생적(derived) 목표를 구분하였다.

사회적 목표란 조직이 사회가 요구하는 바를 수행하는 것을 의미한다. 재화와 용역을 산출하고, 자원을 동원하며, 사회통합을 유지시키고, 문화적 가치를 보존하는 등의 활동을 지향하는 목표이다. 파슨즈(Parsons)가 AGIL 모델을 통해 제시한 사회체계의 기능적 요건(functional imperatives of the system)을 조직체들이 수행한다는 의미가 된다. 산출 목표는 조직이 고객의 요구를 충족시키는 기능을 수행한다는 점을 염두에 둔 목표 개념이다. 체계 목표는 조직이 기본적으로 성장·안정·통제·이윤 추구 혹은 민주적 운영 등을 지향하는 방식으로 구조화되어 있다는 점을 강조하는 개념이다. 생산물 목표는 산출되는 재화나 용역의 특성과 관련된 목표인데 조직이 산출물의 다양성, 독창

---

15 조직 내의 권력과 통제에 관한 상세한 논의는 10장 참조.

성, 효용성 등을 추구한다는 의미이다. 마지막으로 파생적 목표는 조직이 본원적 목표 외에 관여하거나 지향하는 활동이 있다는 것을 지적하는 개념으로서, 지역사회에 대한 서비스 제공, 문화 · 학술 분야에 대한 지원활동 등이 예가 될 수 있다.

퍼로우와 유사하게 조직목표를 이분화한 그로스(Gross)는 '산출 목표(output goal)'와 '지지 목표(support goal)' 개념을 사용한다.[16] 이 중 후자는 조직 자체의 유지(maintenance) 시스템 활동과 관련된 결과를 뜻하는데, 쉽게 이해하면 '조직의 생존 욕구' 그 자체이다.

실스(Sills)는 소아마비협회에 대한 연구에서, 소아마비가 퇴치된 이후에 협회는 목표를 달성한 셈이므로 조직을 해체해야 함에도 불구하고 아동 질환에 대한 연구를 후원한다는 새로운 목표를 정하고 활동을 지속적으로 확대했다는 점을 발견했는데[17] 이러한 발견은 바로 조직의 지지(유지) 목표 자체의 중요성을 부각시키고 있다.

조직목표의 확립을 통해 조직 유지 목표를 구현한 또 다른 예는 미국 산아제한협회가 가족계획협회로 조직 명칭을 바꾸면서 불임치료, 결혼상담 등의 활동을 추가한 것이나 미국 재향군인회가 애초에 친목 결사체로 시작하였지만 재향군인의 권익 옹호와 지역사회에의 봉사를 활동 목표로 추가한 것 등에서 확인된다.

---

16 Gross, E. 1969. "The Definition of Organization Goals". *British Journal of Sociology*. 20: 277-294.

17 실즈(Shills)가 '목표의 승계(goal succession)'라고 부른 현상이다. David Sills. 1959. *The Volunteer*. NY: Free Press.

7) 조직목표에 대한 새로운 관점

사이먼(Simon)은 조직목표나 구성원의 역할 등이 조직의 효율성을 지향하는 합의된 조직위계 내에 존재하는 것이라는 입장을 거부하면서 조직을 구성원들의 의사결정 구조로 파악하였다.[18] 조직 구성원들이 항상 위로부터 부과되는 일정한 조직목표를 준거로 삼는 것이 아니라, 일련의 상황제약들에 의거한 의사결정을 통해 조직활동을 수행한다는 것이며, 따라서 조직목표는 조직 구성원들의 상호작용의 결과라는 것이다.

앞에서 살펴본 것처럼 퍼우로와 에치오니는 공식목표와 구별되는 운용목표 혹은 실제 목표에 주목했다. 이것들은 조직의 실제적 운용이나 활동을 통해 드러나는 목표들이며, 조직이 실제로 달성하려는 바를 제시한다고 본다. 퍼로우는 운용 목표 분석을 통해 조직효율성을 측정할 수 있다고 하였으며, 조직운용 목표 결정에 가장 큰 영향력을 행사하는 집단은 특정 시기에 가장 비중 있는 업무를 맡음으로써 지배적인 위치에 서는 조직 내의 집단이라고 하였다.

한편 개방 시스템으로 조직을 파악한 톰슨과 맥어윈(Thompson and McEwen)은 공식 조직 목표 분석이 조직의 외부 환경 요인을 간과하고 있다고 비판했다.[19]

이상의 주장을 종합해보면, 조직은 공식목표를 지향해나가는 동시에 조직 자체를 유지해야 하고 구성원들의 욕구나 이해관계를 조정하는

---

18 Herbert Simon. 1964. *op. cit.*

19 J. Thompson and W. McEwen. 1958. "Organizational Goals and Environment". *American Sociological Review*. 23: 23-31.

한편, 환경으로부터의 제한에 적절히 대응해야 하는 과정에서 공식목표와는 거리가 있는 실제 목표를 갖게 된다는 것이다.

이러한 실제 목표의 특성을 정리한다면 다음과 같다. 첫째로, 외부환경의 변화에 따라 끊임없이 목표를 재평가하고 필요 시 목표를 수정한다는 점에서 변화성과 적응성을 갖는다. 둘째로, 개인이나 집단 수준에서 다수의 목표가 존재할 수 있으며 목표 간에 우선성을 둘러싼 갈등이 존재한다. 셋째로, 페퍼의 지적과 같이 실제 목표는 조직 내 협상과 타협의 산물이라는 점이다.[20]

8) 조직목표 분석의 유용성과 한계

공식목표와 운용목표 간에 괴리가 존재하고, 머튼(Merton)이 지적한 것처럼 목표와 수단의 전치 현상이 발생[21]함에도 불구하고 홀(Hall)은 조직목표 분석의 유용성을 인정한다.

> 목표 개념은 (…) 조직 분석에 있어서 핵심적이다. 목표 설정 및 변경에 있어서의 역동성(dynamics)에도 불구하고, 목표가 여전히 조직에서 일어나는 일의 지침이 된다는 사실은 변하지 않는다. 만약 목표 개념이 사용되지 않는다면, 조직 행위는 어느 때고 특정 시점에 존재하는 압력이나 힘에 종속되는 예측할 수 없는 것(random occurrence)이 된다. 조직은 연속성을 가지고 무엇인가를 성취하기 때문에, 목표는 이를 중심으로 하여 행동이 조직되는 추상 개념이

---

20 J. Pfeffer. 1981. *Power in Organizations*. Mass.: Pitman Publishing Co.
21 2장의 관료제 역기능에 대한 머튼의 연구를 참조.

라는 생각은 여전히 타당하다.[22]

그러나 이러한 주장에도 불구하고 조직목표 분석을 둘러싼 비판도 여전히 강력한데, 비판의 요점을 정리하면 다음과 같다.

첫째, 특정 조직의 목표는 규정하기가 쉽지 않다. 이는 조직 내의 구성원들이나 집단들은 서로 다른 방식으로 조직목표를 규정한다는 점에서 확인되는 문제이다. 예를 들어, 사립대학 조직에서 교육, 연구, 행정관리, 이윤 유지 등의 다양한 목표에 대한 관심과 정의는 구성 부문(교수, 직원, 재단)에 따라 달라진다. 산업조직에서도 라인과 스태프 간에 조직 목표에 대한 인식과 규정은 달라질 수 있다. 어떤 조직에서건 목표의 해석에는 어느 정도의 혼란과 불일치가 존재한다. 다시 말해, 조직 목표가 반드시 조직 내 모든 구성원들의 공통 목표는 아니라는 것이다.

둘째, 조직목표는 시간이 지남에 따라 계속 변하고 재규정됨에도 불구하고 목표 모델은 조직을 정태적으로 파악하는 한계를 갖는다.

셋째, 방법론상 조직목표 분석은 경험적인 것이어야 한다는 점이다.

넷째, 목표 모델이 가정하고 있는 목표-구조 간의 관계는 쉽게 확인되지 않는다. 조직목표가 상충하는 가운데도 비교적 안정적인 조직구조가 존재할 수 있다는 사실은 조직목표가 구조를 결정하는 주요인이 아니라는 점을 시사한다는 주장이다. 즉 구조는 조직 내 여러 집단 간의 협상의 결과라는 지적이다.

클레그(Clegg)는 건설회사의 작업장에 대한 연구에서 계약서 및 작업설계서(즉 조직활동의 공식목표를 지정)가 실제 작업활동에 거의 이용되

---

22 Hall, R. H. 1977. *op. cit.* pp.84-85.

지 않으며 단지 '지표적(indexical)'[23]인 것으로만 여겨진다는 점을 발견하였다.[24] 이에 따라 클레그는 비공식적인 운용목표가 공식목표를 대체하게 되는 이유는 건설 작업장에서 서로 상이하게 또 구조적으로 연관되어 있는 구성원들의 이해와 그에 따는 행위의 결과 때문이라고 본다. 다시 말해 운용목표의 설정과 이에 따른 활동은 구성원들이 공식적으로 언명된 목표의 지표적 본질을 의도적으로 자신들의 이해관계에 따라 해석하고 구성하여 '만들어낸' 구조적인 틀을 반영한다는 것이다.

다섯째, 기존의 조직목표 분석은 조직 내 힘의 관계를 간과하고 있다. 조직목표가 조직활동의 합의와 협력을 위해 설계되고 정당화의 수단이라고 간주하는 것은 이데올로기적이라는 지적이다. 조직이 목표를 갖는다고 물화시키는 것은 조직 내의 어느 집단이 목표를 만들어 내고 유지한다는 것을 뜻하므로, 그 목표가 과연 누구의 목표인가를 질문할 필요가 있다는 것이다. 이는 앞의 문단에서도 부분적으로 암시된 것처럼, 조직의 운용목표가 구성되는 데 간여하는 당사자들의 권력 관계가 분석될 필요가 있다는 비판이다. 이 문제에 관한 논의는 10장에서 다룰 것이다.

2. 조직과 전략

조직을 합리적 시스템 혹은 폐쇄 시스템으로 보는 기존 조직이론에

---

23 일상생활방법론의 용어임.

24 Clegg, Steward. 1975. *Power, Rule, and Domination: A Critical and Empirical Understanding of Power in Sociological Theory and Everyday Life.* London: Routledge and Kegan Paul.

서 조직의 전략(strategy)은 조직의 목표달성을 위해 사용되는 중요한 수단의 하나라고 이해되었다. 챈들러(Chandler)는 '전략'을 "조직의 목표를 설정하고 활동의 방침 및 방식을 채택하여 여러 자원을 배분하는 것"이라고 정의하였다.[25]

이러한 견해는 전략을 사전에 계획된 일련의 명시적인 지침으로 보는 입장에 가깝다. 그러나 최근의 조직전략 연구에서는 사전에 고안된 계획으로 전략을 파악하는 대신에, 전략은 조직활동이 진행되는 가운데 중요한 의사결정 과정을 통해 발현되고 진전되는 것으로 보는 견해가 우세하다.

이에 따르면 환경이나 기술 등과 같은 맥락(context) 요인이 조직의 구조 형성에 일정한 영향을 행사한다는 점은 인정한다고 하더라도, 이러한 맥락 요인 자체가 객관적으로 일정하게 주어진 것이 아니고 조직의 지배적인 구성원(들)에 의해 전략적으로 선택된다고 보는 것이다. 이러한 최근의 경향을 대표하는 차일드(Child)와 챈들러의 연구를 정리해보자.

1) 차일드의 '전략적 선택'

1972년에 발표된 글에서 차일드는 조직 의사결정자가 활용 가능한 선택의 범위를 갖고 있다는 점을 '전략적 선택(strategic choice)'이라는 용어를 통해 표현하였다. 그는 의사결정자들이, 맥락 요인의 중요성을

---

25 Chandler, Alfred. 1962. *Strategy and Structure: Chapters in the History of Industrial Enterprise*. Mass: MIT University Press. p.13. 미국 100대 산업조직에 대한 이 연구를 통해 챈들러는 조직전략이 구조를 낳는다고 주장하였다.

강조하는 사람들이 생각하는 것과는 달리, 상당한 정도의 자율성과 선택권을 갖고 있다고 보았다. 즉 결정의 자유재량에 제약을 가하는 요인이 있기는 하지만, 경영관리자는 목표 설정, 구성원의 선발이나 조직구조를 정하는 데 있어서 꽤 넓은 선택폭을 갖는다는 것이다. 이는 조직 행위의 선택이 '최적'보다는 '만족스러울 정도의' 수준에서 이루어진다는[26] 점을 감안하면 더욱 그럼직하다. 그는 기존 조직이론의 부적합성을 다음과 같이 비판하였다.[27]

> 전략적 의사결정이 내려지는 과정을 고려함으로써 우리는 조직설계의 면에서 행사될 수 있는 선택의 정도에 관심을 가질 수 있다. 반면에 기존의 많은 모델들은 내포된 제약조건에만 전적으로 관심을 쏟고 있다. 이 모델들은 이런 식으로 조직 행위가 정치적 행위라기 보다는 강제적인 조건(imperatives)에 달린 것이라고 가정한다.

조직 내부 의사결정자의 전략적 선택은 때로는 조직이 직면한 환경을 조직의 활동에 유리한 방향으로 조정하고 통제하는 데까지 미친다. 이 문제에 관해서는 다음 장에서 집중적으로 논의되지만, 조직이 개방시스템(open-system)이라고 하더라도 환경의 영향을 일방적으로 받는 것만은 아니라는 것이다. 예를 들어, 기업체들이 수요를 창출하려고 노력하거나 경쟁 상황을 완화시키려고 하는 시도 및 정부규제의 완화를 위해 로비 활동을 하는 것 등이 이에 해당한다. 더불어 조직이 수직적

---

26 8장 참조.

27 John Child. 1972. "Organization Structure, Environment and Performance: the Role of Strategic Choice". *Sociology*. 6: 1-22.

통합(vertical integration)을 하거나 합병(merger), 합작기업(joint venture)을 설립하는 것 등도 전략적 선택의 산물이라는 것이다.

더불어 전략적 선택 개념은 환경의 실제적인 특성과 이에 대한 조직 구성원의 지각이나 평가 간에 차이가 있을 수 있다는 것을 시사한다. 선택이 이루어지는 기반은 환경에 대한 해석과 판단이다. 그러한 판단은 인간의 인지능력의 한계 때문에 항상 정확한 것일 수는 없지만, 경영관리자의 전략적 선택은 환경의 실제적 특성과 무관하게 조직구조의 설계 등에 중요한 매개가 된다는 것이다.

결국 차일드는 조직을 공식화된 구조적 측면으로만 보면 인간의 결정(선택)이 개입될 여지가 없다는 문제점을 지적한 셈이고, 의사결정자가 여러 제약과 기회를 고려하면서 힘에 의거하여 선택을 하는 이데올로기적 과정으로 '전략적 선택'을 파악한다.

따라서 전략적 선택론의 시각에서 보면, 예를 들어 업무의 세분화는 효율성에 대한 고려이기보다는 통제 욕구에 기인한 경영적 선택의 결과이고 기계화도 통제의 필요성에 기인한 것이라고 본다. 즉 새로운 기술의 도입은 어쩔 수 없이 받아들여진 것이라기보다는 지배권자의 선택의 산물이라는 것이다. 차일드의 주장을 인용해보자.[28]

[이런 시각에서는 기술이 조직구조를 결정하기보다는] 작업계획, 자원, 장비 등에 대한 의사결정의 산물로 생각될 수 있는데, 이러한 의사결정은 환경에서 조직이 갖는 위치에 대한 일정한 평가를 기반으로 한다. 만일 기술과 구조 양자 사이에 어떤 연관이 있다면, 이는 기술이 조직구조 형태에 대해 어떤 '함의(implications)'를 갖

---

28 John Child. 1972. *op. cit.* p.6.

기보다는, 수행되어야 할 업무에 대해 [조직을 통제하는 사람들이] 내린 의사결정의 파생물이라고 보는 견해가 더 적절하다.

이 문제에 관해서는 보다 상세한 논의가 필요할 듯한데, 챈들러의 전략이론을 살펴본 뒤 논의를 첨부하려고 한다.

2) 챈들러의 전략과 구조

챈들러의 전략과 구조에 대한 분석은 그의 저서인 『전략과 구조(Strategy and Structure)』 및 『보이는 손(The Visible Hand)』을 통해 집대성되었다. 그는 19세기 후반에서 20세기 초반에 이르는 독점자본주의 시기의 대규모 조직—'복수부문기업(multi-divisional corporation)'이라고 지칭함— 출현과 그 운용 방식에 주목하면서, 경영관리자들의 전략 수립과 이를 수행하기 위한 조직구조 창출을 그 핵심으로 파악하였다.

전략은 기본적인 장기 목표의 결정 및 이를 수행하기 위한 활동 방식의 채택을 뜻한다. 이렇게 채택된 전략으로부터 발생되는 활동들을 관리하기 위해 고안된 장치가 조직구조로서, 업무분화, 위계, 정보 및 의사소통의 흐름 등을 포함하는 것이다.

이때 이러한 구조를 발전시키는 데 있어서 경영자의 관리 역할은, 스미스(Smith)가 주장한 시장(market)에서의 '보이지 않는 손(the invisible hand)'을 대체하는 '보이는 손'으로서 핵심적인 중요성을 띤다. 즉 '보이는 손'은 경영관리자의 관리 기능(활동)을 의미하는 것인데, 챈들러는 대규모 복합조직체의 등장에 따라, 시장 기능이 조직 내로 포함되어 관리 기능이 더욱 중요성을 갖게 되었다고 본 것이다.

수직적 통합을 통한 조직활동 영역의 확장은 바로 시장 메커니즘을 관리 기능으로 대체시키는 과정인 셈이다. 다시 말해, 복수 부문을 갖는 조직에서 사업 부문 간에 자원과 재화의 흐름을 통제하고 활동을 통제하게 되어, 이전에 시장에서의 거래를 통해 이루어지던 경제적 기능이 조직 내에 흡수된 것이다.[29]

　조직활동 영역의 확대와 이에 따른 규모의 성장은 애초에 집권화된 조직구조를 분권화의 방향으로 이끌게 되고 복수의 사업부를 둔 복합조직의 출현을 초래하였다고 본다. 그는 이러한 과정에서 관리적 조정과 통제라는 기능이 출현하였고, 이를 수행하기 위해 전문경영자와 현대적 기업조직이 형성된 것으로 본다. 이러한 변화는 대량 생산을 유도한 대규모 시장 형성과 기술의 변화가 자극한 결과로서, 새로운 조직구조는 대량 생산과 대량 유통을 결합하게 되었다고 주장하였다.
　이러한 챈들러의 연구는 환경에 대응하는 조직의 전략과 조직구조 간의 관계를 밝힘으로써 거대기업의 형성 메커니즘과 행태를 이해하는 기반이 되었고, 조직의 전략적 과정에 대한 실증적 연구를 자극하는 계기가 되었다. 한편 그의 연구는 조직구조에 대한 외부 요인의 영향을 강조하는 결정론적 입장과는 달리, 조직이 택하는 전략에 초점을 둔 점에서 앞서 논의한 차일드의 '전략적 선택' 관점과 맥을 같이 하고 있다.

3) 전략적 선택의 산물로서의 기술과 구조

　6장에서, 조직이 채택해서 사용하는 기술의 종류는 다양하고 기술은

29　이러한 챈들러의 주장은 제도경제학자인 윌리엄슨(Williamson)의 기업분석 시각과 일맥상통하고 있다. 윌리엄슨의 이론에 대한 논의는 11장을 참조.

조직구조를 결정하기보다는 단지 제한하는 요인이라는 점에 대해 살펴보았다. 그렇다면, 그 다음에 제기되는 문제는, 왜 조직에서는 '특정한' 기술이 선택되며 그렇게 선택된 기술은 어떤 '의미'를 갖는가에 관한 것이다.

조직에서 특정한 기술 유형을 채택하는 것이 자본가나 이들을 대리하는 경영관리자들이 노동과정에 대한 통제를 확보하려는 욕구를 반영한 '선택(choice)'의 결과물이라는 점을 주장하는 것이 바로 '전략적 선택(strategic choice)' 시각이다. 이 시각은 조직이 사용하는 생산기술이 조직의 구조에 영향을 미치는 중요한 요인 중의 하나라고 할 때, 도대체 어떤 무엇이 조직체가 사용하는 기술의 유형을 결정하는 것이냐는 물음에서 출발하였다.

기존의 입장은 우드워드(Woodward)가 조직 목표의 차이가 채택 가능한 생산기술을 제한한다고 주장한 것이나, 퍼로우(Perrow)가 특정한 원료에 적합한 기술의 효율성이 바로 특정 기술을 채택하게 되는 이유라고 주장한 것에서 보듯이, 정통 경제학의 입장을 따라 기술과 생산성이나 효율성 간의 관계에 주목하는 것이었다.

그러나 1970년대 초반 이후, 차일드 등 '전략적 선택'을 강조하는 시각에서는 조직구조가 기술결정론자들이 주장하듯이 불가피하고 필연적인 방식으로 모양 지워지는 것이 아니라 '선택'되어지는 것이라는 입장을 부각시키게 되었다. 조직 내의 지배동맹이 수행하는 전략적 선택의 역할이 중요하다는 차일드의 명제는, 조직체에서 힘을 행사하는 사람들이 조직을 구조화하는 방식이나 실제 작업의 설계에 상당한 영향력을 행사한다는 주장이다. 이처럼 기술에 대한 기존의 중립적 입장을 거부하는 차일드의 주장을 인용해보자.

조직이론에 전략적 선택을 적용시킬 때, 우리는 본질적으로 정치적인 과정이 작용하고 있음을 인식한다. 이 과정 속에서 모든 제약과 기회는 의사결정자가 이데올로기적 가치판단에 따라 행사하는 권력의 함수이다.[30]

이에 따라 차일드는 업무 수행상의 부차적인 기술적 문제와 그러한 업무들을 연계시키는 기술적인 논리에 집중하기보다는 작업 자체에 초점을 맞추는 것이 필요하다고 주장함으로써[31] 마르크스가 노동과정(labor process)이라고 불렀던 것으로 분석의 방향을 돌리게 된다. 그는 이러한 분석이 작업계획 방식, 작업조직 편제 방식 및 이에 내포된 의미를 찾는 데 맞추어져야 한다고 주장했고, 이런 시각에서 조직구조 형성에 대한 기술결정론의 입장을 거부하였다. 그는 다음과 같이 주장했다.

기술이 조직구조 양식에 대해 어떤 함의를 가진다기보다는, 양자 사이에 어떤 연관 관계가 있다면, 이는 수행되어야 할 업무에 관해 그 수행에 필요한 가용 자원과 관계해서 조직을 통제하는 사람들에 의해 내려진 의사결정의 파생물이라는 견해가 더 정확할 것이다.[32]

이러한 입장에서 일보 전진하여, 데이비스(Davies) 등은 기술과 구조 간을 매개하는 변인에 주목하면서, '통제(control)'나 '불확실성

---

30 John Child. 1973. *Man and Organization*. London: Allen and Unwin. p.14.

31 *Ibid*. p.5.

32 *Ibid*. p.6.

(uncertainty)' 같은 개념을 도입할 것을 주장하였다.[33]

브레이버만(Braverman)은 노동과정에 대한 분석에서, 생산기술은 집중화된 결정에 따라 조정되고 통제되며, 이러한 통제가 자본가 및 경영자의 수중으로 떨어지게 되는 자본주의적 산업화의 역사적 경향을 지적하였다.[34]

유사하게 에드워즈(Edwards)도 생산기술이 노동과정에 대한 주요한 통제 양식의 한 측면을 구성한다는 점을 강조한 바 있다.[35] 조립생산 방식의 도입으로 대표되는 '기술적 통제(technical control)' 유형에 대한 그의 논의는 기계화를 통해 노동자들에 대한 통제를 확보하고 노동자들 간의 사회적 연대성을 붕괴시켜 나가는 자본과 경영의 전략을 잘 지적하고 있다.[36]

브레이버만과 에드워즈 등이 주장하고 있는 점은, 기술이 산업조직체에서 구성원들의 노동과정에 대한 통제를 강화시키는 데 사용될 수 있다는 점이다. 이와 같이 진보적인 시각을 가진 노동과정론자들은 조직 의사결정의 집중화와 업무 세분화를 초래하는 생산기법의 도입은 이전까지 주장되어온 것처럼 기술적 효율성이나 생산성 증대 문제가 고려된 것이 아니라, 자본가와 경영관리자들이 노동자를 탈숙련화(deskilling)시킴으로써 일차적으로 노동에 대한 통제를 최대한으로 달성하기 위해 고안해낸 것이라는 입장을 취하고 있다. 이에 따라 세분된

---

33 C. Davies, S. Dawson, and A. Francis. 1973. "Technology and other Variables: Some Current Approaches in Organization Theory". in N. Warner (ed.). *The Sociology of Workplace*. London: Allen and Unwin. pp.149-163.

34 Harry Braverman. 1974. *Labor and Momnopoly Capital*. NY: Monthly Review.

35 Richard Edwards. 1979. *Contested Terrain*. NY: Basic Books.

36 브레이버만과 에드워즈에 관한 보다 상세한 논의는 10장을 참조할 것.

분업과 위계제적 조직구조가 하나의 수단으로 사용되는 것이지만, 이들이 제기하는 중요 논점은 위계제와 업무 세분화를 반영하는 조직구조가 기술의 발달에 따라 자동적으로 등장하는 것은 아니고 이러한 조직 구조적 특성은 결국 '선택'의 결과물이라는 것이다.

브레이버만과 유사하게 딕슨(Dickson) 또한 기술이 자본가 및 경영 관리자에 의해 노동자의 작업과정과 그 생산물을 통제하는 기제로 사용된다고 지적하였다. 자본주의가 진전됨에 따라 기술발전이 가속화되어 온 것은 잘 아는 사실이지만, 이러한 발전이 단지 효율성과 생산성에 대한 고려 때문만은 아니라는 것이다.

브레이버만은 자본과 경영 측이 노동과정에 대한 통제를 확보하길 원하게 되고 이에 따라 생산과정에 기계를 광범위하게 도입하여, '구상(conception)과 실행(execution)의 분리'를 통한 노동자의 '탈숙련화(de-skilling)'를 초래했다고 주장하였다.[37]

다시 말해 많은 기계들이 집중화된 결정에 따라 조정되고 통제된다는 사실과 이러한 통제가 작업장으로부터 사무실로 이전되어 자본과 경영 측의 수중에 놓이게 된 사실은 특정 기술의 선택이 자본주의적 생산양식 하에서 어떤 의미를 갖는가를 극명하게 보여준다는 것이다. 딕슨도 "산업기술은 개별 노동자에게 부과되는 일의 성격을 규정하는 물리적 수단을 (……) 제공할 뿐만 아니라, 공식적인 체계로서 (……) 사회통제의 일반적 유형이 유지되는 수단을 제공한다"고 주장하여, 기술이 전체 사회체계의 통제 방식과 밀접히 연관된다는 점을 언급했다.[38]

---

37 Braverman, Harry. 1974. *Labor and Monopoly Capital*. NY: Monthly Review.

38 Dickson, D. 1974. "Technology and the Construction of Social Reality". *Radical Science Journal*. 1: 29-50.

이러한 입장은, 기술을 이데올로기적으로 중립적인 것으로 보고 기술은 발전하면 할수록 바람직한 것이라고 생각했던 기존의 소위 '산업화의 이데올로기(ideology of industrialization)'를 거부한 셈이다. 딕슨은 이러한 산업화의 논리가 지배 이데올로기를 지지하고 강화하는 기능을 수행했다고 본다.[39]

마글린(Marglin) 또한 산업혁명 당시 직물산업에서 선대제(the putting-out system)[40]가 공장제로 이행되어가는 모습에 대한 연구를 통해, 의사결정의 집권화 및 광범위한 분업의 발전은 기술적 효율성 때문이 아니라, 노동의 탈숙련화를 통해서 더 큰 노동 능력을 얻어내기 위한 시도의 결과라고 주장하였다.[41]

트리스트와 뱀포드(Trist and Bamfoath)도 영국의 석탄산업에 대한 연구에서 기술의 발달이 자동적으로 조직의 위계구조 및 분업을 고도화시키는 것은 아니라는 연구결과를 제시하였다.[42]

이상의 논의를 정리하면, 조직 특히 산업조직에서 기술의 본질은 노동과정에 대한 통제를 획득하고 유지하면서 강화하는 것이며, 이런 목적 하에 의도적(전략적)으로 '선택'된다는 것이다. 이때 기술이 선택의 결과라면 더불어 조직의 구조적 모습도 선택의 산물일 수 있다는 주장이 수반된다.

차일드와 유사한 입장을 취한 아지리스(Argyris)는 "공식조직이란 주어진 인간 본성 하에서, 조직설계자가 구성원들의 역할을 어떻게 구성

---

39 *Ibid*. p.40.

40 선대제에 관한 자세한 논의는 2장 참조.

41 Clegg and Dunkerley. 1980. pp.342-343 에서 재인용.

42 Trist, E. L. and Bamfoath, K. 1951. "Some Social and Psychological Consequences of the Longwall Method of Coal-Getting". *Human Relations*. 4: 3-38.

하려고 의도하는가와 관련된 인지적 전략"이라고 주장하였다.[43] 이런 맥락에서 그는 조직구조를 결정하는 데는 선택이 개입되고 그러한 선택은 어떤 유력한 조직 구성원의 특정한 이해관계를 반영할 것이라고 주장한다.

전략적 선택 시각은 굴드너(Gouldner)가 '형이상학적 페이소스(metaphysical pathos)'라고 지칭한 일련의 관점을 극복한다는 특성을 갖는다. 베버(Weber) 이래 애스턴(Aston) 연구에 이르기까지, 또 근대화이론(modernization theory)의 수렴 명제(convergence hypothesis)를 포함한 많은 연구들에서 관료제는 피할 수 없는 현상이며, 규모나 기술은 조직구조에 대한 엄밀한 규정 요인인 것으로 여겨져 왔다.

그러나 차일드 등은 제약 조건보다는 선택의 여지에 초점을 두었기 때문에, 결정론이 내포하고 있는 것처럼 '어쩔 수 없이 받아들일 수밖에 없다'는 페이소스적인 비관주의를 분명히 반대하고 있는 셈이다.

4) 전략적 선택론에 대한 비판

이러한 전략적 선택론에 대해, 올드리치(Aldrich)는 의사결정자가 활동의 장(場)을 선택해야 한다고 할 때, 환경 내에 새로운 활동 영역으로 진입하는 것을 제약하는 방해물(barriers)이 항상 있기 때문에, 선택에는 제약이 따른다는 연구결과[44]를 발표하면서 전략적 선택론의 한계를 지적하였다.

---

43 Argyris, Chris. 1972. *The Applicability of Organizational Sociology*. Cambridge University Press.

44 Aldrich, Howard. 1979. *Organization and Environments*. NJ: Prentice-Hall.

더불어 환경을 조직활동에 유리하게 이끌 수 있는 능력은 극소수의 대규모 조직에서만 가능한 것이고 대부분의 조직체들은 환경을 조작할 힘을 갖추고 있지 못하다는 비판도 제기되었다. 조직과 환경 간의 관계에 대한 이러한 논의는 다음 장의 주제이다.

9장

조직과
조직 환경

1970년대에 이르러 조직 환경에 대한 분석이 본격적으로 이루어지기 이전까지의 조직에 대한 연구는 조직을 그 자체로서 독립적이고 자기 충족적인 현상으로 취급하는 입장이 주를 이루었다. 흔히 폐쇄 시스템(closed-system)론 혹은 합리적 시스템(rational system)론으로 일컬어지는 이전까지의 이러한 연구 경향은[1] 더불어 이 두 쌍의 이론 명칭에 사용된 '시스템'이라는 용어 자체가 20세기 중반 기능주의 체계이론의 개념이기 때문에, 그 이전의 조직연구들은 '시스템'이라는 용어를 사용하지 않았지만 그 연구 시각이 결과적으로 합리적 시스템 혹은 폐쇄 시스템으로 조직을 보는 셈이었다. 20세기 초반의 일련의 연구 관심이 고착화된 결과였다.

---

1 합리적 시스템론은 자연적 시스템론의 대응 개념이고 폐쇄 시스템론은 개방 시스템론의 대응 개념으로서, 합리적 시스템이 곧바로 폐쇄 시스템이고 자연적 시스템이 모두 개방 시스템에 상응하는 것은 아니다. 이 두 쌍의 개념은 각기 다른 측면의 조직 특성을 염두에 둔 별개 차원의 개념이다. 다만 합리적 시스템론이 상대적으로 조직을 그자체로서 완전하고 독립적인 것으로 보는 점에서 폐쇄 시스템론과 친화력을 갖는다.

1장에서 살펴본 것처럼 초기 사회학자인 콩트, 뒤르켐, 베버 등은 거시적인 사회변동의 맥락에서 조직 현상이 조직 외적인 현상의 발전과 어떤 관계를 갖는가에 관심을 두고 있었다. 그러나 베버의 관료제론이 내포한 이념형적 특징이 과도하게 부각되면서 20세기 초반의 과학적 관리론 및 인간관계론의 연구 경향은 조직 내부의 운용 문제에 초점을 두게 되었던 것이다.[2]

그 후 시스템 조직이론, 조직유형론의 연구들을 통해 개방 시스템 (open-system) 시각이 등장해서 기존의 견해에 제동을 걸게 된다. 즉 조직은 투입과 산출의 형태로 환경과 교환을 하며 환경은 조직구조를 제한한다는 입장이 활성화된 것이다.

이러한 입장은 1960년대에 본격화된 경험적 조직연구의 '상황조건 적(contingent)' 조직 패러다임의 연구결과에 힘입어 1970년대에 이르러 이론적 발전과 경험적 조사 연구의 커다란 발전을 보게 된다. 이에 따라 올드리치와 페퍼(Aldrich and Pfeffer)는 "오늘날 환경의 영향에 대한 관심이 대단하며, 학술지에는 '환경(environment)' 혹은 '조직상호 간' 이라는 용어를 제목에 포함한 연구논문들이 가득하다"[3]고 언급했던 것이다.

---

2 과학적 관리론은 합리적 시스템론의 입장이 강한 반면, 인간관계론은 자연적 시스템론의 입장을 담고 있는 것으로 평가할 수 있다. 그러나 두 이론 모두 조직을 기본적으로 폐쇄 시스템으로 보는 점에 있어서는 동일하다.

3 Aldrich, H. E. and Pfeffer, J. 1976. "Environments of Organizations". *Annual Review of Sociology*. 2: 79-105. p.80.

1. 조직 환경이란 무엇인가

1) 조직 환경의 개념

조직 환경(organizational environment)에 대한 정의는 매우 다양한데, 일단 조직 그 자체의 외부에 있는 모든 요인들이 환경의 범주에 포함될 수 있다. 마일스(Miles)가 "전 영역에서 조직을 제외하고 남는 부분이 조직 환경"이라고 정의한 것[4]이 이에 해당한다.

그러나 마일즈의 정의가 논리적으로 합당한 것이기는 하지만, 조직 활동과 직접적인 관계가 없는 외부 요인까지를 포함하여 지나치게 광범위한 느낌을 준다. 이 문제를 해결하기 위해 로빈스(Robbins)는 '일반 환경(general environment)'과 '특수 환경(specific environment)'을 구분했다.[5] 전자는 '조직에 대해서 잠재적인 영향을 미치기는 하지만, 특정 조직과의 정확한 관련성 여부는 당장 명백히 드러나지 않는 여러 상황'을 포괄하여 경제적, 정치적, 사회적 요인, 법률구조, 생태적 상황, 문화적 상황 등의 모든 것들이 포함된다. 반면에 후자는 '조직의 목표달성에 직접적인 관련이 있는 환경요인'을 의미한다. 이러한 특수 환경은 조직마다 특유한 것이며 그 조직이 선택한 활동 영역에 따라 가변적인 것이다. 고객, 원료제공 조직체, 경쟁조직, 정부 규제기구, 노동조합, 상위의 협의체, 민간 압력단체 등이 이에 포함된다.

---

4 Robert H. Miles. 1980. *Macro Organizational Behavior*. Calif.: Goodyear Publishing Co. 김남현 역 . 1989. 『경영조직론』. 경문사. 220쪽에서 재인용.

5 Stephen Robbins. 1983. *Organization Theory: The Structure and Design of Organizations*. NJ: Prentice-Hall. 김남현 역. 1985. 『경영조직론』. 경문사. 220-222쪽에서 재인용.

2) 홀의 조직 환경 개념

홀(Hall)은 조직의 일반 환경으로 여러 가지 요인을 제시하고 각각에 대해 보다 상세한 논의를 전개하였다.[6]

첫째는 기술적(technological) 조건이다. 홀은 "조직체는 진공 속에서 존재하는 것이 아니다. 특정 분야에서 이룩한 기술적 진보는 궁극적으로 연관 조직체에 영향을 미치게 될 것이다. 새로운 아이디어는 특정 개인이나 조직의 사유물 상태를 벗어나 곧 확산되어 조직 환경의 일부가 된다"고 했다.[7] 이러한 그의 지적은 조직이 외부 환경에서 진행되는 기술적 변화의 요구에 적용할 필요가 있다는 것을 뜻한다. 기술적으로 복잡한 환경에 처한 조직이 이에 대응하여 보다 유연한 조직구조와 활동을 필요로 한다는 것이다.

두 번째는 법적(legal) 조건이다. 법에 명시되는 재산권(소유) 관계는 기본적으로 생산양식을 반영하며, 이에 기반한 조직의 경제적·사회적 관계는 조직 구성원들의 행위 양식과 조직활동의 모습을 틀 지우는 것이 된다. 다시 말해, 자본주의적 생산관계에서 상법, 회사법, 노동조합법 등은 실제로 임금노동자를 통제하는 기반으로 작용한다고 보는 것이다.

다른 측면에서, 법적 조건은 조직활동에 제약을 가하며, 조직은 끊임없이 이를 회피하려고 시도하기 때문에 탈법적인 활동이 이루어지고 화이트칼라 범죄를 구성하기도 한다. 조직이 기존 법제도를 악용 혹은 위협하는 경우는 탈세나 무단 공해배출 등의 예가 있다.

---

6 Hall, R. 1977. *Organizations: Structure and Process*. NJ: Prentice-Hall.

7 *Ibid*. p.305.

세 번째는 경제적 조건이다. 경기 상승이나 침체 등의 경제 여건 변화에 따라 조직 운영 및 구조상의 적응이 요구된다는 것을 뜻한다. 홀은 이 경제적 조건이 조직활동에 결정적인 변수임에도 불구하고 사회학자들이 이 문제를 간과하고 있다고 지적하였다.[8]

네 번째는 정치적 조건을 꼽고 있다. 정치적 조건이 조직운용과 상호작용하는 작은 예는 조직의 소유자나 상위 관리자가 특정 지역의 정치적 환경에 큰 영향력을 행사하여 조직활동에 유리한 국면을 조성하는 경우이다. 보다 거시적으로 생각하면, 국가가 경제계획, 투자, 생산결정, 물가, 소득정책, 노사관계 규제 등을 통해 경제적 개입을 강화한 결과로서 그간 자본가나 관리자의 영역으로 이해되어온 조직 의사결정에 있어서 자본가 및 관리자의 선택을 제한하는 상황을 생각해볼 수 있다.

다섯 번째는 인구학적(demographic) 조건이다. 베이비붐(baby boom) 세대의 사회 진출이 초래한 학교·산업조직의 구조·운영상의 변화가 그 예가 된다. 인구의 증대는 일반적으로 경쟁을 심화시켜서 조직 구성원의 충원에 있어서 자격요건주의(credentialism)가 강화되는 현상을 초래한다.

여섯 번째는 생태학적(ecological) 조건이다. 조직이 처한 자연생태학적 요인인 지리, 기후 등의 자연환경은 조직활동에 영향을 미치는 중요한 요인이기는 하지만 사회학적 요인은 아니다. 그러나 조직의 사회생태학적(social ecological) 요인은 조직활동에 관여하고 있는 다른 조직들의 집합(population)을 의미하는 것이며, 이러한 조직군(群) 내에서의 상호작용에 관한 관심은 최근에 연결망이론에 기반한 조직생태학(organization ecology)의 중요한 연구주제이다.

---

8 *Ibid*. p.307.

일곱 번째는 문화적(cultural) 요인이다. 국가 간의 비교조직연구 등에서 조직활동에 영향을 미치는 문화의 중요성이 강조되어 왔다. 이런 연구는 일본 기업의 성공적인 시장 침투에 자극을 받은 미국에서 1980년대 초반에 활발히 이루어졌다.

그러나 근래에는 상이한 조직운용 관행 및 구조의 원인을 문화라는 틀에 귀속시켜서 파악하는 것은 적절하지 않다는 입장이 강하며 '전략'의 문제로 관심이 옮겨졌다. 해밀턴과 비가트(Hamilton and Biggart)는 한국, 일본, 대만의 산업조직 구조의 독특성을 비교연구하면서 문화적 환원을 거부하고, 각국의 산업 부문이 국가와 맺고 있는 상이한 권위관계 구조에 주목한 바 있다.[9]

3) 인식적 구성물로서의 조직 환경

조직 환경을 정의하는 또 한 가지의 시각으로서 객관적 혹은 실제적 환경과 조직 구성원(관리자)에 의해 지각(인식)됨에 따라 '환경'으로 구성된 '인식적 구성물로서의 환경'을 구분하는 입장에 대해 살펴보자.

후자의 환경 개념은 7장에서 이미 논의한 현상학적 조직 분석 시각을 반영한다. 이에 따르면 환경이 분명한 형체를 가진 것이 아니고 개인의 인지능력이나 정보 획득 수준에 차이가 있기 때문에, 조직 관리자들 간에도 환경을 상이하게 지각한다는 것이다. 즉 조직은 환경을 스스로 구성하고 고안해내며 이렇게 구축된 환경은 지각에 의한 인식적 구성물이라는 것이다.

어떤 연구결과는 '실제적인 환경 특성의 측정'과 '지각된 환경 특성의

---

9 Hamilton and Biggart. 1986. "Market, Culture and Authority"

측정' 간에 별 상관관계가 없다고 밝혔다.[10] 여하튼 이러한 환경 분류는 조직설계를 하는 경영관리자의 의사결정의 기반이 환경의 현실 그 자체가 아니라 환경을 어떻게 지각하였는가에 달려 있기 때문에 결국 '지각된 환경'이 조직활동에 더 중요한 영향을 미친다고 보는 것이다.

아래에서는 조직과 환경 간의 관계를 본격적으로 분석한 몇 가지 대표적인 연구의 내용과 시사하는 바를 정리해보자.

2. 경험적 조직 환경 연구

1) 번스와 스톨커의 연구

번스와 스톨커(Burns and Stalker)는 조직 행위 및 구조가 상이한 환경조건에 따라 어떻게 다르게 나타나는가를 확인하기 위해 20개의 영국 산업조직을 대상으로 경험적 연구를 수행하였다.[11]

이들은 '과학기술의 변화율'과 '상품시장 상황'을 환경의 측정 지표로 삼아서 관찰 및 경영관리자와의 면접을 통해 조직 환경을 측정하였다. 다시 말해 번스와 스톨커가 중요시한 조직 환경 요인은 홀(Hall)의 분류를 따른다면, 기술적 조건과 경제적 조건에 해당하는 것인데 그 중에서도 특히 기술적 조건이 핵심적인 관심이었다.

연구결과, 이들은 급변하는(동태적인) 환경에서 활동을 수행하고 있

---

10 김남현. 1985. 『경영조직론』. 경문사. 222쪽에서 재인용.

11 Tom Burns and G. Stalker. 1961. *The Management of Innovation*. London: Tavistock.

는 조직들의 구조는 안정적인(정태적인) 환경 하의 조직구조와 매우 다르다는 것을 확인하였고, 전자의 조직을 유기적(organic) 조직, 후자의 조직을 기계적(mechanical) 조직으로 구분하였다.[12] 유기적 조직은 유연하고 적응력이 높은 조직구조를 일컫는다.

권위의 위계구조에 따른 수직적 분화 및 지시·명령의 체계보다 전문성에 기반한 원활한 의사소통을 특징으로 하는 유기적 조직은 격변하는 환경에 적합한 조직유형이라고 보았다. 반면에 업무의 표준화된 세분화와 높은 집권화와 공식화를 특징으로 하여 일상화된 과업을 수행하는 기계적 조직은 환경이 안정적이어서 변화의 속도가 더디고 예측성이 높은 상황에 적합한 조직유형이라는 것이다.

따라서 이들의 연구는 한 조직구조가 다른 조직구조보다 더 낫다고 할 수 없으며, 조직을 성공적으로 이끄는 조직구조는 조직 환경의 특성에 달린 것이라는 점을 시사한다. 이 점에서 번스와 스톨커의 경험적 연구 역시 조직은 상황조건적(contigent)이라는 입장을 대변한다.

2) 에머리와 트리스트의 연구

애스턴 연구팀의 일원인 에머리와 트리스트(Emery and Trist)는 1965년에 발표된 글에서, 조직이 직면하는 환경을 네 가지 유형으로 모델화하여 제시하였다.[13]

---

12 이러한 용어는 뒤르켐의 유기적 연대(organic solidarity)와 기계적 연대(mechanical solidarity) 개념에서 차용한 것으로 생각되지만, 개념은 다르다.

13 Fred Emery and E. Trist. 1965. "The Causal Texture of Oranizational Environments" *Human Relations*. Feb: 21-32. 네가지 환경모형은 안정적인 환경부터 말하면, 평온-무작위적(placid-randomized) 환경, 평온-집락적(placid-clustered) 환경, 교란-반응적(disturbed-reactive) 환경, 격동적(turbulent-field) 환경이다.

이들의 연구는 조직의 환경을 세분화함으로써 분석의 정교화에 기여한 점도 있으나, 조직 환경을 포괄적으로 규정하고 있는 점은 한계로 지적될 수 있다. 이들의 연구결과가 시사하는 점은, 환경의 불확실성이 높고 기술의 일상성이 낮을수록 유연한 구조 형태가 보다 바람직하다는 것으로, 앞의 번스와 스톨커의 주장과 유사성을 갖는다.

3) 로런스와 로쉬의 연구

로런스와 로쉬(Lawrence and Lorsch)가 1967년에 출간한 『조직과 환경』은 조직을 환경과 상호작용하는 개방 시스템으로 보는 새로운 관점이 패러다임으로 자리잡는 계기가 되었고, 이후 수많은 후속 연구와 논쟁을 자극하였다.[14]

세 가지 산업 분야의 10개 산업조직에 대한 연구에서 로런스와 로쉬는 환경과 효과적인 조직구조 간의 관계를 분석하였다. 세 가지 산업 분야로 선정한 것은 컨테이너(container) 산업, 식료품 산업, 그리고 플라스틱(plastic) 산업이었다. 이 산업 분야들은 아주 다른 환경 요인을 대표하는 것으로 여겨졌다. 컨테이너 산업의 경우는 기술적 조건이나 시장조건의 변화가 매우 완만하여 안정적인 조직 환경을 대표한다. 반면에 플라스틱 산업은 기술 및 시장주기가 매우 짧아서 끊임없이 신제품을 개발하고 새로운 생산기법을 개발해내야만 경쟁이 유지되는 상태로서 급변하고 불확실한 환경을 대변하는 것이었다. 식료품 산업의 조직 환경은 위의 두 산업의 중간 정도의 상황을 구성하고 있었다.

---

14 Lawrence, P. and Lorsch, J. 1967. *Organization and Environment*. Cambridge: Harvard University Press.

로런스와 로쉬는 환경의 불확실성을 측정하기 위한 지표로 '환경의 변화율', '환경정보의 명료성', '환경으로부터 조직활동에 대한 피드백(feedback)을 얻는 데 소요되는 시간의 길이' 등을 고려하고,[15] 이러한 요인이 조직의 '분화'[16]와 '통합'[17]이라는 구조에 어떤 관계를 갖는가를 분석하였다.

그런데 이때 로런스와 로쉬는 환경 및 조직을 하나의 전체로서 획일적인 것으로 파악하는 대신에 각기 하위단위(subset)를 갖는 것으로 파악함으로써 기존의 조직-환경 연구에 비해 정교한 분석을 행하게 된다.

다시 말해, 연구대상 조직들이 당면하고 있던 조직 환경은 시장 환경, 기술-경제적 환경, 과학적 환경으로 구성되고, 이에 따라 조직은 판매부서, 생산부서, 연구개발부서로의 부문화를 통해 대응하고 있다는 것이다. 그런데 이렇게 분화된 하위 부문들은 각자가 보다 긴밀한 연관을 맺고 있는 하위 환경의 요구에 대응하는 과정에서 자체의 구조화 정도, 다른 사람들에 대한 구성원들의 지향(orientation)성, 시간 지향, 목표 지향 등에서 각각 나름대로의 독특성을 발달시킨다는 것이다.

이들은 조직이 직면한 환경이 보다 급변할수록 조직 내의 하위 부서 간 분화의 정도도 커진다고 보는데, 이 경우에 각각의 하위 부서들

---

15 이들 환경측정지표는 경영관리자의 '지각된 환경'을 파악하는 방식으로 측정되었는데, 실제 환경을 대변하지 못한다는 방법론적인 비판을 받았다.

16 여기서 분화(differentiation)는 조직의 '수평적 세분화' 개념으로 조직의 복잡성을 측정하는 지표인데, 조직 내에 상이한 관심 영역과 지향이 존재함을 뜻한다.

17 여기서 '통합(integration)'은 환경의 요구로 인해 통일된 노력이 요구될 때 하위체계, 즉 조직 내의 독립된 구성원이나 부서 간에 통일된 노력을 지향하는 협조의 질(quality of collaboration)을 뜻한다. 이 개념에는 이러한 협조 상태가 달성되는 과정뿐만 아니라 이를 위해 마련된 조직장치(organizational devices)도 포함된다. *Ibid.* p.11.

의 활동을 결합하기 위해 정교한 내부통합 메커니즘이 필요하다고 했다. 구체적으로 세 가지 산업 분야 중 플라스틱 산업의 조직체들이 가장 분화된 조직구조를 가지며, 다음으로 식료품 산업, 컨테이너 산업의 순서였다. 하위 부서 중에서는 생산부서가 판매부서나 연구개발부서에 비해 상대적으로 일상적인 과업을 수행하고 있었다. 즉 부서에 따라 내적 상호작용 유형에 차이가 있다는 것이다.

각 산업 분야에서 성공적인 조직체들은 환경의 변이에 적합한 분화 정도를 보이는 것들이었지만(예로, 플라스틱 산업체들은 분화의 정도가 높을수록 성공적인 반면에 컨테이너 산업체들은 분화의 정도가 낮을수록 성공적), 이들 세 가지 산업 분야 모두에서 가장 성공적인 조직체들은 비성공적인 조직들보다 더 높은 정도의 통합을 유지하고 있는 점을 발견하였다.

로런스와 로쉬의 연구가 시사하는 중요한 점의 하나는 조직효과성을 성취하기 위한 적절한 조직구조를 결정짓는 가장 중요한 요인은 조직이 사용하는 기술이나 규모 등의 요인이 아니고 조직의 환경적 특성이라는 것이다. 더불어 조직의 효과성은 환경에 적합한 분화와 통합의 조직구조가 만들어져야만 확보될 수 있다는 상황조건적(contingent) 시각을 확장시킨 점은 또 다른 기여로 평가된다.

4) 환경과 조직구조의 관계

앞의 연구들이 공통적으로 시사하는 점은 조직이 일반적 환경이나 특정한 하위 환경에 의해 영향을 받으며, 어떤 조직은 이런 환경에 보다 의존적일 것이라는 점이다.

환경의 조직에 대한 영향이 기본적으로 조직의 취약성(vulnerability)에 기인하고, 이러한 취약성 때문에 조직이 환경에 의존적이고 구조 변화의 압력을 받는다고 볼 때,[18] 동태적인 환경이 정태적인 환경에 비해 조직의 취약성을 더욱 노출시키며, 이에 따라 조직구조에 대한 변화 압력도 심하다고 볼 수 있다. 번스와 스톨커가 주장한 것처럼 유기적 조직구조를 요구하게 된다는 것이다.

로런스와 로쉬의 연구는 환경의 불확실성(동태성)과 조직구조의 복잡성 간에 역(逆)의 관계가 있다는 점을 보여준다. 환경에 가장 의존적이며 상호작용이 빈번한 부서는 위계의 계층수가 적어서 낮은 구조화의 정도를 보인다는 것이다. 더불어 환경의 복잡성은 이에 대응하는 조직활동을 분화시키고 신속한 대응을 위해 의사결정이 분권화되는 경향을 초래한다고 본다.[19] 안정적(정태적)인 환경은 환경에 대한 신속한 대응이 상대적으로 불필요하고 표준화된 활동을 수행하는 것이 효율적이기 때문에 공식화의 정도가 높다고 한다.

환경과 조직구조 간의 관계에 대한 이러한 주장은 후속 연구들에 의해 지지되기도 했지만 동시에 반론이 제기되기도 했다. 경험적 연구의 결과들은 이러한 환경과 구조 간의 관계가 항상 들어맞는 것이 아니라는 점을 보여준다.

그러나 이러한 연구결과보다 더 주목해야 할 점은, 환경이 과연 조직에 큰 영향을 미치며 조직은 일방적으로 환경에 적응하는 것인지에 대한 본질적인 반론이 제기되었다는 것이다.

---

18 David Jacobs. 1974. "Dependency and Vulnerability: An Exchange Approach to the Control of Organizations". *Administrative Science Quarterly*. March: 45-59.

19 Mintzberg. 1979. *The Structure of Organizations*. pp.273-276. 그러나 이러한 경향과는 반대로, 환경이 조직에 극도로 적대적인 상황에서 오히려 조직구조가 집권화되는 경향도 있음을 민츠버그는 지적하고 있다. 예를 들어, 심각한 노조의 쟁의에 직면하거나 소비자 단체 및 법규에 의한 과도한 압박이 가해지는 경우 등 조직의 존립이 위협받는 경우에는 최고위 경영관리자가 의사결정의 집권화를 통해 상황에 대한 전반적인 통제를 시도한다는 것이다.

5) 환경결정론에 대한 반론

위에서 논의한 경험적 조직 환경 연구들은 조직에 대한 환경의 영향을 인정하는 환경 임페러티브(imperative)의 입장을 보인다는 점에서 본질적으로 같다. 그러나 이러한 시각에 대한 반론도 존재한다.

조직이 오히려 환경을 조정할 수 있다고 보는 입장도 있으며, 환경의 조직에 대한 영향은 조직과 환경의 경계(boundary)에 있는 하위 단위에만 영향을 미칠 뿐, 대부분의 조직구조에는 영향이 없다는 주장도 있다. 또한 사이먼(Simon)의 지적처럼 현대는 오히려 과거에 비해 환경의 변화가 안정적이고 덜 동태적[20]이라는 시각이 있는가 하면, 변화한 것은 환경이라기보다 관리자들의 '감소된 예측력'이라는 주장도 있다.

이들 대부분의 입장이 주목하고 있는 사실은 오늘날 환경이 급변하고 있다고 한다면, 그리고 조직구조가 이에 따라 영향을 받는다고 한다면 왜 여전히 기계적 조직구조가 현대 조직의 기본 틀을 이루고 있는가이다.[21]

3. 조직과 환경에 대한 관점

조직과 환경과의 관계에 대한 다양한 입장은 크게 환경결정론, 정보

---

20 Herbert Simon. 1977. *The New Science of Management Decision*. NJ: Prentice-Hall.

21 구체적 논의 중에는, 조직이 환경에 적응하여 변화하는 것을 방해하는 관성적 압력이 존재한다는 지적도 있다. 관리 · 경영층의 고정된 사고, 정보의 부적확성 및 노조의 압력 등이 그것이다. Gareth Morgan. 1987. *Images of Organization*. Calif.: SAGE. pp.67-68.

시각, 전략적 선택 관점 등으로 이론화되었다.

첫째, 환경결정론(environmental determinism)은 개방 시스템 시각의 태동 초기에 발전된 이론으로서 환경이 조직구조와 구성원들의 행동 양식을 결정한다는 것이다. 보다 상세히 살펴보면, 환경의 세 가지 특성이 조직구조를 결정한다고 한다.

환경적 가변성이 크면 조직이 대처해야 하는 불확실성이 커지고, 이에 따라 조직은 유기적 구조를 갖게 된다. 환경의 복잡성이 증대하면 조직 내부 전문 부서의 세분화가 증대하고 내부의 조정이 필요하다. 환경적 부자유성(조직 의사결정자들이 환경에서의 경쟁, 적대행위, 무관심으로 말미암아 직면하는 위협의 정도)이 커질수록 조직은 생존 자체에 더욱 치중하게 되며, 이는 결국 집권화와 통제의 강화를 초래한다는 주장이다.

그러나 조직이 단순히 환경의 완벽한 지배하에 있기보다는 나름대로의 대응을 모색한다는 점이 인식되면서, 환경결정론에 대한 약간의 수정이 이루어지게 되는데 이것이 자연도태(natural selection) 시각이다.

자연도태 시각은 조직생태학의 관점을 취하는데, 환경의 변화에 적절히 적응할 수 있는 조직구조를 갖춘 조직들이 적자생존(the survival of the fittest)을 한다는 것으로서 다윈(Darwin)의 생물학적 자연도태설을 조직 분석에 응용한 것이다. 다시 말해, 환경은 나름의 적응을 시도하는 조직들에 대한 자연도태를 거쳐, 환경에 가장 적합한 방식으로 조직구조나 운용 등 조직체의 여러 특징을 선택한다는 것이다. 이 시각은 조직과 환경 간에 '최적의 적합(optimal fit)'이 존재한다고 시사하는 점에서 비현실적이라는 비판을 받았다.

한편 최근에는 조직군 생태학 모델(population ecology model)로 지칭되는, 조직 연결망(organization network) 분석을 통해 조직과 환경 관계를 파악하려는 입장이 정리되었는데, 이 관점 역시 환경결정론과 연결되어 있다. 왜냐하면, 환경이 환경에 가장 적합한 조직 즉 최적의 조직을 선택하며, 이러한 선택 과정에서 개별 조직은 별 영향을 미치지 못하기 때문에, 환경에 대한 조직의 능동적 적응이나 학습을 거의 인정하지 않기 때문이다.

이 입장에서 조직의 환경은 다른 조직들로 구성되는 것이므로, 교환과 관계된 조직 상호관계에 분석의 초점을 두며 분석 단위(unit of analysis)를 이전의 환경-조직 분석처럼 개별 조직에 두는 대신에, 연결망(network) 즉 조직들의 집합 그 자체에 둔다. 다시 말해, 연결망 내에서 층화된 수직관계 같은 조직 간의 배열이나 그 상호관계의 연결망에 관심을 두는 것이다. 따라서 이 입장에서는 조직의 단기적인 변천 과정보다는 오랜 기간에 걸친 조직 변동 측면에 관심을 두기 때문에 방법론적으로 역사적 접근을 선호한다. 즉 환경과 관련하여 특정한 조직군이 어떻게 도태되고 새로운 조직군이 출현해서 승계를 해나가게 되는지 그 역사적 변천 과정이 관심의 초점이다.

올드리치(Aldrich, 1979)는 또한 조직군 생태학 모델의 핵심 특징으로서 리더십이나 의사결정 과정 같은 조직 내부과정보다는 자원분포 같은 환경적 특성을 조직 변동의 중심 동인으로 더 주목한다는 점을 꼽았다.

조직 연결망에서 특정 조직이 갖는 힘의 기반은 첫째로 연결망 내에서 그 조직이 중심적이고 전략적인 지위를 갖느냐의 여부, 둘째로 연결망 외부로부터의 지원[22] 여부에 달려 있다. 이에 따라 논의의 초점은 조

22　벤슨(Benson)은 조직이 필요로 하는 두 가지 중요한 자원(resources)으로 자본과 권위를 들고 있다. 이때 권위는 조직 행위가 정당성을 확보할 필요가 있음을 뜻한다.
Benson, Kenneth. 1980. "The Interorganizational Network as a Political Economy". A. Etzioni and E. Lehman (ed.). *A Sociological Reader in Complex Organizations*. NY: Holt, Reinhart and Winston. pp.349-368.

직 내부 과정, 구조의 측면에서부터 조직 간의 연결, 시장관계, 제도상의 측면 등 복합적인 전체 구조의 측면으로 이행하는 경향을 띠게 되었다.

둘째로, 정보시각(information perspective)은 상호작용론 및 현상학의 영향을 많이 받은 조직 환경론이다. 여기서 '정보'란 의사결정에 내재한 불확실성을 감소시키기 위해 조직 관리자가 받아들이는 환경에 대한 탐색물을 의미한다.

그러나 환경은 실재하는 '물(thing)'이 아니라 지각을 통한 구성물이라고 보기 때문에, 올드리치와 민들린(Aldrich and Mindlin)은 조직구조와 운용은 환경에 대한 정보를 바탕으로 한 의사결정자들의 인식(perception)에 따라 제한된다고 주장한다.[23] 즉 환경의 실제적 구성보다 환경을 어떻게 인식하느냐가 중요하다고 보는 것이다. 위에서 언급한 로런스와 로쉬의 연구도 환경을 측정하는 데 있어서 경영관리자가 인식한 환경을 측정한 점에서 정보시각에 대한 공헌을 한 것으로 볼수 있다.

셋째로, 환경결정론과 정반대의 입장에 서서 조직의 전략적 선택을 강조하는 관점이 있다. 차일드는 조직 의사결정자들은 보다 나은 조직 활동을 위해 환경을 선택할 기회를 가지며 대규모 조직체들은 상당 정도 환경 내의 지배적인 조건에 영향력을 행사한다고 주장하여[24] 전략적 선택 모델을 태동시켰다.

이 시각은 올드리치와 페퍼(Aldrich and Pfeffer)에 의해 자원의존 모델(resource dependence model)로 정교화되었는데, 자원의존 모델은 사

---

23 Aldrich, H. E. and Mindlin, S. 1978. "Uncertainty and Dependence: two perspectives on environment". in L. Karpik (ed.). *Organization and Environment*. London: Sage. pp.149-170.

24 J. Child. 1972. *op. cit.* p.4.

회학의 갈등론과 친화력을 갖는다.

자원의존 모델은 조직이 환경 속에서 활동에 필요한 자원을 확보하고 경쟁관계에서 우위를 점하는 것이 조직의 생존과 발전에 중요하다는 점을 전제로 한다. 이에 따라 환경은 "자원 획득을 위해 상호 경쟁하면서 또한 그것을 공유하는 조직군(群)에 의해 획득이 추구되는 희소자원의 공급처"[25]라고 정의된다. 이때 자원 획득을 위한 경쟁 속에서 특정 조직체가 조직 간 연결망(organizational network) 속에서 다른 조직체에 의존(종속)되는 상황이 야기된다는 것이 자원의존 모델의 내용이다.

A 조직의 B 조직에 대한 의존은 B 조직에 의해 수행되는 목표에 A 조직이 '동기적 투자(motivational investment)'를 하는 정도가 클수록 증가하며, 이 목표가 두 조직 간의 관계 외부에서 달성될 가능성에 반비례한다. 대기업과 하청기업 간의 관계를 생각해보면 쉽게 이해가 되는 내용이다. 이런 환경에서는, 조직 간의 교환관계에서 힘이 큰 조직, 즉 이용 가능한 자원을 많이 확보하고 산출이 많은 조직이 상호교환의 성격을 규정하게 된다. 따라서 조직들은 자원에 대한 통제 확보와 대체자원 탐색을 통해 환경에의 종속을 극복하려고 끊임없이 시도하게 되는데 원자재 구입선을 다변화한다든가 해외구매를 추진하는 것 등이 예가 된다.

4. 현대 조직의 환경관리

이 절에서는 우리가 조직의 환경에 대한 전략적 선택 관점을 수용한

---

25 Aldrich and Mindlin, 1978. *op. cit*, p.156.

다고 할 때, 실제 조직 상황에서 구체적으로 조직들이 어떤 기법을 사용하여 환경을 자신의 활동에 유리한 방향으로 관리해 나가는지를 정리해본다.

조직의 경영관리자가 일단 환경(혹은 하위 환경요소)에 대한 조직의 의존성을 인식하게 되면 그러한 의존성을 감소시키기 위한 노력 즉 전략적 선택을 행하게 될 것인데 그 구체적 기법들은 아래와 같은 것들이 있다.

1) 내부적 기법

조직이 환경으로부터의 영향을 감소시키거나 완화시키기 위해 조직 내부적으로 취하는 전략의 첫 번째 기법은 '완충(buffering)'기법이다. 이는 조직이 활동에 필요한 인적, 물적 자원을 미리 여유 있게 확보해 두고 산출물의 재고를 어느 정도 유지하는 것을 의미한다. 이러한 완충 기법은 예기치 못한 상황에서 조직활동의 지속성과 안정을 유지하기 위한 것이다.

두 번째 기법은 '예측(forecasting)'인데, 어느 조직에서건 조직활동에 필요한 자원의 공급 및 산출물에 대한 중장기적인 수요 예측을 하는 것을 말한다.

세 번째는 '평준화(smoothing)'기법으로서 조직활동의 산출물에 대한 수요가 일시에 몰리지 않도록 가능한 한 분산시키는 기법을 뜻한다. 야간이나 공휴일에 할인을 행하는 전기회사의 경우나 판매가 부진한 시기에 바겐세일을 하는 백화점 등이 예가 된다.

네 번째로, 조직의 산출물에 대한 수요가 공급을 초과하는 상황에서, 경영관리자는 우선순위를 정해서 이 기준에 따라 산출물을 할당하는

'배당(rationing)'기법을 사용할 수 있다. 환자의 용태에 따라 입원실을 배당하는 병원 조직의 경우나 추점을 통해 아파트를 공급하는 정부기관 및 건설회사의 경우가 이에 해당된다.

2) 외부적 기법

위에 논의된 내부적 기법들이 환경에 대한 소극적인 대처 전략인 반면에 조직은 때로 환경의 여러 요소들을 적극적으로 통제하기 위한 기법들을 사용한다.

우선 조직체들은 조직활동의 투입과 산출면의 안정성을 확보하기 위해서 장기적인 '계약(contracting)'을 체결함으로써 환경의 불확실성을 감소시킨다.

두 번째 기법은 '호선(coopting)'이다. 이는 조직활동의 안정성과 생존에 위협이 되는 외부 환경요인을 조직 내로 흡수해버려서 조직활동의 불확실성을 감소시키는 전략이다. 금융조직으로부터 자본을 빌려오는 데 곤란을 겪는 산업조직이 은행가를 이사회에 영입하거나, 활동에 있어서 정부조직과 밀접한 관련을 맺는 산업조직이 고위공직자를 경영진에 포진시키는 것 등이 예가 된다.

세 번째는 보다 적극적으로 환경을 통제하기 위한 것으로서, 공동의 활동을 지향하여 두 개 이상의 조직활동을 '연합(coalescing)'시키는 기법이 있다. 보다 구체적으로는 가격협정, 시장분할, 합작투자(joint venture), 기업합병(merger) 등이 포함된다.

네 번째로, 조직은 보다 호의적인 환경 부문으로 활동 영역을 바꾸거나 넓히는 '다각화(diversifying)'기법을 쓰기도 한다.

마지막으로 조직은 환경을 보다 호의적인 방향으로 이끌기 위해 '광고(advertising)'나 '로비 활동(lobbying)'을 행하기도 한다.

   아래에서는 조직이 환경을 적극적으로 통제하고 관리해 나간다는 전략적 선택론의 입장에서 가장 관심 있게 논의되고 있는 다국적기업 조직의 환경관리에 대해 간단히 살펴본다. 다국적기업(multi-national corporations)[26]은 거대조직으로서 환경을 관리하고 변화시키는 능력을 갖고 있다는 점에서, 조직-환경이라는 주제를 논의하는 데 있어서 관심의 대상이 되어왔다.

   다국적기업의 출현 배경은 그 연원을 15세기 베네치아의 무역활동, 17세기 네덜란드 동인도회사(East India Co.)나 허드슨만회사(Hudson Bay Co.)의 활동에서 찾기도 하지만, 19세기 후반 독점자본주의 형성기의 산물로 보는 것이 타당하다. 즉 대규모 독과점을 통한 자본집중이 초래한 자본과 생산의 국제화, 이에 따른 해외시장 확대 욕구, 기술이전을 통한 국제분업, 원료와 노동력의 안정적 확보와 시장인접지에서의 생산을 통한 이윤확보 욕구, 보호무역주의하의 관세규제 회피 등이 다국적기업의 확대 원인으로 꼽힌다. 주로 원유, 화학, 자동차, 전자산업에서 활동하는 다국적기업은 현재 미국계 기업이 주도적이지만 독일과 일본 및 중국의 확장도 만만치 않다.

   1960년대 후반 이후 경제활동의 영역과 규모를 급속히 신장시켜 나간 다국적기업은 "'보이지 않는 제국'이라든가 '지구기업', '초국가기업'이라고 불리는 바와 같이 그 거대한 자본력, 생산력을 과시하고 때로는 국가주권에도 도전하였다".[27]

   다국적기업의 조직활동의 특징을 간단히 정리해보자. 우선 다국적기

---

26 trans-national corporation으로도 사용됨.
27 오상락 편역. 1981. 『다국적기업』. 삼성미술문화재단. 3쪽.

업은 본사를 중심으로 하여 고도의 집중화를 이루고 있다. 중앙집권적인 계획과 지시는, 챈들러가 '보이는 손(the visible hand)'이라고 표현했던 관리(management) 기능의 강화를 여실히 드러내며, 심지어는 자유시장 경제원리보다는 사회주의적 통제경제 원리의 관리기술에 근접한 것으로 보이기도 한다.[28] 둘째로, 다국적기업의 활동 원리는 통제에 있다. 수직적 통합(vertical integration)을 통해 시장 메커니즘을 조직 내로 끌어들여 통제를 강화하고, 반트러스트(anti-trust)법(法)을 피하기 위해 비공식적인 카르텔(cartel) 형성을 통해 불확실한 기업환경을 통제하려고 시도한다. 다국적기업 간의 협상을 통한 시장분할, 가격유지, 쿼터제 등이 예가 된다. 셋째로, 다국적기업은 가히 세계적인 정치세력으로 등장하여 주재국 정부에 대해 정치적 로비(lobby)를 행하기도 하지만, 대부분의 경우 정치적 책임으로 부터는 벗어나 있다.

이처럼 다국적기업은 특정한 일국정부(national government)로부터 독립적이라는 사실과 대규모 자본투자 능력으로 인해 중소 규모의 여타 조직체들과는 전혀 다른 수준에서 환경을 통제할 수 있다. 많은 경우에 기업목표달성을 위해 수단을 가리지 않는 무책임한 방식을 사용하며 투자의사결정 등에 있어서도 주재국에 수동적으로 반응하기보다는 독자적으로 유리한 환경 창출을 시도한다. 기업 환경에 유리한 입법이나 계약조건 형성을 위해 국제적 금융기관이나 본사를 두고 있는 나라의 정부를 동원하여 압력을 가하기도 한다.

일반적으로 경제력이 떨어지는 다국적기업의 주재국 즉 대다수의 제3세계 국가들은 고용창출, 자본과 기술력 흡수를 목적으로 이들을 유치하기 위해 노동관계 및 외국인 투자소유 등에 관한 법령들을 완화

---

28 Gareth Morgan. 1987. *op. cit.* pp.302-303.

시키기도 한다.

그러나 문제는 통상 주재국이 다국적기업에 종속되는 상황이 발생한다는 점이다. 신용이나 자본능력이 우수한 다국적기업이 그 나라의 토착기업들보다 숙련노동력을 확보하기에 유리할 뿐만 아니라 본사에서의 연구개발 또한 우위를 유지하는 기반이 된다. 주재국 정부가 다국적기업의 활동을 통제하려고 시도하는 경우에는 투자유인(incentive)이 감소된다는 딜레마를 안게 된다. 주재국이 국가적 주체성을 상실하거나 문화적 침투를 받는 것과는 상관없이 다국적기업은 성장과 수익성을 추구하는 점에서 신제국주의자라고 비난을 받기도 한다.[29]

다국적기업이 조직전략을 수행하기 위해 환경을 변경하고 조작하거나 회피하는 예는 과세회피(tax evasion)나 이전가격책정(transfer pricing) 등을 예로 들 수 있다. 과세회피는 다국적기업이 주재국과 특별 과세협약을 체결하거나, 세율의 국제적 차이를 이용하여 조세를 회피하는 전략을 포괄적으로 지칭한다. 그 중 하나의 구체적 전술이 이전가격책정인데, 이는 여러 주재국에 걸쳐 완제품 생산까지의 과정을 분화시키고, 기업 내부거래를 통해 조세가 없거나 낮은 특정 주재국에서만 생산과정상의 이윤이 남겨진 것으로 장부상의 회계조작을 하는 것이다. 이렇게 함으로써, 다른 주재국에서의 활동은 이윤창출이 되지 않은 것이 되어 과세대상이 없어지게 되는 셈이다. 이외에도, 자본회수율을 고도화하는 입법, 특혜관세, 각종 규제 완화를 위한 압력을 행사하여 환경을 통제하기도 한다.

---

29 Clegg and Dunkerley. 1980. *op. cit.* pp.393-394.

10장

권력과
통제의 장으로서의
조직

인간관계론 연구를 통해 비공식 집단과 비공식 규범이 존재하고 비공식적 리더가 중요한 역할을 한다는 것을 발견하면서 조직활동에서 나타나는 힘(power; 권력)의 행사에 대해 관심이 주어지는 계기가 마련되었다. 이전까지의 고전조직이론에서는 주로 공식적이고 정당화된 힘(authority; 권위)에 초점이 두어졌다.

그러나 신고전조직론에 뒤이어 전개된 체계조직이론에서도 조직을 합리적 체계로 보는 기능주의적 시각이 강하게 반영됨으로써 '권력' 개념보다는 '권위' 개념이 보편적으로 사용되었다.[1] 이는 갈등이나 투쟁보다 균형과 합의를 강조하는 기능주의의 이론적 지향이 반영된 결과로서, 조직 내에서 행사되는 힘의 기반을 공식적·합법적인 측면에서 이해하면서 비공식적인 힘의 행사를 무시하거나 역기능으로 본 것이다.

---

[1] 다만 에치오니의 유형론에서 조직내 힘의 원천으로서 권력분석이 이루어졌고, '자연체계(natural system)'로 조직을 파악하는 관점의 발달에 따라 '권력'에 대한 논의가 가능해졌다.

그런데 굴드너(Gouldner)는 이처럼 '권위'와 '권력'을 엄밀히 구분하는 기능주의의 입장 자체가 이데올로기적이라고 비판하였다. 그는 "권력과 권위는 미묘하게 끊임없이 상호작용을 하면서 동시적으로 존재하는 이중구조이며…… 정당성과 '권위'가 있다고 해서 권력이 없어지는 것은 아니다. 정당성과 권위는 단지 권력을 (분석 혹은 논의의) 초점에서 벗어나게 하고 잠재화시킬 뿐이다."라고 주장하였다.[2] 이러한 비판의 맥락에서 본격적으로 조직 분석에 '권력' 개념이 등장하는 것은 1960년대 이후 사회과학 분야에서 갈등론(conflict theory)의 이론적 지향이 다시 확대되던 것과 때를 같이한다.

권력에 대한 관심은 구체적으로는 "조직구조란 어떤 특정 시점에서 서로 자기들의 이익을 촉진하기 위해 투쟁하는 조직 내부 구성요소들에 의한 권력투쟁(power struggle)의 결과"[3]라는 주장을 낳게 된다. 다시 말해, 조직구조는 발현적(emergent)인 활동이거나 혹은 특정 행위자 및 이해집단들의 의식적인 정치적 결정의 결과라는 것이다.[4] 모건(Morgan)이 조직을 '이해관계가 충돌하고 갈등이 발생하여 힘(권력)이 행사되는 정치체계'로 비유한 것도 같은 맥락의 주장이다.[5]

이 장에서는 권력 분석에 있어서의 쟁점, 조직에서의 권력 행사와 이에 관련된 갈등, 조직 권력과 의사결정의 문제, 권력이 조직 내부의 통제에 어떤 의미를 갖는지 등의 주제를 정리하려고 한다. 3절에서는 권

2　Alvin Gouldner. 1971. *The Coming Crisis of Western Sociology*. London: Heinemann. p.294.

3　Stephen Robbins. 1983. *Organization Theory*. 김남현 역. 1985. 『경영조직론』. 경문사. 255쪽에서 재인용.

4　같은책. 255쪽에서 재인용.

5　Gareth Morgan. 1987. *Images of Organization*. Calif.: SAGE.

력이 조직 내부의 통제에 어떤 의미를 갖는지를 노동과정론을 통해 살펴볼 것이다.

1. 조직 권력과 통제에 대한 시각

고전조직이론이나 합리적 시스템(rational system)론에서는 조직 구성원들의 통합된 이해관심을 전제로 하기 때문에 갈등 및 권력 개념을 배제하고 있지만, 자연체계(natural system)론이나 갈등론의 조직 분석 시각에서는 이해관심의 다양성 및 권력 개념이 중요하게 부각된다.

전자의 입장이 조직 분석에 대한 일원적(unitary) 분석틀에 해당한다면, 후자의 입장은 다원적(pluralistic) 분석틀과 급진적(radical) 분석틀에 각각 속하는 것으로 볼 수 있다.

일원적 분석틀은 정치학의 엘리트이론(elite theory)의 예처럼, 개인과 사회의 이해가 통합된 전체로서의 사회상을 조직에 반영시킨 입장이다. 다원적 분석틀은 사회를 구성하고 있는 다양한 이해집단들이 상호 협상하고 경쟁하면서 다양성으로부터 통합을 창조해 나가기 위해 영향력을 행사하는 가운데 질서가 형성된다고 보는 다원주의(pluralism)의 사회관을 반영한다. 한편 적대적인 이해관계 집단 간의 대립 상태에서 강제적 억압을 통해 질서가 성립된다고 보는 마르크시즘의 사회분석 시각을 조직 분석에 적용한 것이 급진적 준거틀에 해당한다.

이 세 가지 조직 분석틀이 조직 내 이해관계의 갈등과 이에 따른 권력 행사에 대해 어떤 입장을 취하고 있는가를 정리해보면 [표 10-1]과 같다.

[표 11-1] 조직 권력 분석틀의 비교

	일원적	다원적	급진적
이해관계	공동 목표달성 강조 통합된 목표성취	개인 · 집단 이해의 다양성 느슨히 짜여진 연합체	모순적 계급이해의 적대성 경쟁 세력 간의 각축
갈등	갈등은 통제 · 제거 가능 갈등은 일탈(逸脫)적	갈등은 본질적 갈등의 긍정적 · 기능적 측면	갈등은 필연적 억압된 갈등 조직 갈등은 계급 갈등의 반영
권력	권력 개념 거부 권위(權威) 중시 권위 · 리더십은 공동이익 추구하는 관리자의 특권	이해 갈등 해소 · 중개를 매개 하는 권력 개념 다원적인 권력보유 인정	불균등하게 배분된 권력 사회권력 반영된 조직 권력 사회통제와 연관된 권력

• 출처 : Morgan, 1986, Images of Organization, p. 188, Exhibit 6.6에서 재구성

조직을 정치체계로 비유했던 모건(Morgan)은 조직 실재의 형성에 다원적인 이해, 갈등, 힘의 원천이 작용한다는 점을 강조하면서 다원주의적 준거틀이 '있는 그대로의' 조직 분석에 가장 근접한다고 보았다.

그러나 그는 다원주의적 분석틀을 통해 조직 행위가 더욱 정치적이될 가능성이나 모든 조직활동을 이해관계의 교류나 그 협상의 부산물로 불신하는 냉소주의가 초래될 부작용에 대해서도 주의를 제기하였다.

2. 갈등론의 조직연구

1) 조직 권력과 갈등

페퍼(Pfeffer)는 근래에 조직문화(organization culture)에 대한 관심이 증대되는 점을 높이 평가하면서도 이러한 접근이 조직 내부 갈등과 권

력 행사에 대한 분석을 여전히 결핍하고 있는 한계를 보인다고 지적하였다.[6] 즉 조직문화 혹은 구조는 조직 내부 역학관계에 의해 형성되고 조정되는 것인데, 합리성에 기반한 조직 운영을 강조하던 기존의 조직 이론들처럼 이 접근방법도 조직이 현재 운용되는 모습을 당연시하는 경향을 공유하고 있다는 것이다.

그러나 자연 시스템 시각에서는 조직목표, 구조, 의사결정 과정 등의 모든 조직 운영이 합리적 틀에 따라 이루어지고, 따라서 조직 내에 갈등이 존재할 여지를 부인하는 합리적 시스템 조직의 관점을 거부한다.

현실적으로 볼 때, 모든 조직체에는 조직목표나 목표달성 수단의 설정에 대해 이견이 존재하며, 조직 위계의 각 단계에서 상위의 명령이나 업무 지시가 거부되거나 의문시되고(수직적 갈등) 또한 각 부문 간의 충돌(수평적 갈등)도 발생한다. 조직 내 하위부서나 업무집단이 자신들의 목표달성을 전반적인 조직목표보다 우선시함으로써 갈등이 초래되기도 한다. 조직 최고관리자의 중요한 업무 중의 하나가 바로 조직 내부 갈등을 관리하는 것이라는 점은 이런 상황을 반영한다. 그러나 대부분의 조직 갈등은 단기적으로 해소되기보다는 조직 구성원들의 가치, 신념, 태도, 의례(ritual) 및 기타 조직문화의 여러 측면에 제도화(institutionalize) 되는 경향이 있기 때문에, 갈등을 규명해내고 해소한다는 것은 어려운 일이다.[7]

조직 갈등이 왜 발생하는가에 대해 자연 시스템 시각이 취하는 기본적 입장은 간단하다. 즉 환경의 불확실성에 대응하기 위한 조직구조가 조직 구성원들의 인지 능력의 한계 및 상이한 이해관심으로 말미암아

---

6 J. Pfeffer. 1981. *Power in Organizations*. Mass.: Pitman Publishing.
7 Gareth Morgan. 1987. *op. cit*. p.158.

완벽한 설계가 될 수 없고, 따라서 갈등은 기본적으로 수반된다는 것이다. 조직목표의 설정[8] 및 이를 달성하기 위한 수단을 선택하는 데에 있어서나, 어느 부문에서 중요한 일을 맡아 특권(privilege)을 갖고 이에 따른 보상을 부여받을 것인지를 결정하는 업무 조정에서 갈등이 표출될 수 있다.

더불어 조직이 다양한 사회적 배경을 가진 개인들의 구성체이기 때문에 기본적으로 갈등이 잠재되어 있을 뿐만 아니라, 승진 시스템과 관련한 갈등이나 직업 부문 간(예로, 라인과 스태프 간이나 사무직과 생산직 간) 갈등도 존재한다.

조직을 정치체계로 비유한 모건은 조직 구성원들이 갖는 이해관계를 세 측면으로 구분하였는데, 과업(tasks), 경력(career), 조직 외적 이해(개인적 인성, 가치, 선호, 신념 등에 기반)가 그것이다. 통상 조직 구성원들은 조직활동을 수행하는 데 있어서 이 세 가지 측면의 적절한 균형을 추구하지만 세 가지 이해가 부합되는 영역(혹은 선택)은 실제 협소하기 때문에 조직에 긴장과 갈등이 따른다는 지적이다.

또한 조직의 효율성을 지향하여 조직구조 변동을 시도하거나 새로운 관리방식을 채택하는 경우나 자동화(automation) 등의 기술혁신에도 저항이 존재하고 갈등으로 표출되기도 한다.

다른 한편으로, 조직 관리자가 하위자들을 통제하려고 시도하는 것과 구성원들이 자신들의 업무, 권한, 의무, 보상체계 등을 규정하는 조직 의사결정에 참여함으로써 영향력을 가지려는 것이 갈등의 중요한 요인이 되기도 한다. 기업의 경우에 구성원들이 의사결정에 참여함으로써 아이디어를 제공하고 동기부여를 받으며 조직 운영에 대한 이해

---

[8] 조직목표에 관한 상세한 논의는 8장 참조.

를 높일 수 있다고 알려져 있다. 그러나 참여의 측면이나 수준 및 방식이 어떤 것이어야 하는가에 대해서는, 기법들에 대한 효과와 문제점이 다양하게 논의되고 있고 상당한 이견이 있다.

2) 조직 권력의 기반

조직에서 권력 행사의 기반은 조직구조상의 기능이나 통제 가능한 희소한 자원의 소유에 달려 있다고 생각되었다. 톰슨(Thompson)은 개인이나 부서가 조직 내의 집권적 위치에 있어서 전략적 의사소통에 관여함으로써 힘을 행사한다고 하였고,[9] 듀빈(Dubin)은 다른 구성원이 갖고 있지 못한 기능적 요건을 통해 조직활동에 필수적인 업무를 수행하는 것이 권력의 원천이라고 주장하였다.[10] 구체적으로 살펴볼 때, 조직 내 권력의 원천은 아래에 정리된 것처럼 매우 다양하다.[11]

① 공식 권위: 직위에 따라 정당화된 권력이다.
② 희소자원에 대한 통제력: 예산 설정과 배분, 자재와 기술 확보, 인력과 고객 확보에서 발휘되는 능력, 특히 일상적인 운용 외에 투자될 수 있는 여유자원(slack resources) 확보가 중요하다.

---

9 그 자신이 경영인으로서 조직을 협동적 체계로 파악하려고 시도한 바나드(Barnard)는 '권력'보다 '권위' 개념을 선호하였는데, 그는 '권위'를 '유형화된 커뮤니케이션에의 복종'으로 파악한다. 여기서 '커뮤니케이션'은 '명령(order)'을 지칭하는 것인데, 그의 입장은 이후 조직 내의 커뮤니케이션 연구 확대의 한 계기가 된다. 심윤종·유홍준·박승희 공저. 1991. 『산업사회학』. 경문사. 131-132쪽에서 재인용.

10 Clegg and Dunkerley. 1981. *Organization, Class and Control*. London: Routledge and Kegan Paul. p.435에서 재인용.

11 G. Morgan. 1987. *op. cit*. p.159. Table 6.3에서 재구성.

③ 조직 내 공식 규칙과 규제의 사용: 퍼로우(Perrow)의 '정상적 사고(normal accident)'[12] 개념처럼 규칙을 제대로 이행하지 않아서 사고가 초래되었다고 하더라도, 실제 규칙을 그대로 준수하면서는 정상적인 업무 수행이나 목표달성이 불가능한 경우도 있다. 이런 경우에 일반 조직 구성원들은 자신들에 대한 통제장치인 규칙·규제가 상위자를 처벌하고 곤경에 빠뜨릴 수 있는 것이라는 점을 인식하게 되어, 마치 권력 게임의 형태로 양자 모두에게 권력 행사의 기반이 될 수도 있다.

④ 의사결정에 대한 통제력: 의사결정에 앞선 전제(premises)[13] 부여 및 의제(agenda)로의 채택 여부를 결정하는 능력. 의사결정 과정(언제, 어떻게……)을 정하고, 논의될 이슈(issue)와 목적, 평가기준을 결정하는 능력이다.

⑤ 지식·정보 통제력: 지식 및 정보의 유통과 내용을 통제하는 '수문장(gate keeper)'으로서의 능력이다.

⑥ 경계(boundary) 통제력: 조직 부문 간 및 조직-환경 간 경계에서 상호작용을 조정하고 통제하는 능력으로, 흔히 완충(buffer) 기능이라고 부르는데, 예로 비서직, 보좌관 등이 갖는 힘을 의미한다.

⑦ 기술에 대한 통제력: 기술적 지식과 숙련이다.

⑧ 인적 연결망, 비공식 조직 통제력: 비공식 리더로서의 힘이다.

⑨ 대항조직(counter organization)에 대한 통제력: 예를 들어, 노동조

---

12 상세한 내용은 7장 참조.

13 퍼로우(Perrow)가 '비가시적 통제(unobstrusive control)' 개념으로 사용한 것으로서, 일상 용어·태도 등에 내면화되어 사고, 행위양식을 규제하고 의사결정의 전제가 된다.

합이나 소비자 단체에 대해 영향력을 행사할 수 있는 관리자가 갖는 힘에 해당한다.

⑩ 상징과 의미체계의 관리: 상황정의를 유도하여 다른 사람들이 실재(reality)를 인식하는 방식과 행위 양식에 영향을 끼칠 수 있는 능력이다.

그러나 이러한 분석 시각은 왜 애당초 특정 구성원이나 부서만이 기능이나 자원에 접근하는데 반해 다른 사람들은 그렇지 못한가를 설명해야만 한다는 비판에 직면되었다. 즉 기존의 조직이론이 권력 분석에 있어서 균형(공식 위계구조에 따른 합당한 힘의 배분)을 이미 가정하고 불평등한 자원배분을 당연시하는 입장을 취하지만, 바로 이것을 설명하는 것이야말로 조직 권력 분석의 핵심이라는 지적인 셈이다.

3) 불확실성, 조직 내 규칙과 권력

이러한 입장에서 달(Dahl)의 기계론적 권력 개념을 넘어선 최초의 권력 개념이 크로지어(Crozier)에 의해 형성되었다. 그는 조직이 구성원들을 통제하려는 시도에도 불구하고, 조직 구성원들 간에는 권력 게임적 상호작용이 지속된다고 보았다. 이때 '불확실성(uncertainty)'에 대한 통제가 권력의 기반이라고 크로지어는 주장했다. 그런데 불확실성을 통제할 수 있는 기반은 규칙(rule)으로부터 나온다는 것이다.

예를 들어 혼잡하게 얽힌 교통을 정리하는 데 있어서 여러 명의 민간인들이 나서서 노력을 한다 해도 제복을 입은 한 명의 교통순경의 처리 능력에 미치지 못하는데, 그 이유는 '경찰'이 교통정리를 하는 힘을 갖고 운전자들은 이에 따라야만 한다는 규칙이 인식되고 인정되기 때문이다. 이와 마찬가지로 조직 권력도 조직에서 운용되는 규칙의 게임을 통해 형성되고 행사된다는 것이 크로지어의 주장이다.

누군가의 권력이 실제로 발휘되어서 힘이 구현되는 것은 조직 구성원들이 인식하는 '기저적 규칙(underlying rule)'이 있기 때문에 가능하다는 것이다.[14] 이때 기저적 규칙은 성문화된 문서나 공식적인 직위의 배열을 반영하지만, 조직 구성원 간의 이해관계나 힘의 관계를 반영하기도 하며, 한편으로는 이러한 기저적 규칙을 통해 권력관계가 구성된다.

한편 '기저적 규칙' 개념은 조직 구성원들이 그들이 직면한 상황을 정의하는 다양한 방식과 그 과정에서의 합리성의 한계에 대한 통찰력과 연결된다. 이에 따라 마치와 사이먼의 '제한된 합리성' 개념이나 웨익(Weick)의 조직화 모델이[15] 조직 의사결정과 조직 권력의 상호관계에서 파악되기도 하였다.

4) 전략적 상황조건이론

톰슨(Thompson)이 1967년에 발표한 새로운 글에서는 전략적 의사소통에 함축된 불확실성의 통제가 권력 개념으로 사용되게[16] 된다. 톰슨의 권력 개념은 조직을 불확실성과 비결정성(indeterminancy)을 특징으로 하는 자연적 시스템(natural system) 내지는 개방 시스템으로 보는데 기인한다.

---

14 Crozier, M. 1964. *The Bureaucratic Phenomenon*. London: Tavistock.
15 보다 상세한 논의는 7장 참조.
16 Thompson, J. D. 1967. *Organization in Action*. NY: McGraw-Hill.

힉슨 연구팀(Hickson et al.)은 여기에 상호작용론의 관점을 접합시켜서 '전략적 상황조건이론(strategic contingency theory)'이라는 조직 내 권력 분석 이론을 산출하였다.[17] 이들은 조직 내 분업으로 인한 하위 단위들 간의 상호의존성을 전제로 하고, 각각의 하위단위들은 외부 환경으로 부터의 투입(input) 요소가 갖는 불확실성을 확실성으로 변화시키는 활동을 함으로써 힘을 행사한다고 본다.

조직은 복수적(plural)이고 상쇄적(countervailing)인 권력으로 구성된다는 것이다. 그런데 조직의 목표는 환경으로부터의 불확실성을 감소시키려는 것이고, 이러한 불확실성에 대한 조직 하위단위들의 대처 능력은 상황에 따라 다른데 이런 불균형이 권력관계를 낳는다고 본다.

결국 이 이론은 환경에 직면한 체계(조직)의 적응이라는 측면에서 조직 내 하위단위들 간의 권력관계의 변동—특정 하위단위의 권력증대나 감소—을 이해하는 것이고 따라서 환경결정론이 보편적으로 안고 있는 한계, 즉 조직 구성원이 환경을 선택할 수 있다는 점이 간과된 셈이다.

이 점을 인식한다면, 조직활동의 분업 자체가 조직과 환경이 무엇인지에 대해서 조직 내부의 힘있는 구성원들이 내린 상황정의의 결과물일 수도 있으며, 따라서 조직 위계의 층화된 모습에 초점을 두지 않은 권력 분석은 무의미하다는 지적이 가능하다.

---

17 Hickson, D. J. et al. 1971. "A Strategic Contingencies Theory of Intra-Organizational Power". *Administrative Science Quarterly*. 16: 216-229.

5) 조직 의사결정과 권력

합리적 시스템 시각에서는 조직 의사결정(decision-making)을 그 결과에 대한 명확한 예측과 선호에 기반한 합리적 과정이라고 본다. 일반적인 의사결정 과정은 다음과 같은 절차로 구성된다는 것이다.[18]

우선 의사결정이 필요하다고 인식이 되면 모든 의사결정의 기준이 설정된다. 이 기준들의 설정은 조직에 최선의 이익이 돌아가도록 한다는 원칙에 기반한다. 그 다음에 이러한 의사결정 기준들에 대해 상대적 중요성에 따른 비중치가 부여된다. 그 후 이런 기준에 합당한 모든 가능한 대안들(alternatives)이 목록화되고 평가된다. 이러한 평가에 따라 최적의 대안이 의사결정을 통해 선택된다.

이상의 합리적 시스템론의 의사결정 논리가 명쾌하고 규범적이지만, 실제 조직 상황에서는 인간과 조직이 안고 있는 여러 가지 제약이 의사결정에 작용한다. 펠드먼과 마치(Feldman and March)는 합리적 의사결정론에 회의적인 입장인데, 의사결정을 위해 정보를 수집한다는 것과 이것이 실제 사용되는 것은 별개의 문제라고 주장하기도 하였다.[19] 실제 내려지는 의사결정은 이해관계를 반영하는 것이고, '정보가 수집된다는 것'은 단지 (사후에라도) 의사결정에 적절한 절차와 고려가 견지되었다는 점을 사후적으로 뒷받침하는 의례적인 성격을 갖는 상징(symbol)에 불과하다는 생각이다. 이들의 주장을 인용해보자.[20]

---

18 김남현 역. 같은 책. 256-257쪽 참조.

19 Feldman, M. and J. March. 1987. "Information in Organizations as Signal and Symbols". *Administrative Science Quarterly*. 26: 171-186.

20 Rhoda Blumberg. 1987. *Organizations in Contemporary Society*. NJ: Prentice-Hall. p.163에서 재인용.

(1) 개인이나 조직에 의해 수집되고 소통되는 정보의 대부분은 실제 의사결정에 적합성이 결여된 것이다. (2) 의사결정을 정당화하기 위해 사용되는 정보의 대부분은 의사결정이 내려진 뒤에 수집되고 해석된 것들이다. (3) 의사결정을 해야 할 필요에 의해 요구되고 수집된 정보의 대부분은 실제 의사결정 과정에서는 고려되지 않는다. (4) 의사결정이 처음 고려될 시기에 얼마만큼의 정보가 이미 있는지를 불문하고, 항상 보다 많은 정보가 요구되어진다. (5) 사용 가능한 정보가 한편에서는 무시되면서도 조직 의사결정에 필요한 충분한 정보가 없다고 불평이 초래된다. (6) 정보가 필요하다는 것이 문제이지 의사결정에 제공되는 정보의 적절성은 상대적으로 문제가 아니다.

다시 말해, 모든 개인이나 조직체들은 자신들이 의사결정 과정에 사용하거나 사용할 것이라고 기대되는 정도 이상의 정보를 수집하는 경향이 있다. 이러면서도 한편으로는, 보다 많은 정보를 끊임없이 요구하거나 정보가 적절한 것이 아니라고 불평하는 경향을 보인다.

이에 따라, 자연 시스템 시각에서는 의사결정을 조직이 처한 준거틀 내에서의 상대적 합리성에 불과한 것으로 본다는 점을 앞에서 언급하였다. 우선 위에서 언급한 의사결정 과정의 각 단계에서 명확성이 결여될 수 있다. 의사결정을 행할 필요성이 존재하는 상황인가에 대한 판단도 명료하지 않을 수 있고, 인간의 인지능력 한계로 인해 모든 기준에 대해 인식한다는 것도 불가능하며 기준에 대한 중요성의 비중 부여에 있어서 객관성이 결여될 수 있다.

모든 가능한 대안을 탐색한다는 것도 인지능력의 제한을 받을 뿐만 아니라 대안의 평가에 있어서 의사결정자의 사적·이기적 관심이 반영될 여지가 크다. 실제로 의사결정자는 좋다고 생각되는 대안이 머릿속에 떠오를 때까지 대안을 탐색하다가 최소한의 수용 수준에 달하는 대안이 발견되면 탐색을 중단하고 선택을 행한다는 것이다.

더불어 조직은 나름대로의 평가체계와 보상체계를 갖고 있게 마련인데, 이러한 제도들은 조직 내에서 어떤 결정을 내리고 따르는 것이 개인에 대한 보상에 있어서 더 바람직한가를 모든 조직 구성원에게 암시한다는 점에서 의사결정을 제약하기도 한다.

다시 말해서, 조직 내에서 의사결정 즉 선택이 이루어지는 것은 현실상황의 제한된 틀 내에서 '상황정의'에 기반함으로써 실제로는 최적이 아니라 단지 만족할 만한 결정과 선택이 협상과 타협에 따라 이루어진다는 것이다. 조직 구성원이 획득하는 정보는 제한적일 수밖에 없으며, 이를 수용하여 인식하는 인간의 인식능력 또한 한계를 갖기 때문에 결국 의사결정은 '합리성의 울타리(boundaries of rationality)' 내에서 이루어진다는 것이다. 사이먼(Simon)은 이것을 '제한된 합리성(bounded rationality)'이라고 표현하였다.

이에 덧붙여서 관리자들이 의사결정을 행할 때 조직의 요구(효과성)는 최소한으로 충족하고 자신의 이해관계를 최대한 증진시킨다는 점을 고려하면, '조직효과성'이란 것도 최적점이 아닌 어떤 범위(range)의 문제가 되는 셈이다. 따라서 조직목표와 상충되는 조직 구성원들의 개별적인 목표가 존재하고 이에 따른 이기적 관심이 의사결정에 영향을 미치고, 비합리적인 의사결정이 이루어지기도 한다는 점을 우리가 인정한다면 조직 분석의 초점은 이런 상황에서 전개되는 힘과 권력의 행사에 두어지게 될 것이다.

사이어트와 마치(Cyert and March)는 구성원들이 제각기 다른 목표와 선호를 가지면서 협상과 타협을 통해 공존을 모색하는 연합체(coalition)가 바로 조직이라고 규정하면서, 이러한 내부 연합구조의 관리에 따른 정치적 제약이 조직의사결정의 합리성을 제약하는 중요한 요인 중의 하나라고 주장하였다.[21]

따라서 조직구조는 조직 구성원 및 연합체(coalition)들 간의 권력 행사의 산물이라고 생각할 수 있다.[22] 서로가 자신의 이해에 부응하는 조직구조의 배열을 원한다고 볼 때, 특정한 형태의 조직구조가 나타난 것은 그 결정에 영향을 미칠 수 있는 권력을 가진 의사결정자의 이해관계가 반영된 결과라는 갈등론의 시각에 연결된다.

6) 갈등론의 조직 권력 분석

갈등론의 조직 권력 분석을 살펴보기에 앞서서, 갈등론자들 특히 마르크시스트 학자들이 기존의 조직 분석에 대해 제기하는 비판들을 정리해보는 것이 도움이 된다. 이들은 우선 기존의 조직 분석이 사회계급, 갈등의 문제와 격리되어왔다고 보고 엘리트주의적 조직관을 반영한다고 주장한다. 이에 따라 노동보다 관리나 경영 측면에 관심을 두고 지원하는 몰(沒)역사성을 초래하였다고 보는 것이다. 더불어 최근에 조직 환경에 대한 관심이 증대되면서 해결되고 있는 문제이긴 하지만, 기존 조직론은 정치·경제 및 공동체가 일상 조직활동에 미치는 영향에 대한 분석을 결여하고, 이에 따라 질서와 갈등 간의 대립을 무시한 비

---

21 Richard Cyert and James March. 1963. *A Behavioral Theory of the Firm*. New Jersey: Prentice-Hall.

22 모건(Morgan)은 조직을 이해관계를 추구하는 구성원들의 연합으로 구성된 연합체(coalitions)들의 연결망으로 비유한 바 있다. Gareth Morgan. 1987. *op. cit.* p.154.

변증법적 경향을 띠어 왔다고 비판하였다.

합리적 시스템론의 시각에서 보면, 조직 내부 업무 분화 및 이에 따른 힘의 차이는 구성원의 능력과 성취에 기반하는 것으로 본다. 하지만 구성원의 충원과 승진을 통한 조직 내의 노동 분화는 구성원들의 귀속지위(ascribed status)를 상당히 반영한다는 것이 갈등론의 입장이다. 조직이 귀속지위를 둘러싼 사회의 불평등구조를 반영한다는 주장인 셈이다.

페퍼(Peffer)는 '조직은 정치적 체계이며 이해연합체(coalitions of interests)'[23]라고 규정하였다. 갈등론의 조직 권력 분석은 조직 구성원이나 그 연합집단이 조직을 통제(control)하기 위해 권력투쟁에 몰입한다는 명제를 제시한다. 이러한 힘의 충돌이 발생하는 것은 상황을 규정하는 데 있어서나 선호(preference)에 있어서 의견의 불일치가 있기 때문이다. 어떤 관점에서 보아 합리적인 것이 다른 관점에서 보면 전혀 불합리한 것으로 인식되는 것이다.

특정한 유형의 사회적 행위인 권력 행사는 규칙화된 내규화(ruled enactment)로서 개인에 의해 구성되고 실행된다는 점을 앞에서 언급하였다. 우리는 이제 "그러한 내규화는 경제적으로 조건 지워진 지배구조의 맥락에서 발생한다"[24]는 갈등론의 권력 분석에 대해 살펴볼 필요가 있다. 즉 조직활동의 모든 의사결정에 있어서 구성원이나 이해연합체가 행사하는 영향력의 정도는 다르다는 점이다.

아벨(Abell)에 따르면, 조직은 '협상과 영향력 체계(bargaining and

---

23 Jeffrey Pfeffer. 1978. *Organizational Design*. Ill.: AHM Publishing. p.8.

24 Clegg and Dunkerley. 1981. *op. cit.* p.456.

influence system)'[25]로 여겨지며 이 조직이라는 협상지대에서 각 하위 단위는 자신의 이익을 극대화하려고 시도하여 자유경쟁적 권력투쟁이 발생한다고 본다. 다시 말해 조직 구성원들은 제각기 교환 가능한 자원 등 더 많은 권력의 기반을 통제하고 다른 사람이나 부서를 종속시키려고 시도한다는 것이다.

이 경우 힘이 행사되려면 개인은 자신의 원천적인 역량을 발전시키고 사용할 수 있도록 필요한 모든 수단을 얻을 수 있어야 한다. 만약 이러한 수단에의 접근이 제한된다면 힘은 그만큼 감소될 것인데, 갈등론이 주목하는 점이 바로 이 점이다. 클레그와 던커리(Clegg and Dunkerley)는 개인이 본질적으로 사회적 관계의 담지자로서 궁극적으로 경제력에 의해 규제되고 지배되는 사회적 존재라고 주장하였다. 이 경제력은 지배구조의 틀 내에 배태되고 발현되므로 결국 힘을 행사할 수 있는 애초의 능력을 제한한다는 것이다.[26]

이러한 입장은 마르크스의 자본과 노동관계 분석의 연장선에 있는 것으로서, 조직 권력 분석은 특정 조직 구성원(자본가 및 경영자)들이 다른 조직 구성원(노동자)들의 능력을 어떻게 통제하는가 하는 문제로 전환된다.[27] 이러한 관심의 맥락에서 네오마르크시즘의 조직 분석은 1970년대 이후 노동과정론으로 발전했던 것이다.

---

25 *Ibid.* p.452에서 재인용.

26 *Ibid.* p.456.

27 마르크시즘의 조직 분석 시각은 조직을 계급투쟁의 장(場)으로 보는 것이며, 자본주의하의 조직은 자본의 착취적 지배가 관철되는 물적 기초라는 입장으로 정리할 수 있다.

7) 조직 권력, 통제와 조직구조

위에서 논의한 것처럼 조직을 불균등한 힘의 행사가 부딪히는 장(場)으로 인식할 경우 조직구조는 어떤 유형을 띠게 될 것인가를 생각해보자. 만약 조직구조가 권력을 가진 사람들의 통제력이 유지되는 방향으로 만들어진다면 조직 구조상의 배열은 비교적 고정된 유형을 유지하려는 경향이 나타날 것으로 예상된다.

즉 조직 내에서 권력을 가진 사람들은 그들의 통제력을 안정적으로 유지해주는 구조를 선택하고 복잡성을 제거하여 집권화와 공식화가 증대된 조직구조를 원할 것이다. 조직구조의 복잡성 증대는 통제(조정)에 있어서 곤란을 초래하므로 권력 소지자는 가능한 한 분화를 원치 않을 가능성이 크다. 더불어 의사결정의 집중을 시도하고, 규칙의 강화(공식화·표준화)를 통해 통제를 유지하려고 시도할 것이다.

다시 말해, 조직이 집권화된 통제를 추구한다면 예측성과 일상성이 높은 기계적(mechanical) 조직구조의 형태를 띨 가능성이 크다. 9장에서 환경결정론에 대한 반론을 열거하면서 이미 지적한 것처럼, 현대 조직이 역동적인 환경에 처해 있다고 흔히 지적되면서도 유기적 조직구조보다는 기계적 조직이 보편적으로 편재하는 현상의 이유가 바로 여기에 있는 것이라는 지적도 가능하다.

3. 네오마르크시스트 노동과정론

1) 자본주의의 진전과 조직 권력

구조기능주의에 대한 비판으로 1960년대 이후 미국의 경우를 비롯하여 사회학계에 갈등이론이 활발히 논의되는 과정을 거치면서 조직론 분야에서도 갈등론을 수용하는 입장들이 나타나게 되고 한편에서는 마르크시즘에 기반한 조직 분석 시각이 대두되었다.

사회의 구조적 분화와 불평등이 조직의 충원 과정이나 작업 설계 등을 통해 산업조직체에 의해 재생산된다는 점을 주목하는 이 입장은 사회적 불평등이 노동시장, 조직구조와 밀접한 연관을 가지며 결국 조직은 계급의 문제와 불가분의 관계에 있다고 본다.

일반적 역사의 합리화 과정으로 조직을 분석한 기존의 시각에 반하여, 특정 형태의 조직이 자본주의적 축적·진전 과정과 연관되어 있다고 보는 이 입장에서 중요한 관심은 조직 내부 의사결정 과정에서 권력(power)이 어떻게 행사되느냐의 문제와 조직의 통제(control) 문제에 집중되어 있다.

브레이버만(Braverman)을 비롯하여 에드워즈(Edwards), 뷰러이(Burawoy) 등의 저서가 보여주는 기본 관심은 클레그와 던커리(Clegg and Dunkerly)가 주장한 바와 같이, 노동과정(노동 그 자체, 그 대상과 도구를 의미)에 대한 통제 문제에 조직연구의 초점을 두는 것이다. 즉, 자본주의적 생산양식 내에서도 노동과정을 조직하는 방식이 다양하게 발전되어 왔는데 이것이 조직 분석의 주제가 되어야 한다는 것이다.

고전조직이론이 갖는 함의를 부르주아 헤게모니 유지에서 찾는 네오마르크시스트 조직론자들은 과학적 관리론의 출현이 자본주의의 진전과 조직 규모의 증대에 따라 조직 운영과 생산의 합리성을 제고하기 위한 불가결의 형태라고 보는 시각을 비판한다. 이들은 과학적 관리론을 독점자본주의 형성기에 드러난 노동자들의 반발을 억제하려는 자본가 및 경영자의 욕구가 창안해낸 통제 메커니즘이라고 파악한다.

자본주의의 진전에 따른 조직 권력 관계의 분석을 위해서는 우선 오페(Offe)의 '업무연속적 지위(task-continuous status) 조직'과 '업무불연속적 지위(task-discontinuous status)조직' 개념을 살펴보는 것이 유용하다.[28]

전자는 위계구조의 상하를 불문하고 구성원들이 복종하는 동일한 조직규칙이 있어서 상급 직위는 규칙의 인지·숙달 정도와 업무 능력과 경험이 더 많다는 점에 있어서만 하급 직위와 구별되는 조직 형태이다. 길드(guild) 조직의 예처럼 조직 내부 기능적 분화가 위계적 분화와 일치하여 권력은 생산수단의 소유·통제 및 생산방식에 대한 기능적 지식에만 기반한다.

이러한 조직유형은 자본주의의 진전에 따라 조직활동의 분화(전문화)가 증대됨에 따라 새로운 형태의 사회적 관계를 가진 조직유형으로 변모하였는데, 오페는 이를 업무불연속적 지위조직이라고 불렀다. 이 조직은 숙련에 기초한 기능의 분화가 위계의 분화와 더 이상 일치하지 않는다는 특징을 갖는다. 이 조직 형태는 육체노동과 정신노동의 분화가 증대하는 것에 기반하며, 이러한 분화는 지식의 독점화, 과학의 자본주의 생산관계에의 종속, 지배-종속의 자본주의적 이데올로기 재생산과 밀접한 연관을 갖는다는 것이다.

---

28 Offe, C. 1976. *Industry and Inequality*. London: Edward Arnold.

오페의 이러한 분석에서도 시사되고 있는 것처럼, 마르크시즘에서는 자본에 대한 노동의 형식적 종속이 자본주의의 진전에 따라 실질적 종속으로 바뀌었다는 점을 강조한다. 이 주장의 내용과 이 주장이 조직 내부 권력관계에 대해 갖는 의미를 생각해보자.

조직에 원료 등이 투입(input)되어서 가치를 지닌 산출물(output)로 변형되는 과정은 '노동과정(labor process)'으로 개념화되었고, 이에 따라 노동과정은 노동력(노동활동), 노동의 대상물(원료 등), 노동의 수단(작업도구나 생산기술)이라는 세 가지 요소로 구성된다. 그런데 마르크시즘은 자본주의하의 노동과정이 이 세 가지 요소의 결합을 통해 어떤 특수한 계급관계를 형성하고 재생산해낸다는 점에 주목한다. 그리고 이 점이 바로 조직 분석의 주제가 되어야 한다는 것이다. 그 논리 전개를 간단히 정리하면 다음과 같다.[29]

자본주의적 생산양식 하에서 조직되는 노동과정은 독특한 사회적 관계를 형성한다. 왜냐하면 생산양식은 그 자체가 특수한 운동법칙의 구체적 실현이기 때문이다. 그리고 이 점이 바로 조직 분석의 주제가 되어야 한다는 것이다. 자본주의적 노동과정의 특징은 단순한 사용가치의 생산이 아니라 가치 확대적 생산을 특징으로 한다. 다시 말해 교환가치를 지닌 상품생산을 지향하며 이 과정에서 잉여가치가 창출된다는 것이다. 그런데 노동자들은 자신들의 노동의 대가로 노동력의 시장가격에 해당하는 교환가치를 임금으로 지급받는 것으로 끝나며, 자신들이 산출한 잉여는 자본가의 몫이 된다. 교환관계를 통해 노동과정 요소들을 확보하고 결합시킬 수 있는 자본을 소유한 자본가는 노동과정을 주도하게 된다. 자본주의적 생산양식의 헤게모니 유지를 위해 자

---

29 Clegg and Dunkerley. *op. cit.* pp.463-475 참조.

본은 노동에 대한 특수한 통제 양식을 확립하려고 시도한다. 그 특수성은 잉여가치 생산의 필연성에 귀착된다. 따라서 가치증식 과정과 노동과정의 통일 형태를 취하는 독특한 조직 형태를 모색한다는 것이다. 그것은 가치증식 목표와 상충할 가능성이 있는 다른 모든 목표나 활동을 제거하는 방식으로 노동을 조직하고 강제하여 노동과정에 대한 실질적 통제를 도모한다는 것이다.

1장에서 언급한 바 있는 선대제(상인자본주의)로부터 공장제(산업자본주의)로 이행하는 과정은 바로 자본에 대한 노동의 형식적 종속이 실질적 종속으로 전환되는 과정인 셈이다. 구체적으로는 과학과 기술의 적용을 통해 노동을 생산수단(기계)에 종속시키고, 노동과정상의 기술적 분업을 통해 생산성의 증대를 추구하게 된다.

기술적 분업은 노동자들이 노동과정 전체를 이해하던 것을 근절시켜서 노동과정에 대한 전체적 이해를 결여한 노동자는 생산에 대한 통제를 잃게 되고 소외된다. 한편 작업의 파편화를 통해 노동자들로부터 제거된 활동은 정신노동에 귀속된다. 테일러의 과학적 관리기법이 대표적인 예가 될 것이다.

육체노동과 정신노동의 이러한 분리를 통해 자본가는 생산수단에 대한 통제에서 더 나아가 생산방식에 대한 통제 및 생산자에 대한 통제력을 갖게 된다. 조직적으로는 이러한 상황이 바로 업무불연속적 지위조직이 출현됨을 뜻한다. 기능적 분화가 더 이상 위계적 분화와 동일 차원의 문제가 아닌 셈이다.

결국 포괄적인 조직 권력은 자본의 소유에 귀속된다는 것이며, 사실상 권력은 조직을 매개로 결정되는 (자본주의적) 사회적 관계[30]라는 주

---

30 *Ibid.* p.481.

장이다. 이에 따라 조직은 그 자체가 총체적인 권력 현상이며 권력은 '통제(control)'와 동일한 현상으로서, 조직은 계급관계가 부딪히는 장 (場)이라고 보는 네오마르크시즘의 조직관[31]이 결정화되는 것이다.

오페의 업무불연속적 지위조직을 브레이버만의 표현을 빌려서 정의 하면, 분업의 세분화와 '탈숙련화(de-skilling)'를 통해 '구상(conception)' 과 '실행(execution)'이 분리되면서 노동과정에 대한 통제가 자본가와 경영자의 수중에 놓이게 된 것이다.[32] 탈숙련화는 특정 업무를 수행하 는 조직활동이 재설계되어 일반 조직 구성원(노동자)이 그 업무에 대한 통제력을 상실하고, 보다 상위의 직무 위계 차원으로 그 통제력이 이전 되는 것을 일컫는다.

결국 업무불연속성을 특징으로 하는 현대 자본주의 조직 내에서의 권력은 탈숙련화를 통한 자본에 대한 노동의 종속 및 정신노동에 대 한 육체노동의 종속을 통해 표현된다고 본다. 이러한 시각과 관심은 1970년대 중반을 거치면서 '노동과정론'으로 일컬어지는 연구를 증폭 시켰고, 조직사회학의 이론적 확장에 큰 기여를 하였는데 이에 대한 집 중적인 논의는 아래에서 다루어진다.[33]

---

31   *Ibid.* pp.422-432 및 pp.480-482 참조.

32   Harry Braverman. 1974. *Labor and Monopoly Capital.* NY: Monthly Review.

33   심윤종, 유홍준, 박승희 공저. 1991. 같은책. 255-277쪽 참조. 여기에서는 노동과정론의 전반적인 내용을 소개하는 것이 목적이기보다는, 조직 권력-통제라는 주제를 논의하기 위한 것이 주목적이므로 해당되는 논지를 중심으로 정리한다.

2) 노동과정론

(1) 브레이버만의 탈숙련화 명제

브레이버만(Braverman)은 마르크스가 말한 노동의 '형식적 예속'과 '실질적 예속' 개념 및 기계화에 따른 분업에 대한 논의를 재검토하면서, 독점자본주의 노동과정에 대한 중요한 분석을 하였다.[34] 먼저 그는 자본주의적 생산양식, 즉 노동과정의 조직 및 수행 양식의 독특성은 자본주의적 사회적 관계의 산물이라고 전제하고 있다.

브레이버만은 테일러리즘을 자본주의적 노동통제가 공식화된 전형으로 파악하는데, 그가 언급한 테일러리즘의 원리는 다음과 같다. 제1원리는 노동과정에 대한 지식을 수집·발전시키는 것으로서, 예를 들면 시간-동작연구(time and motion study)가 이에 해당한다. 제2원리는 이러한 지식을 관리(management) 영역에 집중시켜서 노동자들로부터 그 지식을 제거하는 것이다. 따라서 노동과정은 노동자들의 숙련과 경험으로부터 독립되고 관리자의 실천에 의해 구성되게 된다. 모든 두뇌작업이 작업장으로 부터 기획·설계기술 부문으로 이전되어 관리 영역에 배타적으로 집중되는 셈이다. 제3원리는 이처럼 노동과정의 각 단계에 필요한 지식을 독점적으로 사용하는 것에 기반하여 노동과정의 각 단계와 수행 양식을 통제하는 것이다.

이러한 원리가 실행됨에 따라 노동자로부터 숙련지식이 분리되어 관리 영역에 귀속된다는 것이다. 다시 말해, 자본주의적 조건에서 노동자의 일에 대한 관리과학으로서, 소외된 노동을 가장 잘 통제하려는 기법이 과학적 관리론이라는 주장인 셈이다.

---

34 Harry Braverman, 1974, *Labor and Monopoly Capital*, NY: Monthly Review.

원래 노동은 인간이 생각한 바를 실행으로 구체화하는 과정이며, 따라서 구상(conception)과 실행(execution)이 통일된 과정이었다. 그러나 위에 언급한 테일러리즘의 원리에 따라 구상과 실행이 분리되고 이에 상응하여 정신노동과 육체노동의 분리가 발생한다. 더불어 독점자본주의의 진전은 정신노동을 행하는 관리 영역의 사무노동도 단순화·표준화시키는 데 컴퓨터의 보급에 따른 사무자동화로 인해 여기서도 구상과 실행이 분화된다는 것이 브레이버만의 주장이다.[35]

이러한 과학적 관리기법의 원리가 관철되는 물질적 토대는 분업과 기계화인데, 작업의 세분화는 기계와 결합하여 노동을 단순반복적인 것이 되게 하며, 노동과정이 경영·관리자의 의도대로 재편성되게 된다고 본다. 이전까지 노동자의 숙련에 기초하여 이루어지던 작업과정상의 조작이나 판단은 자동화되고 수치제어(numeric control)되는 기계가 대신하는 셈이 되어서 노동자는 기계의 보조 위치로 전락하게 된다는 것이다. 이러한 일련의 과정을 그는 노동의 '탈숙련화(de-skilling)' 혹은 숙련의 '격하(degrading)'라고 불렀다.

분업화와 기계화가 생산성과 효율성을 증대시키는 측면보다는 '탈숙련화' 및 '구상과 실행의 분리'를 통해 이전까지 노동자가 숙련지식과 기술을 통해 행사해오던 노동과정에 대한 통제를 상실하고 통제력이 자본가와 경영자의 손으로 넘겨진다는 점을 보다 강조한 것이다.

조직 권력과 그에 따른 통제라는 맥락에서 볼 때, 자본주의 산업조직에서 권력과 통제력은 자본가의 수중에 장악되고 자본의 이익을 대변하는 관리나 기술자들에 의해 행사된다는 것이 주장의 요체이다.

---

35 이러한 주장에서 육체노동과 정신노동의 구별은 실질적 의미를 갖지 못하고, 하위직 정신노동자의 노동계급화 경향이 초래된다는 그의 계급론이 태동된다.

그러나 브레이버만의 논지에 대해 가해진 비판도 많이 있는데, 그 중 조직사회학적 관심과 닿아 있는 비판은 다음과 같다. 우선 조직 상황에서 통제가 강화되는 노동과정상의 변화에 대한 노동자들의 반발 및 노동조합 활동의 영향력이 고려되지 않았다는 점이다. 더불어 그가 수공업적 장인(craft) 노동을 지나치게 이상화(理想化)해서, 장인노동의 해체를 곧 탈숙련화로 과장하고 있다는 비판도 제기되었다. 신기술의 도입이나 자동화가 직무 내용이나 조직구조의 변화를 초래한다고 하더라도, 그 결과로 탈숙련화가 필연적인 것은 아니다. 실제로 몇 몇 경험적 연구들은 자동화 도입에 따른 노동자들의 숙련 증대(upgrading)를 보고하고 있기도 하다.[36] 테일러리즘식의 조직관리 기법이 사실상 그렇게 광범위하게 실행되지는 않았다는 점도 지적된다.[37]

(2) 프리드먼의 책임자율성 전략

프리드먼(Freedman)은 마르크스가 노동자의 저항을 생산양식 변혁의 기반으로만 고려할 뿐 이것이 노동과정의 변화에 끼치는 영향을 소홀히 하고 있다고 비판하면서, 노동통제 전략을 '직접통제'와 '책임자율성' 전략으로 분리하여 분석하였다.

'직접통제 전략'은 브레이버만이 테일러리즘 분석을 통해 확인한 통제 양상과 같은 맥락의 개념이다. 즉 노동자로 부터 구상 기능을 분리하고 이를 장악한 자본가와 관리자가 엄격한 감독 및 금전적 동기 부

---

36 Steve Vallas. 1987. "New Technology, Job Content, and Worker Alienation: A Test of Two Rival Perspectives". *Work and Occupations*.

37 브레이버만은 포디즘까지도 테일러리즘의 한 양식인 것으로 보는 반면에, 에드워즈 (Edwards)의 경우는 포디즘을 테일러리즘과 분리하여 고려하였다. 이러한 차이점이 비판을 가능케 한 것이다.

여를 통해서 통제를 행하고 힘을 행사한다는 것이다. 그는 이 직접통제 전략은 산출물의 시장 수요와 기술 여건이 안정되고 노동자의 결집된 힘이 약한 조직에 적합한 통제 방식이라고 하였다.

프리드먼에 따르면 이러한 통제 방식은 몇 가지 한계를 갖는다. 우선 직접통제의 기반이 되는 상대적으로 큰 규모의 조직에서, 환경 변화에 대응하기 위한 신기술 도입이나 조직구조의 변화 시도가 종종 노동자들의 저항에 직면하여 조직 운용의 유연성을 잃게 된다는 것이다. 또한 경제적 동기부여에 대한 중요성이 상실되면서 노동자들의 직무불만족에 직면하기 쉽다. 더불어 직접통제 전략에 따라 노동자들이 단순 반복적인 직무를 수행한 결과, 신기술 도입 등의 상황 변화에 적절히 적응하기가 곤란하다는 문제도 있다.

그는 이러한 문제점에 직면하여 등장한 통제기법이 '책임자율성 전략'이라는 것이다. 이는 노동자들로 하여금 조직의 목표를 내면화하게 하는 한편 자신의 직무에 대해 상당 정도의 자율성을 갖도록 하는 통제 전략이다. 즉 직무재설계[38]를 통해 작업에 대한 동기와 책임을 부여하는 간접적인 통제전략인 것이다.

프리드먼의 이러한 논의는 브레이버만의 노동과정론을 일부 비판하면서 확대시킨 의미를 갖으며, 실제의 노동과정을 보다 적절하게 설명하고 있는 것으로 평가할 수 있다. 조직 권력과 통제의 관점에서 볼 때에도, 조직을 자연 시스템 혹은 갈등구조 및 정치적 과정으로 보는 입장에 근접한다.

---

38 직무재설계는 1960년대 이후 노동자들의 작업 동기를 강화하기 위해 여러 가지 방식으로 직무를 재설계(redesign)했던 일련의 방식을 말한다. 구체적으로는, 여러 작업을 돌아가면서 수행하는 직무순환(job rotation), 해오던 작업의 범위를 넓혀주는 직무확대(job enlargement), 직무상의 책임과 자율성 자체를 높여주는 직무풍요(job enrichment) 등이 있다.

그러나 프리드먼도 브레이버만과 마찬가지로 통제를 노동과정의 기술적 측면과 직접 연결된 직무통제로 한정하여 논의하고 있어서, 조직통제의 사회적·이데올로기적 측면이 간과되고 있는 한계를 갖는다는 비판을 받았다.

(3) 에드워즈의 노동과정통제론

에드워즈(Edwards)는 통제를 "자본가 또는 경영관리자가 노동자로부터 바람직한 노동행위를 끌어낼 수 있는 능력"[39]이라고 정의하고, 통제는 지시(direction), 감시와 평가(supervision and evaluation), 훈육(discipline)과 상벌체계(reward system)라는 세 가지 요소로 구성된다고 보았다.[40]

통제는 작업장―에드워즈는 '각축장(contested terrain)'으로 표현―의 성격에 따라 그 유형을 달리한다. 그에 의하면, 작업장의 위계는 여러 계급 간이나 계급 내의 각축에 의해 변동되는데, 이 각축전은 작업장과는 상당 정도 분리된 자본주의의 발전 정도, 노동조합의 성격 등 외부적 조건에 의해 영향을 받는다고 본다. 이러한 환경의 변화가 발생하면 작업과정에서 갈등과 모순이 증대하고, 이러한 압박을 해소하기 위해서 기존의 통제 방식을 대체하려는 시도와 보완이 행해져서 새로운 통제 방식으로 대체되어간다는 것이다.

에드워즈는 이러한 대체 과정은 역사적·시간적 전개순서로 볼 때, '기업가적(entrepreneurial) 통제'에서 '위계적(hierarchical) 통제', '기술적(technical) 통제'를 거쳐 '관료제적(bureaucratic) 통제'로 이행되어왔

---

39 Richard Edwards. 1979. *Contested Terrain*. NY: Basic Books. p.17.

40 *Ibid*. p.18.

다고 주장했다.[41] 앞의 두 가지 통제 양식은 합쳐서 '단순(simple) 통제'
로 불리고 뒤의 두 가지 통제 양식은 '구조적(structural) 통제'라고 일컬
어진다.

　단순 통제는 산업혁명 이후 자본주의 초기 단계의 소규모 작업장에
서 전형적으로 나타난 통제 방식인데, 기업가 자신에 의한 혹은 소수
의 감독위계에 의한 감독 및 통제 방식이다. 이들은 권력을 사사로이
행사하여 노동자들을 훈계, 위협하고 보상이나 고용·해고도 임의적으
로 시행되었다. 즉 통제의 세 가지 요소가 자의적으로 결정된 통제 유
형이다.

　그럼에도 불구하고 노동자들은 감독자와 밀접한 대면적 관계에 있
기 때문에 감히 지배에 저항하지 못하였다. 이러한 통제 방식은 자본주
의 진전에 따른 조직 규모의 확대에 직면하면서 조직의 복잡성 증대에
따른 조정(coordination) 필요성 증대, 노동자들의 집단적 힘 강화, 감
독-노동자 간의 인적관계의 약화 등의 이유로 인해 효율을 상실하게
된다.

　단순 통제의 위기를 극복하기 위한 여러 가지 시도들, 즉 테일러리
즘이나 복지자본주의 등이 실패함에 따라 결국 등장한 통제 양식이 기
술적 통제라는 것이 에드워즈의 주장이다. 이 통제 유형은 노동과정에
대한 통제를 목적으로 하여 기계를 고안하고 작업과정을 설계한 것이
다. 이러한 통제 방식 하에서는 통제의 세 요소가 기계를 통해 이루어
진다. 컨베이어벨트에 의한 조립생산 라인의 예처럼, 노동자들은 표준
화된 작업을 기계의 속도에 따라 수동적이고 반복적으로 수행하기 때

41　그러나 에드워즈가 이러한 다양한 통제양식이 동시대에 함께 혼재하여 적용되기도 한다
고 지적한 것도 염두에 두어야 한다.

문에 작업지시, 감시 및 평가가 용이하다. 즉 노동과정에 대한 통제가 인적(personal)이 아니라 구조화되는 셈이고, 노동과정상에서 노동자의 통제력은 완벽히 제거된다는 것이다.

그러나 기술적 통제는 노동자들을 동질화시키고 불만족을 증대시키는 한편 노동자들이 저항하는 경우에 취약성을 노출하였다.[42] 이에 따라 추구된 새로운 통제 방식이 관료제적 통제라는 것이다.

관료제적 통제는 작업의 사회구조 내지는 사회적 관계 속에서 성립된 통제 원칙에 의존한다. 위계적 권력이 제도화된 것으로 볼 수 있는 이 통제 양식은 통제의 세 가지 요소들이 관리자의 직접적인 명령에 의해서 행해지는 것이 아니라, 규칙의 지배에 의해 이루어지는 것이다. 조직활동은 미리 정해진 기준에 따라 수행되며, 이러한 '객관성'이 힘의 행사를 정당화해 준다는 것이다.

이상에서 정리한 에드워즈의 노동과정 통제론을 조직 권력과 통제라는 주제 하에서 평가해본다면, 프리드먼과 마찬가지로 조직 구성원들의 상충적인 힘의 행사를 인식하고 있고 조직을 기본적으로 통제의 장(場)으로 인식하는 강점을 갖는다. 다만 관료제적 통제를 논의하는 과정에서 '규칙의 지배(rule of law)'가 힘의 행사를 정당화해주는 객관성의 기반이라고 지적함으로써, 앞에서 논의되었던 "누구의 규칙인가?"라는 문제제기를 간과하는 약점을 보이고 있다.

(4) 뷰러이의 노동과정론

뷰러이(Burawoy)는 노동과정을 통해 산출되는, 자본주의적 질서에 대한 노동자들의 '동의(consent)'를 기존의 노동과정 이론들이 간과하

---

42 예를 들어, 조립생산 라인에서 일부의 저항은 전체 생산공정에 차질을 초래한다.

고 있다고 비판하였다. 그는 노동과정을 게임(game)에 비유하여 동의가 형성되는 메커니즘을 설명하였다.[43] 예를 들어 모든 게임은 각기 나름대로의 규칙(rule)을 갖고 있게 마련이며, 사람들이 어떤 게임에 참여한다고 할 때 그들은 게임의 규칙을 기본적으로 의문시하지 않고 규칙에 순응한다는 전제하에서 게임에 참여하는 셈이며, 이를 기반으로 해서 게임이 성립된다.

뷰러이는 우선 노동자들이 일상적인 작업과정 속에서 지루하고 무미건조함을 벗어나기 위해 감독자와 사소한 밀고 당김을 흔히 행하는데 이것이 게임 성립의 기반이라고 본다. 이렇게 해서 노동과정상의 게임이 형성되고 노동자는 그 게임에 참여하는 셈인데, 그 노동과정은 바로 자본주의적 노동과정이고 게임의 규칙이란 것은 결국 자본주의적 규칙(질서)인 셈이므로 노동자들은 의식을 하건 못하건 간에 자본주의적 질서에 동의하는 셈이라는 것이다.

뷰러이는 이러한 '동의' 형성 과정을 통해 자본주의적 '잉여가치 산출이 (노동자들에게) 모호해지고 (자본가들에게) 안정하게 확보된다(obscuring and securing surplus value)'고 주장하였다.

그는 '동의'를 기준으로 하여 동의보다는 강제가 지배적인 전제적 작업조직과 동의에 의존하는 헤게모니적 작업조직을 구분하고, 양 조직의 상이한 노동통제 양식을 논의하였다. 이러한 구분은 프리드먼이나 에드워즈의 분류와도 내용상 비슷한 것이므로 상세한 논의는 피한다. 다만 뷰러이가 헤게모니적 작업조직은 '내부국가(internal state)'를 갖는다고 주장한 점만 살펴보자.

---

43 Michael Burawoy. 1979. *Manufacturing Consent. Chicago*: University of Chicago Press. 및 1985. *The Politics of Production*. NY: VERSO. 참조.

'내부국가'는 기업 내부에 형성된 국가로서, 산업조직 수준에서의 생산관계 및 생산과정 내의 여러 사회적 관계에 관한 갈등을 조직화하고 변형·억제하는 제도를 의미한다. 대기업 및 노동조합의 출현과 더불어 이러한 제도(내부국가)는 노동과정에 대한 경영·관리자의 직접적인 감독권으로부터 분리되어 고충처리 과정 및 집단적 협상 과정에서 구체화되었다. 내부국가는 관리자의 재량권을 억제하고 노동자들에게는 권리와 의무를 부여한 대신에 노동과정을 구상하고 지휘하는 경영관리자의 관리권한 자체에 대해서는 문제삼지 않도록 함으로써 그 권한을 보호하는 것이다. 여기서 노동자들은 내부 국가의 규칙을 거부하지 않는 한 '산업시민'으로서의 권리를 보장받는다.

한편 헤게모니적 통제 하에서는 노동자들을 차별화시키고 다양하게 계층화하여 상호 경쟁을 유발하도록 한다고 본다. 경쟁적 개인주의가 노동자들에게 내면화되어 노동자와 경영·관리자 간의 수직적 갈등이 노동자들 상호간의 수평적 갈등으로 전환된다는 것이다. 이는 바로 노동자들에 대한 '분할지배(divide and rule)'적 노동통제 전략이 발현된 것이다. 내부국가와 관련된 조직상황 내에서의 일련의 역동적 과정을 뷰러이는 '생산의 정치(politics of production)'라고 불렀다.

뷰러이의 노동과정론은 노동자들이 작업장 수준의 개인적 관심에 몰두함으로써 구조적 문제에 대한 인식이 억제되고 집단적 저항이 약화되는 메커니즘을 설명하고 있다. 조직 권력과 통제의 관점에서 볼 때, 조직 권력이 궁극적으로 자본가와 경영자에게 집중될 수밖에 없는 이유를 잘 설명하고 있다고 평가된다. 더불어 노동자들의 불만을 정통 마르크시즘과는 다르게 '주관적'인 측면에서도 설명하려고 시도한 점도 평가된다.

그러나 그는 모순을 은폐하는 기제인 '동의'가 작업장에서 지속적으로 생성됨으로써 자본주의 체계의 안정성이 지속된다고 주장하여, '동의'를 지나치게 과장되고 있다는 비판이 제기될 수 있다. 그의 분석이 갈등기능론(conflict functionalism)적인 색채를 띠고 있는 것처럼 느껴지는 이유가 바로 이 때문일 것이다.

제3부에서는 현대사회에서 이슈가 되고 있는 조직사회학적 현상들을 몇 가지 주제로 나누어 살펴보려고 한다.

11장의 현대 조직사회학의 이론적 논점에서는 크게 세 가지 주제를 정리한다. 1절에서는 노동시장에 대한 연구가 조직사회학의 연구와 접합되는 이슈가 무엇인지, 노동시장에서 여성의 차별 문제가 조직에서의 여성의 지위와 어떻게 연결되는지를 정리한다. 2절에서는 1980년대 이후 새로운 패러다임을 정립한 신경제사회학(New Economic Sociology)의 관점에서는 조직을 어떻게 접근하고 있는지를 정리한다. 3절에서는 미국과 일본 기업조직에 대한 비교연구를 기반으로 하여 비교 조직사회학의 연구성과와 관점을 정리한다.

12장은 조직의 설계와 평가와 연관된 보다 응용적인 주제를 정리한다. 현대 경영학의 발전에 큰 기여를 한 조직설계와 관련하여 대표적인 이슈를 정리하고, 더불어 최근 일부에서 논의되는 미래 조직의 유형에 대한 정리를 시도할 것이다. 조직평가에서는 구체적인 평가기법보다는 본질적인 조직평가의 기본 논리에 대해 정리한다.

13장에서는 정보사회의 진전에 따라 변해가는 현대 조직의 양상을 정리한다. 정보화의 진전이 기업의 조직구조 개편에 어떤 영향을 미치는지, 다른 부분의 기업활동에 미치는 영향은 무엇인지를 정리한다. 이에 덧붙여서, 시민사회의 등장과 더불어 확대된 자발적 결사조직의 발전과 그 조직상의 특징을 정리할 것이다.

제3부

현대사회의
조직 현상

11장

현대
조직사회학의
이론적 논점

이 장에서는 최근 조직사회학의 이론적 쟁점이 되는 주제들인 노동시장과 조직, 신경제사회학의 관점에서 본 조직연구, 비교 조직사회학의 쟁점에 대해서 정리한다.

1. 조직과 노동시장론 연구

노동시장(labor market)은 노동력이 매매되는 시장이다. 노동시장에 관한 이론의 발전[1]은 사회적 불평등 문제에 관한 사회과학자들의 연구 관심을 반영한다. 하지만 노동시장에 관한 논의는 '시장(market)' 연구가 경제학의 중점 연구 영역이기 때문에, 애초에 경제학에서 출발하였고 사회학에서는 사회계층론 분야에서 연구되어 왔다.

---

[1] 이에 대한 상세한 논의는 심윤종, 유홍준, 박승희 공저. 1991. 『산업사회학』. 경문사. 210-226쪽을 참조할 것.

1) 신고전경제학의 노동시장론

사회적 불평등에 관한 두 학문 분야의 고전적 연구들은 불평등의 궁극적인 원인을 개인 차원에서 찾는다. 인적자본론의 선두 주자인 벡커(Becker)는 학력, 지능, 기술습득 등의 개인적 차이가 사회경제적으로 상이한 보상을 초래하는 원인이라고 주장했다.[2] 같은 맥락에서 계층론자인 블라우와 던컨(Blau and Duncan)은 중요한 소득결정(불평등) 변수는 개인의 교육수준, 가족배경과 직업위세라고 주장하면서 불평등 구조를 개인 노동력의 시장능력—인적자본(human capital)—의 불균등 배분현상으로 파악했다.[3]

다시 말해 인적자본론적 노동시장론은 신고전경제학(neoclassical econmics)의 주장을 따라 효용극대화를 추구하는 합리적 경제인(economic man) 가설을 취하고, 수요와 공급 균형에 의해 노동 보상에 대해 시장이 갖는 자동조절 메커니즘을 논리적 근거로 한다.

그러던 중 1970년대 이후 기존 분석틀의 한계가 노출되면서, 경제학 내에서도 노동시장의 제도적 상황에 초점을 두는 제도학파(institutional economics)의 시각이 대두되어 이중노동시장론(dual labor market theory)이 태동하였다. 이후, 이 입장은 마르크시즘의 시각과 연결되어 노동시장분절론(labor market segmentation theory)으로 발전되어 왔다.

---

2 Gary Becker. 1967. *Human Capital and the Personal Distribution of Income*. Ann Arbor: University of Michigan Press.

3 P. N. Blau and O. D. Duncan. 1967. *The American Occupational Structure*. NY: Free Press.

2) 이중노동시장론

커(Kerr) 등의 제도학파는 신고전파 노동시장론의 단일노동시장 가설을 부정하고 노동시장이 둘로 나뉘어져 있다고 주장하였다. 이렇게 나뉜 노동시장들은 각각의 내부에서는 경쟁이 존재하지만, 두 노동시장 간에는 경쟁이 성립되지 않는다는 점에 주목하여 비경쟁적인 부분시장이 존재한다는 점을 부각시켰다.

이러한 비경쟁적 부분시장이 형성되어 정착된 것은 바로 규칙의 제도화를 통해서 이루어진 것이며, 이러한 규칙은 사용자들의 묵시적 이해관계에 의해서나 혹은 노동조합의 규정 및 정부의 고용관계 제도 등에 의해 규정된다는 것이다.

제도학파의 학자들은 인적자본론의 주장을 반박하기 위해 독점(monopoly)의 역할, 차별, 노동조합의 역할 등 노동시장의 독특한 제도적 특성을 밝히는 시도를 하였다.

1970년대 초반 도링어와 피어리(Doeringer and Piore)에 의해 제기된 이중노동시장론에서는 일반적 노동시장의 경쟁적 메커니즘에서 제외되어 있는 안정적인 '내부노동시장(internal labor market)'이 존재한다는 점을 확인하면서, 고용안정을 확보해서 생산비용을 감소시키려는 시도가 내부노동시장 존재 이유라고 주장하였다.

이중노동시장은 1차(primary)와 2차(secondary) 부문으로 이루어진다고 주장되었다. 1차 부문은 고용안정성이 보장되고 높은 임금과 보다 나은 노동조건으로 특징지워지는 노동시장을 의미한다. 도링어와 피어리는 1차 노동시장에 해당되는 대기업 조직체의 노동력 할당 방식에 주목하여 '내부노동시장'이라는 개념을 발전시켰다. 이 개념은 대기업 조직의 노동력이 승진에 있어서 외부 노동시장의 노동력과의 경쟁에서 벗어나 있음을 의미하며, 이 내부노동시장은 오직 입직(entry-job) 수준에서만 외부 노동시장과 연결되므로 입직수준 이상의 직위들은 승진 가능성을 규정하고 임금구조를 결정하는 조직 내부의 제도적 규칙들에 의해서 내부에서 채워진다는 것이다.

반면, 2차 부문은 불안정한 고용관계, 저임금, 열악한 노동조건 등으로 특징지워지는 노동시장으로서 대부분 중소기업들로 구성되고 치열한 경쟁에 노출된 형태이다. 생산기술, 관리, 전략 면에서 불리한 위치를 점하고 있는 이들 중소기업 영역의 노동시장은 저생산성, 저임금, 노동집약적 생산방식 등을 특징으로 한다. 이러한 2차 부문 노동력은 열악한 환경에서 벗어나기 위해 높은 이동잠재력을 갖지만 1차 노동시장으로의 전환은 사실상 불가능하도록 두 시장부문 간에 장벽이 존재한다는 것이 이중 노동시장론의 요점이다.

이후 1차 노동시장과 2차 노동시장으로 구분된 두 부문의 노동시장에 노동자들을 차별적으로 배치하는 메커니즘은 무엇인가에 연구가 집중되었다.

이 이론가들은 두 개의 시장 각각에서 노동자들과 고용주들이 근본적으로 상이한 행동 규칙을 갖고 있다는 점을 강조하였다. 간단히 정리하면, 2차적 노동자들이 습관적으로나 혹은 본능적으로 불안정한 고용 행위를 하는 경향이 있고 따라서 고용주들은 이들을 차별하기 때문에 이들을 고용할 때에도 생산과 효율을 유지할 수 있는 방식으로 조직을 구조화한다는 것이다.

결국 2차 노동자들이 수행하는 직무를 다른 부문과 분리하도록 함으로써 노동자와 고용주의 행위 유형이 상호작용하면서 구조화되는 식으로, 양자의 기대가 서로 결합된 것이 노동시장의 분리 상황으로 나타났다는 것이다.

이중노동시장론은 노동시장에 존재하는 차별을 전제로 하여 노동시장의 이중성이 역사적으로 제도화되고 구조화되어 있다고 지적하고 있기는 하다. 하지만 그러한 이중구조의 근본 원인을 노동자들의 인성이나 행위 특질 및 고용주의 생산성과 효율성 유지 욕구에서 찾는 점에서 정통 경제학의 기본 시각에서 크게 이탈하고 있지는 않다.

3) 노동시장분절론

한편 1970년대 중반 이후 미국 사회학계에 네오마르크시즘 시각의 연구성과물들이 등장하면서[4] 노동시장에 대한 논의도 보다 급진화되었다. 노동시장은 자본의 노동 통제를 위한 분할지배 전략에 따라 분절화되어 있다는 노동시장분절론이 등장한 것이다.

이 이론에서는 1차 노동시장 부문 내의 직업들 간에도 1차 부문과 2차 부문 간의 차이와 마찬가지로 여러 가지 중요한 차이가 존재한다는 점이 인식되었다. 이에 따라 최소한 1차 부문 내에 상층부와 하층부의 분리가 가능하다고 보아 노동시장이 상층 1차부문, 하층 1차 부문 및 2차 부문의 세 분절(segments)로 이루어져 있다는 주장이 보편화되었다.

이 연구 갈래는 학자에 따라 각 분절을 지칭하는 용어에 차이가 있으나, 노동시장을 계급적 사회관계가 만나고 형성되는 장(場)이라는 기본 인식을 바탕으로 하여 노동시장의 세 분절을 각각 중간계급(middle class), 노동계급(working class), 하층계급(lower class)의 부분 문화가 갖는 사회학적 특징과 연관시키는 시도를 행하였다.

---

4 10장의 노동과정론 참조.

1차 노동시장의 상층부는 전문직과 관리직으로 구성되어 공식 교육이 취업의 주요 요건이 되며, 개인의 창의성과 다양성 및 보다 나은 경제적 안정이 보장되는 특징을 띨 뿐만 아니라, 중간계급 구성원들로 충당되고, 그들의 부분 문화가 갖는 특성과 연결되는 부문이다. 1차 노동시장의 하층부는 상층부의 특징인 일련의 공식화된 작업규칙 및 직무 수행 절차를 고려하고 있으며 하위사무직 및 상대적으로 숙련된 기능직 업무들로 구성되어 노동계급의 부분문화와 연결된다는 것이다.

반면에 2차 부문 노동시장은 하층계급 부분 문화에서 나타나는 사회학적 특성들과 관련된다고 한다. 이때 1차노동시장의 상층부와 하층부의 기본적인 차이점은 그들의 직업 활동에 '일반적 특성들(general traits)'이 중요시되느냐 아니면 '특수한 특성들(specific traits)'이 중요시되느냐에 있다.

일반적 특성이란 주로 공식적인 교육과정을 통해 습득되는 보편적 행위 양식을 의미하는 것으로서 1차 노동시장 상층부에서 경력과 동시에 주로 포괄적 행위 양식이 중요시 된다는 점을 말한다. 대기업에서 대졸자를 채용하면서 학점 외에 소통능력, 인성과 리더십 등을 포괄적으로 평가하는 것을 예로 들 수 있다. 반면에 1차 노동시장 하층부에서는 직무수행 과정에서 습득되는 직업 능력 위주의 특수한 특성들이 강조된다는 것이다. 전문고 졸업생을 채용하는 중소기업에서 전문자격증 소유 여부나 몇 급 자격인지를 중시하는 것이 예가 될 것이다.

에드워즈(Edwards)는 노동과정에 대한 통제 유형에 관한 연구에서 2차 노동시장의 노동과정에서는 단순 통제(simple control)가 두드러지며, 종속 일차(subordinate primary) 노동시장에서는 주로 기술적 통제(technical control)가 행해지는 반면, 독립 일차(independent primary) 노동시장은 관료제적 통제(bureaucratic control)와 연관된다고 하였다.

노동시장분절론을 비롯한 급진적 노동시장론은 자본주의적 생산관계에서 자본가나 고용주가 노동과정에 대한 통제를 확보할 필요성에 의해 노동시장을 분할 지배하고 있다는 점에 초점을 두며, 노동시장이란 궁극적으로 계급관계가 부딪히는 장으로 파악한다.

이에 따르면 고용주들은 가능한 생산비용을 감소시키는 방향으로 직무구조를 조직하게 되므로 부분적인 직무에만 피고용자의 안정성이 보장되는 장치를 하게 되어 노동시장을 세분화하게 된다는 것이다. 결국 조직은 계급 간의 힘의 투쟁이 전개되는 장인 셈이다.

이전까지의 노동시장이론이 개인에 초점을 두어 노동시장의 공급(supply) 측면을 강조한 반면에, 이중노동시장론과 노동시장분절론은 노동시장의 제도 혹은 구조에 초점을 두어 수요(demand) 측면의 문제를 불평등 초래의 원인으로 강조하는 특징을 갖는다.

4) 신구조주의의 노동시장론

신고전경제학의 노동시장론 및 인적자본론에 대한 비판이 제기되면서 제도학파의 시각이나 네오마르크시즘의 입장이 활발한 논의의 대상이 되어왔다는 점을 앞에서 지적했다.

이러한 이론 전개가 이루어지던 시기는 1960년대 중반 이후로 잡을 수 있는데, 이 무렵 미국에서는 경험적 조사연구결과가 많이 보고되기 시작해서 주로 인적자본론 학자들에 의해 소득 불평등을 결정하는 여러 측면의 개인적 변수에 대한 고려를 중심으로 자료가 분석되었다.

그러나 이러한 경험적 자료 분석이 공통의 한계로 노출시킨 점은 수많은 개인 수준의 인적자원 변수들을 모두 고려하더라도 개인들의 소득 결정의 일부분만을 설명할 수 있었다는 점이다. 통계학적 표현을 빌린다면, 독립변수인 개인의 인적자원 요인들이 종속변수인 소득(임금) 변량(variance)의 약 30%가량을 설명하는 데 그친다는 것이다. 따라서 문제는, 설명되지 못하는 잔여부분(residual)은 무엇에 의해 결정되는 것인지로 집중되었으며, 제도학파나 네오마르크시즘의 주장이 부분적으로 이 문제에 대한 해답을 제공하는 이론적 바탕이 되었다. 이에 따라 직업, 산업 및 계급 변수를 포함함으로써 임금불평등에 대한 설명력을 어느 정도 높인 것이 사실이다.

그러나 여전히 약 반 가량의 변량은 잔여부분으로 남겨졌으며, 젠크스(Jencks)는 이 부분을 개인들의 '행운(luck)'에 따른 것이라고 주장하기도 했다.[5] 우연히 만나서 알게 된 사람에 의해 특정 직업을 갖도록 유도된다거나 직업을 구하려는 시점에 그 지역에 고용 사정이 좋다거나 하는 예측 불가능한 상황들이 개인의 소득격차에 영향을 끼친다는 것이다.

그러나 젠크스가 학문적 연구의 대상에서 포기한 '행운'의 실체가 무엇인지를 규명하려는 시도가 곧바로 그라노베터(Granovetter)에 의해 이루어지면서 주목을 받게 된다.[6] 직업을 구하는 데 있어서 '적기(適期)에 적소(適所)에서 적절한 사람과 연결되어 접촉할 수 있는 것'이 아마도 '행운'의 실체일 것이라고 생각한 그는 약 300명의 전문직, 기술직 및 관리직 종사자들에 대한 면접과 설문조사를 통해 자료를 수집하고 분석하였다.

그라노베터는 상이한 유형의 직업 간뿐만 아니라, 동일 직업 부문 내에서도 커다란 임금 격차가 존재하는 것을 확인하고, 애초에 그 직업을

---

5 C. Jencks. 1972. *Inequality*. NY: Harper and Row. p.227.
6 M. Granovetter. 1974. *Getting a Job*. Harvard University Press.

얻게 된 경로가 공식절차나 개별적인 직접 응모를 통한 경우보다는 누군가와의 인적 접촉(personal contact)을 통해서 직업 관련 정보를 얻게 된 경우에, 보다 나은 임금과 직무환경을 보장하는 일자리를 얻는 결과를 보여준다고 주장했다.

따라서 그는 이러한 '사회구조(social structure)'에 대한 아이디어를 발전시키고 적용함으로써 '행운'의 본질이 무엇인가를 체계적으로 분석해낼 수 있다고 보았다. 여기서 우리는 그라노베터의 시각이 사회연결망(social network) 이론과 연계되고 있다는 점을 확인할 수 있는데, 여기서 사회구조는 다름 아닌 연결망 그 자체를 의미하는 것이기 때문이다. 이런 맥락에서 이 입장은 신구조주의(new structuralism)로 분류된다.

신구조주의 시각은 1980년대 이후 중요한 패러다임의 하나로 자리를 굳힌 신경제사회학과 맥을 같이 하는데, 그 기본적인 특징은 경제행위를 포함한 인간의 사회적 행위를 연구하는 데 있어서 사회학적 분석을 강조하는 것이다.

사회학적 분석을 강조한다는 것은 경제학이 인간의 경제행위를 이해하는 데 있어서 원자화된(atomized) 개인의 합리성(rationality)을 전제로 하는 것에 반하여, 인간의 사회적 행위는 (경제행위를 포함하여) 그가 맺고 있는 '현존의 사회적 관계(on-going social relationship)'를 염두에 두는 행위를 한다는 점을 부각시키는 것이다. 그라노베터는 이를 (경제)행위가 사회구조에 '배태(embedded)'되어 있다고 표현했다.[7]

직업 활동을 포함한 인간의 경제적 사회행위에 대한 관심을 사회학

---

7 M. Granovetter. 1985. "Economic Action and Social Structure: The Problem of Embeddedness". *American Journal of Sociology*. 91: 481-510.

의 연구 영역에 적극적으로 포함시키려는 시도를 하는 신경제사회학
(new economic sociology) 분야와 접합되는 신구조주의 노동시장론의
특징은 다음과 같다.

우선 노동시장 메커니즘에 영향을 끼치는 구조적 요인을 제도학파
나 네오마르크시즘의 입장보다 더 다양화하고 그러한 구조적 요인을
결과라기보다는, 사회적 관계에 의해 작용하는 과정적인 것으로 파
악함으로써 개인 수준의 미시(micro)성이 어떻게 사회구조라는 거시
(macro)성과 연결되는가를 분석하려고 시도한다. 따라서 캘러버그와
버그(Kallerberg and Berg)가 정리한 것처럼 기업, 직업뿐만 아니라 산
업, 계급, 노동조합, 국가 등을 노동시장에 작용하는 일의 구조(work
structure)로 파악하여 이들이 상호 연관을 맺고 있다는 점이 강조되었
다.[8]

파카스 등(Farkas et al.)은 노동시장의 복합성 및 소득 격차를 이해하
는 데 '차별(discrimination)' 및 노동자들의 '협상력(bargaining power)'
같은 사회학적 개념이 유용하다고 언급하고, 여러 가지 경제적 기회
(economic opportunity)에 인적 연결망(personal network)이 어떻게 작용
하는지가 구체적 연구대상이 되어야 한다고 지적했다.[9]

이런 맥락에서 그라노베터와 틸리(Granovetter and Tilly)가 노동시장
을 통해 일자리(job)의 선호에 따른 순위가 매겨지고(ranking), 각 일자
리에 노동력이 할당(sorting)되는 메커니즘에 사회관계의 연결망이 어

---

8 A. Kallerberg and F. Berg. 1988. "Work Structure and Markets: An Analytic
Framework". in G. Farkas and P. England (eds.). *Industries, Firms, and Jobs*. NY:
Plenum Press. PP.3-17.

9 G. Farkas, P. England, and N. Barton. 1988. "Structural Effects on Wages:
Sociological and Economic Views". in G. Farkas and P. England, 1988. *Ibid*. pp.93-112.

떻게 작용하는지를 분석한 것은 주목할 만하다.[10]

그라노베터의 생각은 노동시장이 노동력의 공급 및 수요 측면의 특성과 더불어 이 두 요소의 '매칭(matching)' 특성이라는 세 가지 요소로 구성된다고 보는 것이며, '매칭'의 문제는 조직 내외의 연결망 구조와 관련된 것이라고 보는 것이다.

이에 따라 조직 내부 연결망이나 조직관행(organization practice)이 노동시장 메커니즘에 어떻게 작용하는지가 관심의 초점이 된다. 배런과 빌비(Baron and Bielby)도 노동시장 분석을 위해서는 조직에 대한 연구가 필요하다고 주장하였다.[11]

5) 노동시장, 조직과 여성

여성이 노동시장에서 불리한 상황에 처해 있다는 사실은 이중노동시장론 및 노동시장 분절론에서 이미 시사되고 있다. 즉 성(性)에 따른 노동 분화가 현대 노동시장의 가장 기본적인 특성 중의 하나라는 점은 대체로 인식되고 있다.

기존의 이론 틀 중에서 인적자본론에서는 여성의 열등한 인적자본(낮은 교육수준, 짧은 경력, 가사 및 출산에 의한 경력단절 등)이 불평등한 결과를 초래하는 주요인이라고 주장되어 왔다. 한편 불평등의 원인을 노동시장의 구조적 특성에서 찾으려고 시도하는 이론 틀에서는 성에 따른 사회

---

10 M. Granovetter and C. Tilly. 1988. "Inequality and Labor Process", in N. Smelser (ed.). *Handbook of Sociology*. SAGE. pp.175-221.

11 J. Baron and W. Bielby. 1980. "Bring the Firms Back In: stratification, segementation, and the organization of work", *American Sociological Review*. 45: 737-765.

적 차별(discrimination)이 제도화되어 있다는 점에 주목한다. 즉 남녀 간의 임금격차는 여성이 저임금, 낮은 고용안정성, 승진결여 등으로 특징지워지는 노동시장에 차별적으로 집중 배치되기 때문이라는 것이다.

그러나 경제활동 영역에서 성별에 기반한 분업과 불평등이 보편적인 현상이기 때문에 이는 일상적인 관행으로 당연하고 자연스런 현상으로 받아들여지고 있는 것으로 보인다. 앞에서 신구조주의 노동시장론자로 소개한 캘러버그와 버그조차도 시장관계에 개입하는 다차원적구조 요인들을 언급하는 가운데 성(性)을 제외하고 있고, 조직 내에서 발생하는 성별 업무분화 및 이에 수반된 불평등 현상을 이론적으로 분석한 연구는 매우 드물다.[12]

이런 형편에서 볼 때, 캔터(Kanter)가 미국의 한 대기업을 대상으로 하여 직무의 성별분화 구조와 남녀 조직 구성원들의 직업 행태를 관찰하고 분석한 연구는 특별한 중요성을 갖는다.[13] 캔터는 산업조직 내에서 남녀 구성원들이 드러내는 직업 행태의 차이는 조직 내에서 그들의 일이 구조화된 방식 및 그들에게 주어진 기회구조를 반영하고 있다고 주장하였다. 이 주장은 가부장적인 사회구조 때문에 여성이 사회화 (socialization) 과정에서 낮은 성취 욕구를 내면화하게 된다는 것이고, 이런 경향은 조직 내에서도 그대로 드러난다는 것이다.

즉 여성들은 조직 내에서 상대적으로 권력(power) 및 기회 (opportunity)가 배제된 업무활동을 수행함에 따라 자기충족적 예

---

12 최근 기든스(Giddens)는 사회학적 분석의 중요한 초점 중의 하나가 성의 문제(issue of gender)가 되어야 한다고 주장한 바 있다. 그는 그동안 성(性)의 문제가 사회학 내에서 조차도 간과되거나 하나의 하위 분야(예로, 가족)에 국한된 것으로 인식되어온 중요한 이유 중의 하나는 남성우위의 가부장제적 가치관이 반영된 결과로 파악했다. Anthony Giddens. 1989. *Sociology*. London: Polity Press. 김미숙 외 역. 1992. 현대사회학. 을유문화사.

13 Rosabeth Kanter. 1977. *Men and Women of the Corporation*. NY: Basic Books.

언(self-fulfilling prophecies)을 통해 직업적 성취를 지향하는 열망(aspiration)을 하향 조정하게 된다는 것이다. 예를 들어, 조직의 최고관리자는 통상 남성들에 의해 배타적으로 독점되어 있으며 조직 내부 승진을 통해 새로운 관리자를 충원할 경우에도 기존의 최고관리자들은 자신들이 신뢰할 수 있고 자신들과 유사한 사회적 배경[14]을 갖고 있는 남성을 선호한다는 것이다. 즉 조직 내에서 여성이 차지하고 있는 불리한 기회구조가 재생산되는 셈이다.

한편 조직활동을 하는 여성은 조직 내에서 수적으로 소수이기 때문에, 그 자체로 힘을 형성하기가 어렵고 비공식적 연결망에 속하기가 힘든 반면에, 활동이 쉽게 눈에 띄고 가십(gossip)거리가 된다. 예로, 여성이 성공적인 업무 수행을 할 경우에 남성들은 흔히 그 여성이 별난 것으로 치부해버리는 경향이 있는 반면에, 성공적이지 못한 업무수행에 대해서는 '그러면 그렇지'하는 식의 반응을 보인다는 것이다.

결국 힘, 기회, 상대적인 수(數)에 있어서의 불리함이 조직구조와 관행을 통해 재생산되면서 여성들은 자신들의 성취 열망과 행동을 재조정할 수밖에 없는데, 이런 상황이 조직에서 남녀 간에 발생하는 불평등의 기반이라는 주장이다.

한편 보다 급진적인 시각에서는 남녀의 분절된 경제활동 참여가 가부장제(patriarchy)와 자본주의 이데올로기를 유지하고 재생산하는 것으로 주장하기도 한다. 클레그와 던커리(Clegg and Dunkerly)는 "여성을 일상적으로 차별받는 존재로 재생산하고, 남녀 간 차별구조로 조직을 재생산하는 사회적 과정은 조직체가 사용하는 단순한 관행(practice)과 관련되어 있다. (……) 성(性)에 대한 사회적 차별은 (……) 이데올로기적

---

14 캔터는 이를 '동사회성(homo-social)'으로 표현했다.

재생산 메커니즘 때문에 조직관행으로 제도화되고 재생산되어 왔다"[15] 고 주장했다.

2. 신경제사회학적 조직연구

이 절에서는 주제를 약간 바꾸어, 신경제사회학에서는 조직의 형성을 어떻게 파악하고 있는지를 경제학적 시각과의 비교를 통해 정리해 본다.

1) 제도경제학의 기업분석

제도경제학(institutional economics)의 대표적인 학자인 윌리엄슨(Williamson)은 1975년에 출간된 『시장과 위계(Market and Hierarchies)』에서 기업의 출현과 발달 원인으로 '이전비용(transaction cost)'을 감소시키려는 노력을 꼽고 있다.[16]

시장 거래관계에서 발생하는 불확실성과 개입될 소지가 농후한 부정행위(malfeasance)를 피하고 효율성을 증대시키려는 시도로 인해, 기왕에 시장을 통해 이루어지던 복잡한 경제활동 즉 거래(transaction)를 위계적으로 통합된 조직구조 내부로 끌어들인 것이 기업 형성의 배경이라는 주장이다.

---

15 Clegg, S. and David Dunkerley. 1980. *Organization, Class, and Control*. London: Routledge and Kegan Pau. pp.408-409.

16 Oliver Williamson. 1975. *Market and Hierarchies*. NY: Free Press.

윌리엄슨의 분석은 인간이 자기 이익을 추구하는 합리적 경제인으로서 시장에 참여하고 '보이지 않는 손'의 메커니즘에 의해 안정적인 시장균형이 달성될 수 있다고 가정한 신고전경제학의 기본 전제를 부분적으로 수정한 특징을 갖는다. 즉 경제행위자는 사취(guile)를 통해서라도 거래상의 이득을 취하고 자기이익을 추구하는 '기회주의(opportunism)'적 성향을 가지고 있기 때문에 시장은 불안정성을 갖게 된다고 보는 셈이다.

따라서 이러한 상황에서 거래관계가 가능한 조직위계 내에 편입되게 함으로써 신뢰(trust)를 증진시킬 수 있다고 본 것이다. 이러한 윌리엄슨의 분석은 합리성과 효율성 추구를 기업 형성 배경으로 파악하고 있다는 점에서 기능주의적 혹은 진화론적 분석틀에 해당한다.

이러한 제도경제학의 분석에 대해 신경제사회학자인 그라노베터(Granovetter)는 반론을 제기하였다.

2) 신경제사회학의 산업조직(기업) 분석

마크 그라노베터(1943~)

신경제사회학(new economic sociology)의 대표 학자인 그라노베터는 인간의 경제행위 및 그 경제활동 결과를 분석하고 이해하는 데 있어서 사회학적인 시각(perspectives)과 개념을 사용할 것을 주장하였다.

사회학이 학문적으로 제도화되는 과정에서 경제학과의 여러 가지 마찰로 인해, 경제제도에 대한 분석은 전적으로 경제학의 영역으로 여겨져 온 것이 그간의 사정이다.[17] 하지만 합리적 경제인(rational economic man)을 전제로 하는 경제학의 경제현상 분석이 실제의 경제현상에 대한 완벽한 설명을 결여하고 있는 것 역시 사실이며, 이런 점에서 사회학적 분석이 요구되는 것이다.

그라노베터는 인간의 경제적 행위가 사회구조에 배태(embedded)되어 있다고 주장했다.[18] 따라서 그는 우선 경제학의 원자화(atomized)된 합리적 경제인 관(觀)을 부정한다. 경제학에서 인간은 자기 이익을 극대화하려고 시도하는 존재로서 다른 사람들이나 집단의 규범 등에 신경을 쓰지 않는 소위 '과소사회화된(under-socialized)' 인간으로 전제되지만 그는 이것에 동의하지 않는다. 즉 과거 전통사회에서건 현대사회에서건 인간은 경제행위를 행하는 데 있어서 어느 정도 사회적 관계의 영향을 받고 있다고 보는 것이다.

그러나 한편으로 인간이 사회화(socialization) 과정을 통해 집단의 규범을 내면화하고 전적으로 이에 따라 행위하는 존재도 아니라고 보기 때문에, 파슨즈(Parsons) 식의 '과도 사회화된(over-socialized)' 인간관 역시 적절한 것은 아니라고 본다. 그는 인간이 평소에 사회규범에 따른 행위를 한다고 하더라도 위기의 국면에서는 얼마든지 자기이익에 몰두하는 존재일 수 있다는 점을 생각하였다.

따라서 그라노베터는 인간의 행위는 과소사회화도 아니고 과도사회화도 아닌 그 어딘가의 중간 수준에서, 현재 자신이 맺고 있는 사회적 관계(on-going social relations)에 의해 영향을 받는다는 점을 강조하였

---

17 상세한 내용은 Richard Swedberg. 1987. *Current Sociology*. The Journal of the International Sociological Association. Vol.35. No.1. SAGE Publications. 참조.

18 Mark Granovetter. 1985. *Economic Action and Social Structure: The Problem of Embeddedness*. American Journal of Sociology. 91: 481-510.

다. 경제행위의 결과물인 경제제도 역시 이와 같은 맥락에서 사회적 관계의 산물로 이해해야 한다는 것이 그의 논지이다.

이에 따라 그는 윌리엄슨의 기업에 대한 분석을 비판했다. 윌리엄슨이 주장하듯이 시장보다 위계구조가 항상 더 질서 잡혀 있고, 효율적이고 부정을 피할 수 있는 메커니즘은 아니라는 것이다. 실제로는 오랜 신뢰관계가 유지되면서 거래가 이루어지는 시장관계도 있는 반면에, 조직 내에서도 구성원들에 의한 부정(不正)의 가능성은 꽤 높다고 보았다. 따라서 신뢰와 질서의 문제는 기업 간이나 기업 내에서 사람들이 맺고 있는 인적관계 및 연결망(network)의 구체적 특성이 관건이 된다고 주장했다.

그는 인적관계의 연결망 구조에서 이러한 두 가지 문제를 잘 극복(회피)할 수 있었던 화교(華僑)들이 성공적인 기업활동을 하고 있다고 예로 들었다.[19] 이때 두 가지 문제는 바로 과소사회화와 과도사회화의 문제이다.

즉 구성원들의 사회적 관계가 지나치게 과소사회화된 상황에서는 신뢰가 결여되므로 조직 내에서 자원이나 권위의 배분이 이루어지기 어려운 한편, 과도사회화된 상황에서는 구성원들 간의 사회적 유대가 지나치게 강해서 사업(business)보다 구성원들의 복지(welfare)가 선행될 가능성이 크다. 따라서 위의 두 가지 경우 모두 기업은 제대로 이루어질 수 없는데, 고향을 떠나서 해외로 이주를 했기 때문에 친족관계 범위가 상대적으로 좁을 수밖에 없으면서도 서로를 의지해야만 하는

---

19 Mark Granovetter. 1990. "The Old and the New Economic Sociology: A History and an Agenda", in Roger Friedland and A. Robertson. (eds.). *Beyond the Marketplace*. NY: Aldine de Gruyter. pp.89-112.

화교 집단 사회적 관계의 특성이 이 두 가지 문제를 적절히 극복할 수 있는 것이라고 파악한 것이다. 결국 경제제도의 한 측면인 기업 형성 여부도 사회적 관계의 산물이라고 주장하는 셈이다.

3. 비교 조직사회학

1) 미국과 일본 간 조직 비교분석의 쟁점

1980년대에 들어서 일본 기업들이 매우 성공적으로 미국 시장을 확보해나감에 따라 일본 기업들을 이해하기 위한 연구와 분석이 광범위하게 이루어지면서 미국과 일본 산업조직에 대한 비교(比較)연구가 활발해졌다.

물론 이전에도 국가 간 조직 비교연구가 전혀 없었던 것은 아니어서, 공식 조직구조 측면에 관한 비교연구가 수행되기도 했고[20] 근대화이론의 수렴가설(convergence hypothesis)을 검증하기 위한 조직 비교연구가 수행되기도 했다.[21]

이러한 연구들은 공식 구조의 형태 및 조직 구성원들의 사회심리학적 태도 등에 관심의 초점을 두었지만 조직사회학 분야에 큰 논쟁을 불러일으키지는 못한 것으로 보인다. 그 이유는 공식 구조 비교연구의 경우에 논쟁을 불러일으킬 만큼의 다양한 연구가 수행되지 못한데 있

20 예로, K. Azumi, D. J. Hickson, and D. Horvath. 1974. "Cross-National Variation in Organizational Structure: A British, Japanese, and Swedish Comparison". 참조.

21 예로, William Form. 1973. "Auto Workers and Their Machines: A Study of Work, Factory, and Job Satisfaction in Four Countries". *Social Forces*. 52: 1-15. 참조.

고, 수렴이론과 연관된 연구결과는 조직사회학보다는 산업사회학이나 발전사회학의 영역에서 관심과 논쟁의 대상이 되었기 때문이다.

이에 반해, 1980년대에 전개된 미국과 일본 산업조직 비교분석은 중요한 이론적 논쟁을 초래하였다. 그 중심은 두 나라 기업 조직의 운용방식 및 조직 구성원들의 행태에서 나타나는 차이를 문화(culture)로 설명할 것인가 조직전략의 측면에서 접근할 것인가가 논의의 초점이었다.

초기에 몇몇 학자들은 일본 산업조직의 성공이 일본 특유의 문화적 배경에 기인하는 것이라고 지적하였다.[22] 일본의 사무라이(Samurai) 전통에 기반한 사회적 관계가 집단 응집력과 충성심, 협동심을 낳는 배경이 되어서 대단히 효율적으로 목표를 지향해나가는 조직구조를 형성하게 되었다는 논지였다. 심지어는 일본 사회의 종교적 특징이 거론되기도 하였는데, 선(仙)정신(Zen spirit)이 일본 조직의 성공 비결이라는 분석도 대두한 바 있다.[23]

파스칼과 애도스(Pascale and Athos)는 미국과 일본의 조직이 중점을 두고 지향하는 바를 일곱 가지 측면에서 비교 분석하였다.[24] 이들은 미국을 비롯한 서구 기업들이 전략(strategy), 구조(structure) 및 체계(system)를 강조하는 경향을 보이지만, 변화를 추구하고 일본의 경영관리 기법에 근접하기 위해서는 구조를 재조직하고 새로운 통제체계를 도입해야 하며, 추진하는 전략의 방향을 바꿀 필요가 있다고 주장하였

---

22 예로, Masakazu Yamazaki, "The Impact of Japanese Culture on Management", in Lester C. Thurow (ed.), 1985, *The Management of Challenge*, Mass.: MIT Press, 참조.

23 Richard Pascale and Anthony Athos, 1981, *The Art of Japanese Management*, NY: Warner Books, pp.131-144.

24 *Ibid*, pp.124-126.

다. 전략, 구조 및 체계만이 지나치게 강조되는 조직은 생기를 가질 수 없다는 것이다.

이에 따라, 파스칼과 애도스는 위의 세 가지 '하드 에스(hard S's)' 대신에 네 가지 '소프트 에스(soft S's)'를 제시하면서 이것들의 적절한 활용을 통해 조직은 활력을 찾고 성공적인 운영을 성취할 것이라고 보았는데, 이 네 가지는 스태프(staff), 스타일(style), 숙련(skills) 및 좌표제시적 목표(superordinate goals)이다. 그 내용을 한 가지씩 살펴보자.[25]

우선 스태프(staff)란 계선과 참모(line and staff)라는 용례(用例)의 참모(staff) 개념과는 다른 것인데, 기업조직 내의 다양하고 중요한 인적 구성의 인구학적 특성을 지칭하는 개념이다. 스타일(style)은 조직목표를 달성하기 위해 경영관리자가 행하는 행동 유형 및 조직 전체의 문화적 유형을 일컫는다. 숙련(skills)은 조직의 중요 구성원 및 조직 전체가 보유하고 있는 독특한 능력을 뜻한다. 마지막으로 좌표제시적 목표(superordinate goals)란 조직이 구성원들에게 부여한 중요한 의미(meanings) 혹은 지표가 되는 개념(concepts)을 뜻하는데, 조직 구성원들은 이 목표에 헌신하게 되는 것을 의미한다. "사람의 마음을 움직여서(move men's hearts)"[26] 개인과 조직의 목표를 정말로 짜 엮을 수 있는 가치(values)와 신념(beliefs)이 존재한다는 것을 뜻한다.

그런데 파스칼과 애도스는 이러한 '소프트(soft)' 요소가 장기적으로 조직헌신을 유지할 수 있는 필요불가결한 요소이지만, 미국의 문화적 배경과 이에 기반한 관리자 훈련 방식은 일본 기업들이 그처럼 잘 관리해낸 이들 요소의 종합(synthesis)을 어렵게 하고 있다고 보았다. 한

---

25 *ibid.* pp.124-126.

26 *Ibid.* p.126.

편으로 일본의 경우는, 그 문화에 깊숙이 스며 있는 가치와 이들 요소의 적절한 조화가 가능한 기반이 마련되어 있고 이에 따른 관리기술이 발전되었다는 주장을 하였다.

그러나 이처럼 문화적 요인을 조직의 성공적 활동과 연결시키는 분석틀은 곧 비판에 직면하게 되었다. 이론적으로 볼 때, 진화론적 결정론에 빠질 뿐만 아니라 미국의 학자들이나 경영관리자들의 입장에서 볼 때, 문화적 설명틀은 매우 비관론적인 것이 되기 때문이다. 만약 일본 기업의 성공적 활동의 원인이 일본 특유의 문화에 귀결된다면 일본의 문화적 전통과는 전혀 다른 문화적 전통 하에서 활동하는 미국의 산업조직은 무엇인가를 도입하고 추구할 여지가 전혀 없이, 경쟁이 되지 못한다는 논리가 되는 셈이다.

이에 따라, 문화적 전통 혹은 국민성(國民性)이란 것이 전혀 무관한 것은 아니겠지만, 이는 단지 배경적 요인에 불과한 것이고 조직에서 이런 요인들이 구체적으로 발현되는 메커니즘을 찾는 것이 보다 중요하다는 입장이 제기되기 시작했다.

이런 맥락과 접합되어 본격적으로 일본 산업조직에 대한 연구가 진행되면서 부각된 요인은 조직이 취하는 조직관리 전략에 관한 것인데 우치(Ouchi)의 Z이론(Theory Z)이 대표적인 연구이다.

2) Z이론의 조직

로빈스(Robbins)는 일본 조직의 성공 원인을 그 문화에서만 찾을 수는 없고, 성공의 핵심은 일본 조직의 관리 시스템에서 찾아야 한다고 주장한 바 있다.[27] 즉 조직구조와 인간을 결합시키는 포괄적인 관리체계가 일본 문화와 통합적으로 발전되어서 높은 효율성을 갖는 조직이 출현했다고 본 것이다. 이런 맥락에서 볼 때, 우치의 Z이론[28]은 일본 조직의 관리 전략을 집대성한 것으로 평가된다.

일본의 조직이 취하는 관리전략은 기본적으로 인간에 대한 관심을 바탕으로 하여, 종신고용(life-time employment), 흔히 협동과 조화를 강조하는 사훈(社訓)의 형태로서 조직 전체 구성원들에 의해 공유되는 조직의 상위목표인 특유의 조직이념, 구성원들의 선발에서부터 시작하여 이 조직이념을 줄곧 철저하게 내면화시키고 동일시하도록 만드는 사회화(socialization) 과정 등을 특징으로 한다.[29]

이러한 전략 하에서 구체적으로는 팀웍을 강조하고 집단적 의사결정을 존중하며 개방적이고 수평적인 의사소통을 강조하는 관리기법이 사용된다는 지적이다. 종신고용에 따라 각 구성원의 공과(功過)에 대한 평가는 서두르지 않고 장기에 걸쳐 이루어지며, 이 과정에서 업무실적 자체보다는 인성(personality)적 측면이 더욱 강조되기도 한다는 것이다.

우치가 제시한 Z이론의 조직유형이 갖는 특성은 바로 이와 같은 일본적 관리전략과 기법을 반영한다. 그 내용을 정리해보면 다음과 같다. 우선 조직 구성원은 본인이 원하는 한 종신고용이 가능하기 때문에 업무에 대한 평가가 비공식적이고 장기에 걸쳐 이루어지며 승진 속도가 느려도 이를 수용한다. 장기고용을 통해 조직은 구성원 개개인의 포괄적 능력을 계발시키는 데 투자를 행하며, 직무순환을 통해 다양한 일에 대한 경험 및 다른 조직 구성원과의 인적관계를 형성할 기회를 제공한

---

27 김남현 역. 1985. 앞의 책. 486쪽에서 재인용.

28 맥그리거(McGregor)가 조직이 갖는 인간관 및 리더십을 통한 관리이론으로서 X-Y이론을 주장한 것과 유사하게, 우치는 자신의 Z이론을 이에 대비되는 A이론형의 조직과 대비시켜 분석하였다.

29 김남현 역. 1985. 앞의 책. 487쪽 그림 18.1 참조.

다. 다양한 직무에 대한 경험은 조직의 다른 부분이나 조직 전체의 활동에 대한 이해를 증진시켜서 협동적인 업무수행 및 집단적 의사결정을 가능하게 하는 기반이 되기도 한다. 이에 따라 조정(coordination)의 문제가 감소되고 Z이론의 조직은 유기적 조직 형태를 갖게 된다는 것이다.

반면에 우치가 Z이론의 조직유형과 대비하기 위해 제시한 A이론(Theory A)적 조직이 갖는 특성은 아래와 같이 요약할 수 있다. 우선 조직 구성원들에 대한 통제 욕구가 조직 구조화의 기반이다. 따라서 직무가 엄격히 규정되고 세분화되며, 공식적이고 빈번한 업무평가가 이루어져서 이에 따른 반대급부가 부여된다. 직무에 불만족을 느끼는 구성원들은 자신이 갖고 있는 특정한 기능과 지식을 기반으로 하여 비교적 쉽게 다른 조직에 고용될 기회를 갖기 때문에 이직률이 높고 장기적인 고용은 별로 이루어지지 않는다. 이런 상황에서 조직의 의사결정은 상호의존성을 최소화시키기 위해 개별화되어 있다. 또한 조직 구성원들은 조직이나 동료들에 대한 헌신(commitment)을 별로 발전시키려고 하지 않으며, 개인의 수단적(경제적) 목적달성이 조직활동의 기반이 되는 상황이다.

우치는 미국의 개인주의적 문화 전통을 배경으로 하는 대다수 미국 조직체들의 상황을 부각시킨 셈인데, 맥그리거의 X이론적 인간관 및 관리 시각을 상당히 반영하고 있는 조직유형이다.

궁극적으로 우치는 위의 두 가지 조직관리 시스템(전략) 중에 Z이론의 유형이 보다 성공적일 것으로 생각하고 있고, 미국의 조직체 중에서도 성공적인 조직들은 실제 이와 유사한 관리전략과 구조를 갖고 있다고 예를 들면서, A이론의 유형에서 Z이론의 유형으로 이행해 나갈 것을 주장하였다.

그러나 Z이론의 조직 특성이 미국적 상황에 적용되기 어려운 측면
이 있다는 점도 지적된 바 있고, Z이론식의 조직은 일본에서조차도 대
기업을 중심으로 한 일부에만 적용되는 '환상'에 불과하다는 반론이 제
기되기도 했다. 중요한 문제는 실제에 있어서 Z이론의 적용 가능성이
무척 제한되어 있다는 점이다.

[표 11-1] A이론과 Z이론의 조직관리 유형

	A이론의 조직	Z이론의 조직
고용	대체로 단기적이며 안정적이지 못함	평생고용, 비교적 안정적이고 안전함
경력경로	고도로 전문화된 경로	비전문화된(non-speciallized) 경로
의사결정	개별적 권한, 최고관리층에 집중	합의(consensus)에 의한 집합적 의사결정, 종업원 참여 중시
업적평가와 승진	빠르다	느리다
통제방법	구체적·명시적인 규칙과 규제	비공식적·묵시적인 규칙과 규제
업무에 관한 책임	개별적 책임	집합적 책임
급여	능력급	연공서열형
조직의 종업원에 대한 관심	부분적·단편적	전인격적(경제 및 사회적 요소 고려)

- 출처: Ouchi and Jaeger. 1978. "Type Z Organization" *Academy of Management Review*. 3: 305-314.
- 오석홍 편. 1991. 『조직학의 주요이론』. 경세원. 160쪽에서 재인용, 재구성

12장

현대 조직의
설계와 평가

이 장에서 정리할 주제는 조직이론의 응용 측면인 조직설계, 조직관리와 평가에 관한 문제들이다.

1. 조직설계

조직설계(organization design: OD)는 조직이론의 응용적 측면을 의미한다. 즉 조직의 목표를 보다 효율적이고 효과적으로 달성하기 위해 조직의 배열을 설계하고 변경하는 것과 관련된 활동이다. 이렇게 볼 때, 조직설계의 초점은 기존의 보편적인 관료제적 조직구조를 필요에 따라 어떤 새로운 형태로 변경시키는 데에 있다. 아래에서는 관료제 조직구조와 관련된 쟁점을 간단히 언급하고, 변형된 혹은 새로운 조직구조 형태의 특성과 강점 및 약점을 각각 정리하려고 한다.

1) 관료제 조직구조의 한계에 대한 쟁점

관료제적 조직구조는 공식화된 규정(규칙), 과업의 기능별 세분화, 집중된 권한, 표준화된 감독, 공식적 커뮤니케이션 채널에 따른 조직 의사결정, 라인과 스태프 활동의 구분 등을 특징으로 한다. 이러한 관료제적 구조는 안정적인 환경 하에서 일상적인 기술을 사용하여 단순 반복적인 활동을 수행하는 조직체에 효과적인 것으로 파악되어 왔다.[1]

그러나 베니스(Bennis)는 환경의 급격한 변화, 조직 규모의 증대, 전문적이고 다양한 활동의 필요성 증대 및 조직 구성원들의 변화된 인간관 등 상황 변화 때문에 관료제적 조직구조는 더 이상 쓸모없는 폐물이 되어 사멸했다고 주장하였다.[2] 즉 지나치게 기계적인 구조를 특징으로 하는 관료제적 조직은 현대사회에 적응성을 상실했다고 본 것이다.

이에 반해, 미월드(Miewald)는 관료제적 조직구조 원리는 여전히 유효하며 현대의 소위 '탈관료제적(post-bureaucratic)' 조직이란 것도 사실상 관료제 구조 유형을 정교하게 변화시킨 것에 불과하다고 주장한다.[3] 애초 관료제적 조직원리가 태동한 배경이 조직 내부 행위에 대한 예측성을 높이려는 데 있었다는 점을 생각할 때, 합리성과 효율성을 추구해야만 하는 조직의 구조는 결국 관료제적일 수밖에 없다는 것이다.

퍼로우(Perrow) 역시 관료제적 조직에 대한 비판과 취약점에도 불구하고 실제에 있어서 현대 조직체들의 대부분은 여전히 관료제적 구조

---

1 관료제에 관한 상세한 논의는 2장 참조.

2 Warren Bennis. 1966. "The Coming Death of Bureaucracy". *Think*.(Nov-Dec.) pp.30-35. 김남현 역. 1985. 『경영조직론』. 경문사. 303쪽에서 재인용.

3 Robert Miewald. 1970. "The Greatly Exaggerated Death of Bureaucracy". *California Management Review*. (Winter) pp.65-69.

를 취하고 있다는 점을 직시하였다.[4]

이처럼 여전히 관료제적 조직이 보편적인 이유로 제시된 논리는 여러 가지가 있다. 우선 조직 구성원들의 소외가 문제시되고 인본주의적 가치가 점차 강해진다고 하더라도 질서와 통제가 여전히 조직의 가장 중요한 가치라는 점, 그리고 관료제적 조직구조는 집중화된 권력과 표준화를 통해 통제를 용이하게 하기 때문에 실제로 조직 소유자나 관리자들에 의해 선호되고 또한 산출(output)에 가장 효과적이라는 점이 지적되었다.

더불어 조직이 대규모화되면서 가장 안정적인 활동을 위해 관료제를 선호한다는 지적도 있고 현대사회의 조직 환경이 격변한다는 주장도 지나치게 과장된 것이라는 주장도 제기되었다.[5]

그러나 대규모 조직체가 기본적으로 관료제적 구조를 취했다고 하더라도 조직 내부 부문 중에 비관료제적 조직구조를 도입해서 응용하고 있다는 점도 간과할 수 없으며, 모든 조직체들이 대규모 조직이 아니라는 점도 염두에 둘 필요가 있다. 사실 어느 사회에서건 활동하고 있는 무수히 많은 조직체들은 소규모인 경우가 태반이며 이들 조직의 구조적 유형은 관료제적 구조와 거리가 먼 경우도 많다. 아래에서는 비관료제적 조직구조 유형에 대해 살펴보자.

---

4 Charles Perrow. 1972. *Complex Oreganizations: A Critical Essay*. Ill.: Scott Foresman.

5 김남현 역. 1985. 앞의 책. 311-312쪽 참조.

2) 비관료제적 조직구조 유형

(1) 전문관료제

'전문관료제(professional bureaucracy)'는 조직활동이 어느 정도 예측 가능하고 표준화되어 있지만 일이 꽤 복잡하고 고도의 전문지식이나 기술을 갖춘 사람에 의해 수행되어야 하는 상황에서 형성된 조직구조 유형이다. 즉 조직활동이 훈련된 전문직 종사자들에 의해 수행되기 때문에 일반적 관료제인 소위 '기계적 관료제'에 비해 분권화되고 덜 공식적인 조직 구조를 특징으로 한다.

전문 관료제에서는 일의 자율성을 특징으로 하고 업무의 표준화는 조직 내에서 규정되기보다는 구성원들이 이수한 훈련과정에서 내면화시킨 표준을 반영하므로, 일에 대한 통제도 조직 내의 구체적인 규칙보다는 같은 전문직 종사자 공동체(community)의 집단적 통제를 받는 셈이다.

이러한 전문 관료제는 종합병원의 의료 부문이나 대학의 교수·연구 부문 및 변호사·회계법인 등에 해당하는 유형인데, 이들 조직의 일반 행정·관리 부문은 기계적 관료제의 특징을 기본으로 하는 점을 고려할 때, 전체 조직 구조의 한 부분에 적용되고 있는 구조 유형인 셈이다.

미월드는 이런 전문 관료제 역시 권한의 근거가 지식인 조직에서 구조를 배열하기 위해 전형적인 관료제의 조직구조를 변형시킨 유형에 불과하다고 주장하였다.

(2) 애드호크러시

애드호크러시(adhocracy)는 조직이 직면한 문제 해결을 지향하여 조직 내의 다양한 지식과 기술을 소유한 구성원들을 임시적으로 결합시켜 조직화한 집단을 의미한다. 이런 애드호크러시는 관료제적 조직구조와 대비되는 하나의 조직설계 모델이라고 볼 수 있다. 경우에 따라서는 조직 전체가 이런 유형의 구조를 가질 수도 있겠지만 일반적으로는 조직의 한 부분에 활용되는 조직설계 기법에 해당한다.

애드호크러시는 그 용어에서 확인되는 것처럼, 임기응변(ad-hoc)적 해결을 요구하는 역동적인 상황에 적용되는 조직구조 형태이기 때문에 적응성, 유연성 및 혁신성 등을 특징으로 하는 유기적(organic) 구조이다. 조직 위계가 강조되지 않고 공식화의 정도가 낮으며 신속한 의사결정이 중요시되기 때문에 구성원들의 전문 능력에 기반한 조정(coordination) 능력과 분권화된 의사결정이 강점을 갖는 조직구조이다.

피터스와 워터맨(Peters and Waterman, 1982)은 미국의 대표적인 성공기업들에 대한 연구를 통해, 이들 조직이 혁신적이고 시장 지향적이며 동적인 환경에서 운영되는 특성을 공유한다는 점을 발견하였는데 그 조직구조가 애드호크러시와 유사하다고 밝힌 바 있다.

이런 애드호크러시는 실제 조직체에서는 주로 TFT라고 불리는 태스크 포스 팀(task force team)의 형태로 응용되어 나타난다. 태스크 포스 팀은 '조직 내 하위 단위의 결합된 노력이 필요한 구체적이고 명료하고 복잡한 과업을 완수하기 위해 형성된 임시적인 조직구조'[6]를 말한다.

아래에서 언급할 매트릭스 조직구조가 상대적으로 지속적이고 조직 전반의 구조를 반영하는 것과 달리, 태스크 포스 팀은 특정한 문제 해결을 위해 조직 내 여러 부서로 부터 필요한 인력을 차출해서 형성한 특수 임무팀인 셈이다. 따라서 문제가 해결되었을 때는 해체되는 한시적(限時的)인 것으로서 그 구성원들도 원래의 직위로 되돌아가는 것이

6　김남현 역. 1985. 앞의 책. 331쪽.

원칙이다.

일반적으로 조직의 기본 구조가 관료제적인 점을 생각하면, 이처럼 임시적 구조를 덧붙임으로써 조직은 원래 조직구조의 강점인 효율성에 더해 유연성을 결합시킬 수 있게 되는 것이라고 볼 수 있다.

(3) 매트릭스 조직구조

매트릭스(matrix) 조직구조는 관료제 조직이 통상 취하고 있는 기능별 구조와 애드호크러시의 프로젝트(project) 중심 구조의 강점을 취하기 위한 조직설계 모델이다.

이 조직구조에서는 기능별 구조의 수직적 위계와 프로젝트 조직의 수평적 의사소통 경로가 결합된 형태를 띠게 되어 조직 구성원들은 이중적 명령의 연쇄(dual chain of command) 하에 놓이게 된다.

이러한 매트릭스 조직구조는 조직이 다양한 상호의존적 활동을 수행하고 있을 때, 조직 내에서 정보유통의 유연성을 증대시키고 조정활동이 용이하게 되어 유연한 활동이 가능하다는 강점을 갖는다고 주장되었다. 더불어 조직 내부 인적자원을 능률적으로 활용하는 셈이 되고, 내부 조정력과 더불어 환경의 변화에 대한 신속한 대응이 가능하다고 평가된다.

그러나 한편으로는 명령일원화의 원리가 적용되지 않기 때문에 책임과 권한이 모호해지고, 역할긴장(role strain)[7]이 초래될 수 있으며, 이런 상황에서 조직 전반에 갈등이 확대될 수도 있다는 약점이 지적되기도 한다.

---

7 역할긴장(role strain)은 개인이 갖고 있는 하나의 사회적 지위(social status)에 대해 복수의 상충적인 역할이 기대될 때 야기되는 심리적 부담을 의미한다.

2. 직무재설계

과학적 관리론 이래로 직무설계에 대한 지배적인 견해는 업무의 세분화(specialization)가 능률을 증진시킨다는 것이었다. 이에 따라, 업무는 세분화되고 단순화, 표준화되어서 일상화(routinization)를 지향해왔다.

테일러의 과학적 관리기법이 노동과정 통제를 통해 생산성 향상에 일차적 관심을 두면서 노동자에 대한 경제적 보상에 초점을 둔 반면, 인간관계론 학파의 다양한 연구발견에 의해 직무만족에 대한 관심이 증대되어 조직 내의 원만한 커뮤니케이션이나 감독의 리더십 유형 등에 대한 연구가 후속적으로 전개되었다는 점은 이미 앞에서 언급한 바 있다.

조직활동에 인간적 요인을 고려해야만 한다는 이러한 인식의 전환은 20세기 중반을 지나면서 기존의 직무설계 방식에 대한 대안 모색을 제기하였다. 이러한 대안적 방법들은 직무를 덜 일상화하고 보다 의미 있는 활동이 되도록 만드는 것에 초점이 맞추어졌다.

조직 구성원이 직업 활동에 불만족을 느끼는 경우에 이는 개인이 단순히 일을 즐겁지 못하다고 느끼는 데서 그치지 않고 사고 가능성을 증대시키고 생산성 감소, 노동과 생산품의 질 저하, 결근이나 이직의 증가를 초래할 뿐만 아니라, 작업장에서 절도를 행하거나 기계나 생산품에 피해를 가하는 형태 등으로 문제가 확대될 가능성이 크다.

미국에서는 1970년대 중반 이후 오일 쇼크에 이은 일본 경제의 시장침투가 확대된 이후 일본의 조직 운영에 대한 분석이 시행되었고, 그 결과 조직 구성원들을 자신의 업무와 관련된 의사결정에 참여시키고 창의력을 발휘하도록 하는 방향으로의 실험이 시행되었다.

직무만족과 연관된 연구의 결과는 매우 다양하지만, 직무만족을 결정하는 것으로 지적된 여러 요인들은 크게 외재적(extrinsic) 요인과 내재적(instinsic) 요인으로 구분된다. 전자는 임금 · 복리후생 등 경제적 보상과 직무의 조건(노동시장, 작업장 환경), 동료와의 관계 및 감독의 유형 등을 포함한다. 후자는 직무의 실제적 내용을 구성하는 요인들로서 자율성 발휘 기회, 지적(知的) 자극이나 도전을 제공하는 여부, 숙련의 활용, 자기 표현의 기회 여부 등을 포함한다.

직무불만족에 관한 연구들을 통해 단조롭고 반복적이며 지나치게 표준화된 일이 초래하는 무의미성이나 비인간화에 관심이 고조되면서 직무에 대한 개선이 시도되었다. 즉 기존의 작업을 보다 의미 있고 노동자들에게 만족과 보상을 주는 방향으로 재조직함과 아울러 의사결정에의 참여를 증대시키는 방안에 대해 다양한 해결책이 제시되었던 것이다.

일의 지나친 분화, 표준화 및 반복성을 감소하기 위해 직무와 관련된 권한과 의무의 범위를 확대시키는 직무 재조직 방법들을 통상 '직무재설계(job redesign)'라고 일컫는다.

직무재설계의 기본적인 목적은 흥미롭고 창의성을 자극할 수 있는 업무를 할당하고 일에 대한 공식적 평가 시스템을 도입하여 커뮤니케이션을 활성화하며, 노동과정에 대한 통제력을 노동자 자신들에게 부여하는 것인데, 크게 세 가지 형태의 방법으로 구체화되었다.

1) 직무 순환(job rotation)

직무 순환은 조직 구성원들을 순환적으로 여러 업무에 종사하게 함으로써 일의 다양성을 부여하고 전반적인 일의 내용을 이해하고 습득하도록 하는 방식인데, 생산성이나 일의 질 저하가 문제로 제기되기도 했다.

2) 직무 확대(job enlargement)

직무 확대는 작업 내용이나 범주 자체를 확장시키는 것을 의미한다. 일의 범위를 넓힘으로써 세분화의 부작용을 감소시키고 책무 영역을 증대시키려는 시도이지만, 허즈버그는 결국 무의미한 일이 첨가되는 것에 불과하여 장기적으로는 효과를 기대할 수 없는 방법이라고 비판한 바 있다.

3) 직무 확충(job enrichment)

직무와 관련된 자율성 및 의무 영역 확대를 위해 일의 내용 자체를 재구성하는 방식으로 직무 풍요라고도 한다. 이 방식은 직무 과정과 관련하여 조직 구성원들이 의사결정이나 커뮤니케이션에 적극적으로 참여하도록 하는 것을 본질적인 내용으로 한다. 직무를 보다 풍요롭게 재설계하기 위해서, 다수의 과업을 작업집단 단위로 할당하여 내부에서 자율적으로 일을 할당하고 작업의 구체적 방식을 결정할 수 있도록 하는 통합적·자율적 작업팀 개념이 응용된 경우도 있다.

3. 기업혁신론과 혁신 기법

1980년대 후반 이후 경영학의 발전에 따라 기업혁신과 관련된 다양한 기법들이 소개되기 시작했는데, 리엔지니어링, 리스트럭처링, 다운 사이징 등에서부터 시작해서 식스시그마에 이르기까지 매우 다양하다. 컨설팅 기업인 베인앤컴퍼니(Bain & Co.)의 조사에 의하면 1990년대에 등장하거나 사용 중인 경영혁신 기법만도 70개 이상에 달할 정도라고 한다.

우리나라에서 지난 10~20년간 유행했던 주요 경영혁신 기법을 보면, 기업의 소유나 지배구조의 구조조정과 관련해서는 출자총액제한 제도, 사외이사제도 등과 같은 기법이 논의되어왔다. 사업구조의 개편과 관련해서는 리스트럭처링, 비전경영, 시나리오경영, 전략적 제휴 등과 같은 기법이 적용되었다. 재무구조 개선과 관련해서는 경제적 부가가치(EVA), 주주가치분석과 같은 경영혁신 기법이 소개되었고, 조직 및 인력구조 개선과 관련해서는 팀제, 성과급제, 스톡옵션 등이 활용되었다. 관리구조 개선에서 유행한 혁신기법으로는 리엔지니어링, 아웃소싱, CRM(Customer Relations Management), 고객만족경영, TQM(Total Quality Management), 식스시그마(Six Sigma) 등이 있다.

이처럼 수많은 경영혁신 기법 중 일부는 그 유용성이 입증되면서 경영학 이론으로 정착되기도 한 반면 일부는 잠시 유행하다 사라져버리기도 했다. 이중에서 한국에 도입되고 기업혁신의 새로운 패러다임으로 부각된 경영학 분야의 주요 이론에 대한 검토를 통해 기업조직론에 조직사회학의 기여가 가능한 부분을 탐색해본다.

1) 드러커 등의 '미래 조직'

초우량 기업의 생존과 발전 전략에 관심을 갖는 드러커(Drucker) 등 경영(미래)학자들은 조직구조의 상황조건성(contingency)과 다원주의 조직관을 강조하는 경향을 보인다. 이에 따라 조직은 '사람 중심'이며,

'사회적' 존재라는 점을 부각시키고 있다(Drucker 외, 1998: 20).

이들은 개인의 자율성과 창조성, 성취감, 성장 기회를 제공하는 기업 문화 및 리더십의 확립이 미래기업의 관건이라고 주장하면서, 신뢰와 동반자 관계(노사간 및 아웃소싱을 통한 제휴기업들 간)에 기반한 상호주의 (reciprocity)에 따른 상호의존성을 중시한다.[8]

구체적으로는 아웃소싱과 노동력 유연화, 개인가치 중시와 다양성에 대한 관심, 팀 활용, 강한 핵심역량 보유를 추구하는 적응적 유기체로 서의 기업을 지향하는데, 이는 학습중심 조직을 구축할 필요성으로 수 렴된다. 전통적 관료제적 조직과 구분되는 미래조직의 특성을 정리하 면 다음 표와 같다.

[표 12.1] 미래조직의 특성

	전통적 조직	미래 조직
조직 구조적 특성	· 높은 관리계층 · 수직적 관계 · 권한의 집중 · 내부통제화 · 과 · 부 단위 · 기능별 조직화 · 통제 중심의 스태프 기능 · 비대한 관료조직	· 낮은 관리계층 · 수평적 관계 · 분권화 · 네트워크화 · 팀 단위 · 프로세스에 따른 조직화 · 지원 중심의 스태프 기능 · 간소하고 유연한 조직
직무 구조적 특성	· 단순직무(분업화) · 직위 지향적 · 일시적 · 지시적 · 낮은 책임 · 단순한 난이도	· 다차원적 직무(다기능화) · 가치 지향적 · 비일상적 · 도전적 · 자율적 · 높은 책임 · 높은 난이도

• 출처: 이선 외. 1999: 131.

---

8 핸디(Handy, 1996: 6)는 필요 인력의 20%만 전일제로 고용되고 80%는 아웃소싱으로 충당 되는 '20/80 기업'이 미래 기업구조의 보편적 모습이 된다고 전망했다.

'미래조직'론은 경영학자와 미래학자들에 의해 주로 논의가 이루어지고 있지만, 몇 가지 측면에서 사회학적 함의를 담고 있으며 사회학자들에 의해서 연구가 심화될 수 있는 영역이 있다고 생각된다.

우선 '미래조직'의 등장 배경에 관해 사회학적 조망이 가능하다. 기업의 사회적 환경 변화가 학습, 적응, 유연성을 강조하는 무경계(boundless) 조직으로 조직구조 변화를 초래한다는 것이 이 관점의 골격이며, 그 내용은 기업문화, 리더십, 학습을 통한 개인의 자율성과 창의성 증대에 초점이 맞추어져 있다. 이러한 시각은 기존 경영학의 기업조직관인 기계적 관리·통제 중시로부터 개인 중시로 관점이 바뀌었음을 뜻하는 것이며, 사회학의 오랜 딜레마이기도 한 "개인(행위) 對 구조"의 논의를 적용하여 심화된 논의가 가능한 영역이다.

사회학적 연구가 뒷받침될 필요가 있는 또 다른 주제는 미래의 사회계약 형식에 관한 부분이다. 미래조직론은 기업내외 부문 간의 상호의존성, 공유와 학습을 중시하며, 결국 '관계(relationship)'의 중요성을 부각시키고 있다. 하지만 현실적으로 신자유주의하의 고용관계는 정의적(情誼的)인 장기계약에서 즉각적인 보상을 추구하는 단기계약으로 그 양상을 바꾸어가고 있다. 이론으로서의 미래조직 관점과 현실의 명백한 괴리가 존재하는 셈이다. 따라서 새로운 계약에서 사회적 관계의 성격 변화 본질이 무엇이 될 것인가는 사회학적 탐색의 영역이다.

1990년대에 들어와서 확산된 신자유주의경제 관계는 케인즈주의적 관계(자본-국가-노동-개인)에서 국가와 노동이 배제되고, 자본-개인의 직접적인 관계로 전환되는 양상을 그 패러다임으로 하며, 양자 간에 시장에서의 형식적 평등화를 주장하고 있다. 더불어 신자유주의 패러다임은 세계화와 정보화가 초래할 미래세계의 변화에서 낙관적인 측면만을 지나치게 부각시키는 경향을 띠고 있다. 고용구조에서도 "20 대

80의 사회"에서 주장하는 "20"에 속하는 핵심역량에만 관심을 두는 셈이다. 핵심역량의 비율이 얼마나 될지도 의문이지만, 20과 80이 초래하는 계층격차와 불평등의 문제는 사회학적 연구가 절실한 중요한 영역이다. 뒤르켐이 직업결사체의 유기적 연대가 당시 새로이 형성되고 있던 산업사회의 사회질서의 기반이라고 주장했던 점을 상기할 필요도 있다고 여겨진다.

이외에도 미래조직론이 세계화와 다문화 조직에 대한 강조를 하는 점에서 문화적 상대주의의 관점에 입각한 접근도 가능하며, 인간 중심의 '건강한 조직'을 지향하는 미래조직론이 일(직장)과 가정의 균형을 강조하지만, 벤처기업 직원의 현실 생활은 어떠한지를 실증적으로 파악해내는 것도 사회학적 경험연구가 필요한 분야이다.

2) 노나카와 노보루의 '지식경영'

'지식경영(knowledge management)'을 부각시킨 경영학자들의 논지는 새로운 성장주도 산업으로서 지식기반 산업의 부상, 지식기반 제품과 서비스의 교역비중 증가, 고숙련 인력에 대한 수요급증, 지식·정보·기술 확산의 중요성 증대, 무형자산의 중요성 증대 및 투자증가, 협력 및 네트워크 중시 기업전략의 강화, 중소규모 기업의 역할과 중요성 증대 등으로 요약된다(이선 외, 1999: 60).

(1) 지식기반 산업의 부상

지식기반 산업이란 해당 산업발전에 있어서 정보와 지식의 창출, 확산, 활용이 핵심이 되는 산업을 의미한다. 좀더 구체적으로는 산업 활동에 있어서 연구개발 활동 및 IT의 활용도가 높은 산업과 종사자 중

고숙련 인력의 비중이 큰 산업을 지칭한다.[9]

　1980년대 중반 이후 세계경제의 지식기반 경제로의 이행을 반영하여 1995년 기준으로 이들 지식기반 산업에 의해 생산된 부가가치 생산이 OECD 전체 GDP의 1/3을 넘어서고 있는 것으로 분석되고 있다. 특히 첨단기술과 IT의 발전에 따라 관련 하드웨어와 소프트웨어산업이 높은 성장세를 보이고 있다. OECD(1998)의 보고서에 의하면, IT시장은 1987~1995년 기간 동안 제조업보다 두 배 이상의 빠른 속도로 성장하고 있는 것으로 분석된다. 이에 따라 새로운 고용창출의 대부분이 이들 지식기반 산업에서 이루어지고 있다고 지적된다.

(2) 고숙련 인력에 대한 수요 급증

　지식경영론자들은 고기술(Hi-tech)과 고기능을 보유한 지식기반 고숙련 노동에 대한 수요가 크게 증가하며, 이들은 고기능 팀조직활동을 통해 다양한 지식과 기술을 공유한다는 점을 강조한다. 사실 이들이 전체 경제활동인구에서 차지하는 비중은 워낙 작아서 첨단기술산업 분야의 직접적인 고용창출 효과는 그리 크지 않지만 간접적인 효과가 적지 않다고 주장된다.

(3) 무형자산의 중요성 증대 및 투자증가

　지난 10여 년간 주요 선진국의 투자 형태는 기술, 지식, 기능, 기업조

9　OECD(1998)에서는 구체적으로 우주·항공, 의약품과 같은 첨단기술산업과 컴퓨터, 정보통신 관련 제조업 및 서비스업, 그리고 정보와 지식집약도가 큰 금융·보험업과 컴퓨터 운용 및 정보처리 관련업, 연구개발 및 기술시험검사업, 시장조사 및 광고의 마케팅 서비스, 인력공급 및 고용알선, 인적자원개발 서비스 등을 포괄하는 비즈니스 서비스업 등을 광의의 지식기반 산업으로 분류하고 있다.

직, 소프트웨어 등과 같은 기술혁신 관련 무형자산 중심으로 변화하고 있다는 점이 강조된다.[10]

(4) 협력과 네트워크 중시로 기업전략 변화

기업은 핵심역량을 강화하는 데 중점을 두는 한편, R&D 협력이나 아웃소싱에 의존하여 필요한 기술을 구하는 현상이 갈수록 두드러지고 있어서 점차 네트워크 의존도가 높아지고 있다는 점이 강조된다. 기업과 근로자, 공급자, 고객들 사이에 상호의존도와 상호 의사소통이 갈수록 증가하고 있는 것이다.

(5) 중소 규모 기업의 역할과 중요성 증대

신기술의 활용과 새로운 제품개발 및 틈새시장의 개척에 있어서 중소기업의 역할과 기여도가 크게 증가하고 있다는 점이 강조된다.

지식경영론자들은 암묵지(暗黙知; 암묵적 지식, flow) 기반의 창의성이 부가가치 창조의 원천이라고 주장하면서, 이 지식은 정보나 기술을 활용하는 명백지(明白知)와는 달리 관리대상이 될 수 없다는 점을 강조한다. 이들은 종업원들의 지식을 배양하고 공유, 활용하는 지식경영을 위해서는 권력의 공유가 전제이며, 이는 기업문화의 문제라고 주장한다. 구체적으로는 지식교점(node; 즉 사람) 사이의 원활한 지식흐름을 강조

---

10 프랑스의 경우 지난 1984년에 이미 R&D, 교육 · 훈련, 마케팅, 소프트웨어와 같은 무형자산에 대한 투자가 전체 투자의 35%에 달하는 것으로 알려지고 있다. 또한 IT 하드웨어와 S/W 분야에 대한 투자가 크게 증가하여, OECD 전체 IT 분야 하드웨어 및 S/W 투자의 GDP 비중이 1985년 1.5%수준에서 1995년 2%대로 증가하는 한편, 미국의 경우 IT 하드웨어 투자가 기업부문 총투자에서 차지하는 비중이 1985년 5% 수준에서 1995년에는 약 8% 수준에 달한 것으로 분석되고 있다.

하기 때문에, 개인들의 사회적 네트워크와 신뢰를 강조한다.

이에 따른 기업활동 패러다임의 변화는 표 12.2와 같이 정리될 수 있다.

[표 12.2] 기업활동 패러다임의 변화 내용

조직 구조		· 계층구조 · 오직 톱 경영자만이 모든 기업활동을 관장	· 분산구조 · 톱 경영자는 목표와 비전 제시, 기업활동의 책임이 하부계층으로 분산 · 기업 내부 간 지식 공유와 학습
내외부 조직들과의 상호관계	외부	· 고립적 관계 : 사회관계에서의 독립된 한 부분 · 공급자와 소비자 간 소원한 관계 · 정부나 경쟁자와 대립관계	· 사회관계에서 각 부문과 밀접한 제휴 협력 관계 · 상호 신뢰와 헌신관계 중요
	내부	· 톱 경영자의 일반적 지시 하에 각 생산 부문이나 기능 간 단절 관계	· 혁신, 생산, 영업의 전체적이고 통합적인 관계 형성 · 근로자와 경영자 간 그리고 기업 내 부문 간 협력적 관계 형성

• 출처: 이선 외. 1999: 37에서 재구성

이렇게 볼 때, '지식경영'론은 기존의 경제 · 경영학에서 외생변수로 취급하던 지식을 기업 성과의 핵심으로 파악하는 패러다임의 변화를 드러내고 있는 셈이다. 노동과정론 사회학자들에 의해서는 이미 지식도 '구상(conception)' 노동의 한 부분으로서 중요한 관심의 대상이었던 셈이지만, 향후 지식사회학의 기여 가능성이 높은 주제이다.

한 가지 흥미로운 사실은 '지식경영'론이 지식근로자의 중요성을 부각시키며, 암묵지에 기반한 지식경영을 강조하는 반면에, 우리나라의 '신지식인' 개념은 실용적 지식을 강조하는 차이를 보여주었다는 점이다.

3) 센게 및 호이스의 학습조직

기존 조직이론에서 주장되어 온 합리적 체계로서의 조직, 기계적 조직, 경제적 기업은 지식정보사회에서 적응력을 상실했다는 것이 학습조직이론의 출발 논지이다. 호이스(Geus, 1998)는 오랜 기간 동안 성공적인 활동을 유지하고 있는 기업에 대한 분석을 통해, '장수기업'은 '사람중심'의 가치를 지향해왔고, 생존욕구를 자체 목적으로 가진 생명체(유기체)의 특징을 공유한다고 주장했다. 이는 인간관계론의 발견을 반영하여 조직을 자연체계(natural system)로 보는 관점이 부각된 것이다. '살아 있는 기업'에 대한 분석을 통해, 호이스는 적응력 있는 학습기업, 생명체로서의 인격체기업, 포용력 있는 생태적응과 이에 기반한 기업진화를 성공적인 기업의 요건으로 꼽았다.

기존의 기업관은 '돈 버는 기계'로 기업을 인식하기 때문에, 소유자의 목적에 따라 설계되고, 통제·관리되는 경영관리의 대상이며, 종업원은 이에 단순반응을 보이는 존재이고, 조직의 자원은 개별 종업원 학습의 단순 합으로 여겨져왔다. 따라서 기계의 부품(인적 재료)이 쇠진하면서 기업도 더 이상 생존을 유지하기 어렵게 되었다는 주장이다.

이에 비해, 유기체로서의 기업관은 기업이 스스로의 목적을 가진 유기체로서 스스로의 정체성에 따라 자율적으로 목표를 설정하고 독자행동을 하는 역량을 가진 존재이기 때문에 통제가 될 수 없다는 점을 강조한다. 이 과정에서 비공식 구조(의사소통의 관계망)를 발전시키고, 조직 스스로의 학습을 통해 일의 공동체를 형성하여 지속적 갱생을 도모하는 동적 진화 과정을 거친다고 주장한다.

학습조직 이론에서는 '시간 경로'에 대한 인식에 주목하여 시나리오 기획과 모의실험을 통한 정보처리와 의사결정을 중요시한다. 이런 점에서 학습조직은 인간중심의 새로운 패러다임을 모색하는 재구성된 시스템 사고의 한 유형인 것으로 여겨진다. 학습조직으로의 변화 요체는 분권화와 권한위임을 통해 공동체성을 확보하는 것이고, 성과–보상 시스템의 재구축을 통해 이러한 핵심 요소 간의 연계와 적합성을 높인 고성과작업 시스템(HPWS) 혹은 고성과팀을 만드는 것으로 모아진다.

구성원들의 전문지식을 노정시켜서 지식을 공유하는 다기능 팀 학습조직을 만든다는 것인데, 구체적인 모형은 다음과 같다. ①비전과 전략 등에 관한 사고 모형의 변화 ②기업문화와 리더십을 포함한 공유비전의 설정 ③조직구조의 변화와 운영 ④의사소통과 정보·지식 시스템 구축 ⑤성과관리와 성과지원 시스템 ⑥변화관리의 중요성 인식 ⑦개인 및 팀의 역량을 제고시키는 자아 완성(호이스 저, 손태원 역. 1999: 138-139).

학습조직이 지향하는 조직구조의 탈계층화는 권력구조의 변화와 의사소통의 혼란을 가져와서 구성원들의 심리·정서적 불확실성을 초래할 수 있다는 점이 문제로 지적되었다. 특히 중간관리층의 불안과 단절감이 학습에 장애로 작용할 수 있다는 문제에 따라 리더의 역할이 조정자나 격려자로 바뀌어야 한다는 점이 부각된다.

앞의 '지식경영'론과 '학습조직'론을 비교할 때, 또 다른 사회학적 탐색 영역이 부각될 수 있다. 지식경영론은 사람중심 패러다임이지만 그 궁극적인 지향점이 효율성 추구여서 합리적 체계(rational system)로서의 기업관을 바탕으로 하는 데 반해, 호이스의 학습조직은 기업이 생존욕구를 가진 자연체계(natural system)라는 점과 '전체성(wholeness)'을 강조하는 점에서 뒤르켐의 실재(reality) 개념에 근접하고 있다. 따라서 특히 학습조직론은 사회학적 관점의 적용이 필요한 분야이다.

4. 조직평가

1) 조직관리에 관한 논의

조직은 활동을 위해 여러 가지 자원을 동원하고 관리한다. 경영학이나 행정학의 조직이론이 실제로 관심을 집중시키고 있는 점은 바로 이 분야라고 해도 과언이 아니다. 따라서 우리는 '조직관리'라는 포괄적인 개념이나 인사관리, 재무관리, 자재관리 등의 용어를 흔히 접하게 된다.

이러한 관리 측면은 조직에서 사용되는 자원을 기준으로 하여 구분된 개념이며 연구 영역인 반면에, 조직에서 관리 대상이 되는 이슈(issue)를 중심으로 하여 관리 영역을 구분하여 정리하는 학자도 있다. 예로, 로빈스(Robbins)는 조직관리의 영역을 '직무설계의 관리', '변화의 관리', '갈등의 관리' 및 '성장과 쇠퇴의 관리' 등으로 구분하고 있다.[11]

이러한 조직 관리상의 문제가 실제 조직을 운용하는 데 있어서 매우 중요한 문제가 된다는 점은 부인할 수 없으나, 이러한 관리 문제는 이론적이라기보다는 실제적이고 구체적인 관심과 필요를 반영하고 있는 기법(技法)에 해당한다. 따라서 1장에서 이미 밝힌 것처럼, 조직사회학의 관심은 이러한 조직관리의 실제적 문제와는 어느 정도 거리를 두고 있기 때문에 이 주제를 여기서 상세히 다루지는 않겠다.

다만 기대한 것처럼 조직관리가 이루어지고 있는지 또는 어떤 문제가 있는지를 파악하는 것은 조직관리에 대한 평가를 통해 가능한 것이

---

11   김남현 역. 1985. 『경영조직론』. 경문사. 제14장-제17장 참조.

기 때문에, 아래에서는 조직평가의 문제를 간단히 정리해본다.

2) 조직평가와 진단

조직이 직면한 환경 여건 속에서 적절한 활동을 수행해 나가고 있는지를 평가 혹은 진단하는 기법은 조직활동에 대해 구체적인 자문(consulting) 역할을 수행하는 연구자들에 의해 실제로 매우 다양한 기법이 개발되었다. 특히 조직 내의 특정한 문제에 대한 진단이 필요한 경우에는 보다 세밀한 평가기법이 적용될 것이다.

여기서는 포괄적인 조직관리 측면에 대한 평가 틀로서 버렐과 모건(Burrel and Morgan)에 의해 정리되어 제시된 방식을 살펴보자.[12]

이들은 상황조건(contingency) 이론의 시각을 조직의 실행(관리)이라는 문제에 적용시켜서 조직활동을 진단할 수 있다고 보면서, 여섯 가지 측면에서 조직을 진단함으로써 조직평가의 틀이 형성된다고 보았다.

첫 번째 측면은 조직 환경(environment)의 특성을 확인하는 것이다. 조직 환경이 단순하고 안정적인지 아니면 복잡하고 불확실한 상황인지를 우선 평가해야 한다.

둘째는 조직이 어떤 전략(strategy)을 사용하고 있는지를 파악해야 한다. 기존의 상황에 소극적으로 적응하는 방어적인 전략을 갖고 있는지 혹은 끊임없이 새로운 기회를 추구하고 기존의 운영 방식을 평가하는 적극적이고 혁신적(innovative)인 전략을 추구하는가를 평가할 필요가 있다.

셋째로, 조직이 활동에 사용하는 기술(technology)의 특성을 확인해

---

12 Gareth Morgan. 1986. *Images of Organization*. Calif.: SAGE. pp.60-65.

야 한다. 다시 말해 투입을 산출로 전환시키는 과정이 표준화되고 일상적인 것인지의 여부가 파악되어야 한다. 어떤 유형의 기술이 사용되고 있는가에 따라서 책임과 자율성이 강조되는 직무역할이 보편적이 될 것인지 혹은 경직되고 자율성이 결여된 직무가 보편적일지가 결정될 것이다.

네 번째로 판단을 요하는 측면은 조직 구성원들의 인적 구성의 특질 및 조직 내의 지배적인 문화(culture) 혹은 가치의 특성이다. 구성원들이 기본적으로 도구적 지향 하에서 조직활동에 관여하고 있는지 아니면 자아실현의 궁극적 가치를 중시하고 있는지를 평가해야 한다. 이에 더불어 조직문화를 형성하는 핵심적 가치 및 신념이 무엇인가도 확인될 필요가 있다.

다섯 번째로, 조직의 공식 구조(structure)가 기계적인가 혹은 유기적인가를 평가해야 한다.

이에 덧붙여, 여섯 번째는 조직의 소유주나 경영관리자의 기본적 관리원칙(혹은 경영철학)이 권위적이고 통제 위주인지 아니면 민주적인지를 알아볼 필요가 있다.

이처럼 여섯 가지 조직 측면에 대한 평가를 바탕으로 하여 특정 조직이 이들 측면들을 일관된 수준에서 결합하여 조화를 이루고 있는지 아니면 부조화의 문제를 안고 있는지를 진단할 수 있고, 더 나아가 어떤 측면에서 문제를 안고 있는지를 확인할 수 있다는 주장이다. 그림 12.1은 위의 여섯 가지 측면에 대한 평가 결과의 상호 적합성 여부를 예시(例示)한 것이다.

[그림 12.1] 조직평가의 예

조직 내부 요소	조직 환경	단순/안정적		복잡/불확실
	전략	소극/방어적		적극/혁신적
	기술	표준/일상적		복합/비일상적
	인간/문화	도구적 지향		자아실현/가치지향
	공식구조	기계적		유기적
	관리원칙	권위적(X이론)		민주적

[그림 12.1]을 보면, 위에서 언급한 조직의 여섯 가지 측면은 각기 연속선(continum) 의 특성을 갖는 것으로 전제되었고, 양끝에 대립적인 특성이 배치되어 있다. 그림에서 A, B, 및 C로 표기된 조직은 조직의 여러 측면에 있어서 나름대로의 조화를 이루고 있는 셈인 반면에, D의 조직은 조직 내부 요인들 간에 불균형이 있다는 것을 보여준다.

상황조건론의 입장을 따르면, A, B, C의 조직은 꽤 효과적인 조직활동을 수행하고 있을 가능성이 크다.

A조직은 안정적인 환경 하에서 기존의 활동 영역을 고수하기 위해 방어적인 전략을 취한 조직이다. 일상화된 기술을 사용하여 표준화된 산출물을 생산하며, 관료제적인 조직구조를 갖고 있다. 조직 구성원들은 기본적으로 경제적 동기를 앞세운 조직활동을 수행하며 이에 맞추어 관리 원칙도 권위주의적인 통제를 기반으로 한다. 이러한 유형의 조직 특성이 바람직한 것인가의 여부를 떠나서, 환경에 적합한 조직 내부적 특성을 가진 셈이어서 조직의 생존과 효율에 큰 문제가 없을 것으로 진단되는 상황이다.

A조직과 극단적인 반대 유형인 B조직은 매우 복잡하고 불확실한 환경에 직면해 있는 경우이다. 따라서 조직의 생존과 성취를 위해 매우

적극적이고 혁신적인 전략을 취하고 끊임없는 아이디어의 개발을 수행하게 된다. 조직이 사용하는 기술유형도 복잡하고 창의성을 요하는 것이어서 직무역할에 자율성이 강조된다.

이에 따라 조직 구성원들은 진취적이고 자아실현 욕구가 강한 경향을 띠며, 조직구조나 관리 방식도 이에 맞추어 유기적이고 민주적인 방식을 취한 상황이다. 앞의 조직설계에서 이미 지적한 대로, 실제로는 흔히 존재하지 않는 조직유형이지만, 피터스와 워터맨(Peters and Waterman)이 성공적인 활동을 수행한 미국 산업조직의 전형적인 유형으로 파악한 것이기도 하다.[13]

C조직은 A, B 조직의 중간적인 환경에서 적당한 정도의 유연성과 기계적 속성을 동시에 갖고 있는 조직유형에 해당한다. 실제 대다수의 조직 상황에 해당될 것으로 여겨지는데, 위의 여섯 가지 측면의 특성에 있어서 일관된 균형을 이루고 있다면 나름대로의 효과성을 지향할 수 있다고 보는 것이다.

그러나 D의 조직이 보이고 있는 상황은 조직 내부 특성 간에 조화가 이루어지지 못한 상태로서 문제를 안고 있는 셈이다. 예를 들어 위 그림의 경우, 환경이 그렇게 안정적이지만은 않고 조직 구성원들은 자기실현적 욕구가 강한 반면에, 조직이 채택하고 있는 전략이나 기술, 구조, 관리원칙은 기계적 관료제의 속성을 강하게 가지고 있는 것이다.

이런 경우에 조직 구성원들이 조직 운용 방식에 불만족을 느낄 가능성이 크고, 조직의 환경에 대한 대응도 소극적이어서 조직활동의 성공적인 결과를 기대하기가 어렵다.

---

13 T. J. Peters and R. H. Waterman. 1982. *In Search of Excellence*. NY: Harper and Row.

지금까지 논의한 분석은 조직이 직면한 문제를 탐색하고 이를 통해 가능한 해결책을 제시해주는 조직진단(평가)의 한 예이다. 그러나 조직에 있어서 문제가 확인되었다고 하더라도, 이러한 내부적 측면들 간의 조화 및 외부 환경과의 적합 관계는 궁극적으로 인간의 의사결정과 행위가 문제를 극복하는 방향으로 지향되어야만 이루어질 수 있는 것이다.

13장

정보사회와
현대 조직

1.정보화의 진전과 기업 조직개편

1) 조직 환경의 변화

1990년대 이후 한국 사회에도 본격적으로 불어닥치기 시작한 정보화와 세계화의 추세는 사회 전반에 걸쳐 큰 변화를 초래했다. 하지만 컴퓨터와 통신망의 결합으로 이루어진 정보통신기술 혁명의 영향을 가장 많이 받은 부문은 정보기술을 창출하고 또 가장 많이 활용하고 있는 경제 부문, 즉 기업사회라고 할 수 있다.

현재 진행 중인 기업 환경 변화의 추세는 세계화, 정보화, 네트워크화라는 세 가지 경향이 복합적으로 작용하는 것으로 볼 수 있다.

세계화(globalization)는 소련을 비롯한 동구권 사회주의가 1990년을 전후해서 붕괴된 이후 유럽연합(EU) 및 WTO 체제가 등장함에 따라 세계가 하나의 자본주의 시스템으로 통합되어가면서 제품과 서비스, 자본, 노동이 국가의 경계를 넘어 자유롭게 이동해서 경제적 경쟁이 격화된 상황을 지칭한다.

정보화는 개별 국가 내부의 정보기술 수용 확대에 덧붙여, 컴퓨터 네트워크를 통해 국가 간에 정보 및 자원의 실시간(real-time) 교류가 가능해진 상황을 지칭한다.

네트워크화(networking)란 정보화에 의해 뒷받침된 세계화가 사회 전반과 기업세계에 영향을 미친 결과 기업 간, 기업 내 부문 간, 기업과 고객 간, 작업장의 근로자 상호 간 등에 이전과는 다른 수준의 밀접한 연계가 등장하고 필요해진 상황을 지칭한다.

정보화가 세계화를 촉진시키고 네트워크화를 촉진시킨다는 점을 고려해 보면, 정보화가 기업활동에 미치는 영향은 매우 큰 것이다.[1]

이윤창출이 기업의 본질적인 활동 목적이라고 할 때, 성공적인 기업 운영의 핵심은 효율적인 생산과 관리를 통해 경쟁 우위를 확보하는 것이다. 기업 성패의 관건은 경쟁기업에 비해 보다 양질의 제품과 서비스를 보다 낮은 비용으로 산출하여 제공하는 데 있다. 이때 정보기술은 기업활동의 여러 영역에서 생산성과 효율성의 증대에 중요한 기여를 한다.

사무실에서 정보통신기술은 사무자동화(OA)를 가져오고, 조직 구성원들에게 필요한 정보와 지식의 양을 증가시키면서 그들의 업무를 보다 효율적으로 조직화하고 업무의 질을 향상시키는 데 기여하고 있다. 공장(생산)자동화(FA)는 컴퓨터 수치제어(Computerized Numeric Control : CNC)공작기계 및 로봇(robot)을 이용함에 따라 이전까지 육체적으로

---

1 정보화의 진전은 인터넷 등을 통해 국가경계를 넘어선 기업 간 네트워크 형성을 가능케 하며, 시간, 공간, 비용의 장벽을 넘어서 기업들 간의 연결성을 심화시킨다. 이러한 네트워크를 이용해서, 일국의 특정 기업이 자신의 비교우위에 기반한 핵심역량을 유지하면서 다른 나라의 자본, 노동, 자원을 결합하여 생산하고 판매하는 세계 경제체제가 확산된다는 것이다.

수행되던 생산의 자동화가 이루어져서 제품의 품질 향상과 비용 절감을 실현할 수 있게 되었다. 이러한 변화는 사람으로 하여금 보다 고부가가치적인 활동에 몰두할 수 있도록 하는 계기를 제공한다고 지적된다.

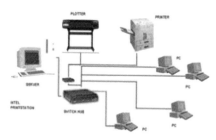 

하지만 생산성의 향상이 정보기술의 발전 자체에 의해서나 혹은 이 것을 도입하여 사용한다고 해서 반드시 저절로 이루어지는 것은 아니다. 정보기술의 이용이 높은 생산성과 연계되기 위해서는 기업 내부의 기술 외적인 요인들의 변화가 동시에 수반되어야 한다는 점이 지적할 필요가 있다. 다시 말해서, 정보기술이 응용되는 기업에 존재하는 구조와 관행, 업무의 흐름과 사업 절차의 변화가 기술 변화에 맞추어서 수반되어야 한다는 것이다. 4장에서 논의한 사회기술 시스템론의 입장이나 5장에서 살펴본 상황조건론을 고려해본다면 이러한 주장은 매우 타당하다.

지식정보사회의 기업은 그 규모에 상관없이 기존의 경직된 관료제를 벗어나서 위계계층 수를 축소하고 유연한 구조를 갖출 필요가 있다고 지적된다. 세계화, 정보화, 네트워크화라는 기업 환경의 변화에 대응하여 기업은 고용구조상의 수량적 유연성과 기능적 유연성을 추구하게 된다. 이 때 정보화의 진전은 전자 JIT(just-in-time) 시스템, 전자자료 교환, CAD(computer aided design)와 네트워크에 의한 동시적 엔지니어링을 통해 기업의 조정 비용을 감소시키며, 불필요한 관리 기능이나 비효율적인 생산 기능이 제거되어서 날씬한 린(lean) 조직화를 가능하게 한다(Appelbaum and Batt, 1994).[2]

2) 조직개편 배경에 대한 이론적 논의

기업정보화가 진전되고 이에 따른 조직개편이 이루어지는데 이것이 왜 필요한지에 대해서는 몇 가지 이론적인 논점이 존재한다.

(1) 효율성 관점

최근에 진행되고 있는 급격한 정보화의 진전은 정보통신기술 자체의 빠른 발전뿐만 아니라 세계적인 경제 경쟁에 따른 현상이기도 하다. 최근에 일고 있는 기업 간의 경쟁의 핵심은 시간 중심의 경쟁이라고 할 만하다. R&D와 생산의 사이클 타임을 줄이고 시장으로 출하되는 시간을 단축함으로써 시장경쟁의 우위를 점하는 것이 성공하는 기업활동의 관건이 되었다.

이에 따라 기업활동의 여러 기능 간의 장벽을 제거하는 동시적 엔지니어링이 요구되고 정보통신기술은 이러한 리엔지니어링(Hammer and Champy, 1993)의 밑받침이 된 것이다. 이런 맥락에서 보면 기업정보화는 효율성을 지향한 합리적 의사결정의 산물이며 어떤 기업도 피할 수

---

2 아펠바움과 바트는 정보사회에서 제조생산기업이 지향하는 조직구조와 작업 방식을 '고능률작업체계(high performance work system)'로 규정하는데, 이 체계의 특징은 ① 다기능 노동자에 의한 유연생산(flexible manufacturing), ② 납작한(flat) 위계구조와 수평적 네트워크 조직, ③ 관련 기업과의 전략적 제휴 네트워크에 따른 적기납품(JIT), ④ 팀(team) 작업, ⑤ 자율과 권한위임에 따른 참여와 협력의 노사관계 등이다.

없이 받아들여야 하는 현실인 것이다. 다시 말해 기업정보화의 추진과 이에 따른 조직구조 개편은 생산 및 관리 능력을 향상시켜서 산출물의 품질과 생산성을 높이려는 기업의 합리적 경제행위의 결과라고 할 수 있다.

(2) 노동통제론의 관점

작업장 수준의 노사관계를 통해서 이루어지는 '생산의 정치(the politics of production)'에 주목하는 노동과정론 학자들은 작업조직 혁신의 주요인을 작업장 수준 권력관계의 변화에 대한 경영 측의 대응 전략이라고 파악한다.[3] 다시 말해서, 작업장 통제체제의 위기에 대한 기업의 대응 전략이 작업장 체제의 유연성과 노동에 대한 통제력을 강화시키기 위한 시도로서 작업조직의 변화를 낳고 있다는 것이다. 예를 들어, 1987년 이후 우리나라 대기업의 생산 작업장에서 노조의 힘이 강화되면서 현장 관리자들의 권위가 실추되어서 기업의 현장 관리조직이 거의 붕괴된 것에 대한 기업 측의 대응이 경영합리화를 통한 작업장 체제의 재편으로 나타났다고 분석한 학자도 있다(박준식, 1996).

(3) 동형화 관점

미국의 한 통계자료에 의하면 1987~1993년 기간 중 컴퓨터가 기업의 생산성 증가에 기여한 비율은 0.2%에 불과하다고 한다. 정보기술의 발전 속도가 워낙 빠르다 보니 관련 전산기기를 대체하고 새로 구입하는 데 들어가는 비용도 만만치가 않다는 것이다. 투자 효율 면에서 볼

---

3   예로서 박준식, 1996, "대기업의 신경영전략과 작업장치체제의 변화", 박준식 『생산의 정치와 작업장 민주주의』, 141-169쪽, 한울, 참조.

때, 전형적인 고비용-저효율에 해당된다는 지적이 나오는 것도 무리가 아니다.

그렇다면 실제로 생산성을 그렇게 향상시키는 것도 아닌 정보기술의 도입에 기업들이 그렇게 전력투구를 하는 이유를 어떻게 설명할 수 있을까? 일부 신제도경제학자들은 어떤 새로운 경향이 출현하여 선도적인 기업이 이를 채택하였을 때, 다른 기업들도 그러한 경향을 추종하는 '동형화(isomorphism)'의 압력이 작용한다고 해석한다(Dimaggio, 1983).

기업은 완벽하게 합리적인 경제행위의 주체가 아니라는 주장이다. 특정 기업이 전략적 의사결정을 할 때 그 기업 나름대로의 제도적·문화적 요인이 제약을 가하기 때문에 제한적으로만 합리적인 행위를 하게 될 소지가 크다는 것이다. 정보기술의 도입도 그것의 효과성에 대한 합리적이고 면밀한 검토를 통한 결과라기보다는 마치 유행처럼 모방하는 경향도 있다는 지적이다.

우리 사회의 기업들에 1990년대 중반 이후 팀제도 도입이 크게 확산되었다. 그러나 내실이 갖추어지지 않은 제도 도입으로 인해 팀제의 실질적인 성과에 대해서는 의문의 여지가 많았던 것도 사실이다. 한 경제연구소의 조사결과에 의하면, 응답 기업의 58%에서 팀제가 실패하거나 기대 이하라는 보고도 있었다.[4]

그렇다면 실제로 생산성을 그렇게 향상시키는 것도 아닌 팀제 작업 개편에 기업들이 그렇게 전력투구를 하는 이유도 동형화 이론으로 설명할 수도 있다. 즉 어떤 압력에 의해서나 심지어는 단순한 모방을 통해서 선도 기업을 따라가는 경향성이 분명히 존재한다는 것이다. 사실

---

4 한국능률협회컨설팅(1996) 참조.

조직개편 과정에서 빠지지 않고 등장하는 '벤치마킹(bench-marking)'
이라는 것도 동형화를 낳은 한 메커니즘에 해당한다.

3) 조직개편의 현실적 배경

그런데 이처럼 동형화론을 주장하는 신제도학파의 주장을 염두에
둔다고 하더라도, 정보기술의 도입·이용 및 조직구조의 슬림화와 팀제
로의 작업조직 개혁이 기업 간 경쟁 우위의 핵심으로 여겨지는 현실을
무시할 수는 없다. 기업들로 하여금 정보기술과 팀제 활용을 통해 활로
를 모색하게 만든 실질적인 요인을 두 가지 측면에서 살펴볼 수 있다.

첫째는 조직 내부적 요인이다. 기업 내부에서 드러난 생산과 관리상
의 문제를 해결하면서 새로운 기회를 창출하기 위한 대응이다. 즉 여
태까지의 사업을 재창조하거나 이를 통해 신규 사업을 창출하기 위한
시도로서 정보통신기술을 활용하고 이를 뒷받침하는 방향으로 유연한
조직구조화를 시도하게 된다.

두 번째로, 기업 환경의 여러 가지 변화를 들 수 있다. 가장 중요한
요인은 비용, 품질, 상품의 제공 속도와 같은 핵심적 전략 이니셔티브
를 둘러싼 시장 경쟁에서 야기된다. 기업 간 경쟁의 심화는 기업들로
하여금 비용과 품질, 고객서비스 향상의 개선에 나서게 만들고 있다.
경쟁의 한 가지 영향은 구매자 쪽으로 힘이 이동하고 조직들도 이 상
황에 적응해야 한다는 것이다. 결과적으로 고객세분화에 발맞춘 조직
화는 강력한 기업 혁신 추세의 하나이다. 조직활동을 재촉하고 변화를
유인하는 중요한 힘은 더 이상 최고경영자의 명령에 달려 있는 것이
아니라 고객의 요구에 달려 있다는 주장이다.

한편, 상업적 R&D 지출의 증대는 늘어나는 투자를 상쇄하기 위한

범세계적 매출액의 증대를 필요로 한다. 세계 시장경쟁에서 우월한 지위를 차지하기 위해서는 컴퓨터와 통신을 결합한 정보기술의 활용이 필수이며, 이를 최적화할 수 있는 작업조직 개편이 요구된 것이다.

2. 정보기술 활용과 기업활동의 변화

앞에서 살펴본 바와 같이, 기업을 둘러싸고 있는 외부 환경은 경제의 세계화, 정보 및 지식에 바탕을 둔 산업에로의 전환이라고 하는 두 가지 경향을 띠며 변화해가고 있다. 이렇게 달라진 기업 환경은 한편으로 기업에게 넓은 시장, 싼 원자재, 좋은 노동력과 같은 다양한 기회와 가능성을 제공하기도 하지만, 다른 한편으로는 심화된 경쟁, 급격한 변화와 같은 어려움과 위험을 초래하고 있다.

이런 변화된 상황에 적응하기 위해, 그리고 이런 새로운 환경에서 살아남기 위해 오늘날의 기업은 과거와는 다른 형태, 구조, 활동을 찾고 있으며, 아울러 기업 전체적으로 그리고 내부적으로 여러 가지 방식을 동원하면서 변신을 꾀하고 있다. 기업의 이러한 노력에는 자동화, 유연성, 연결성, 외부화 등이 있다. 여기에 정보기술의 적극적인 도입과 효율적인 활용이 수반되고 있음은 물론이다.

기업은 제품과 서비스의 생산 및 판매를 위해 다양한 활동을 수행한다. 제품을 연구, 설계, 디자인, 조립하며 인적·물적 자원을 관리하기 위하여 서류를 작성하고 계산을 하며 자료와 정보를 처리, 보관, 교환한다, 한편 상품을 판매하기 위하여 물건을 주문받고 재고를 관리하며 또 전체적으로 부서 간에 의사를 교환하며, 계획을 세우고 회의를 한다.

정보통신 기술의 발전은 이러한 기업의 활동에 획기적인 전환을 가져오고 있다. 기업이 수행하는 기능과 관련하여 생각해볼 때, 정보기술의 이용은 설계(design), 생산(production), 관리(management) 및 영업(sales) 영역에서 이루어진다. 이때 정보기술은 개별 활동을 지원하는 데에도 유용하지만 각각의 개별 활동을 서로 연결시켜준다는 점에서 매력을 갖는다.

1) 자동화

자동화는 먼저 공장에서부터 시작되었지만 기업활동에 있어서 정보의 생산과 유통이 보다 중요해지고 또 정보처리 기술이 발달하면서 자동화는 사무실에서도 급속히 퍼져나갔다. 사무실은 기본적으로 정보의 수집, 저장, 처리, 교환이 일어나는 장소다. 여기에서 사람들은 읽고, 쓰고, 생각하며, 의사소통을 할 뿐만 아니라 계획을 짜며, 계약을 하고, 자금을 유통시키며 또 다른 기업과 상호작용한다. 이런 일들은 정보와 지식에 바탕을 둔 기업 환경에서 핵심적인 부분을 차지하고 있다. 오늘날 기업은 사무자동화에 보다 많은 투자를 하고 있으며 아울러 컴퓨터 및 주변기기, 응용 프로그램의 발전은 기업의 사무자동화를 더욱 촉진시키고 있다.

자동화는 작업과정에서 인간의 노동력을 기계로 대체하는 것을 말한다. 이러한 의미에서 본격적인 사무자동화는 IBM이 마그네틱 테이프를 장착한 전기타자기인 워드프로세서를 내놓으면서 시작되었다. 하지만 사무자동화는 서류작업에만 국한되지 않았다. 오늘날 컴퓨터를 비롯한 전자, 정보처리기술의 발전은 자료의 처리와 관리, 계산, 일정 및 계획 작성, 개인과 집단 간의 커뮤니케이션, 업무흐름의 관리와 같

은 사무작업의 전반적인 영역에 걸쳐 자동화가 일어나도록 했다.[5]

생산활동에서 인간의 노동력을 덜어주는 기계의 발명은 지금까지 수백 년에 걸쳐 이루어져오고 있다. 하지만 상품의 생산과정에서 자동화가 본격적으로 도입되기 시작한 것은 컴퓨터 영역에서 기술적인 발전이 급속히 일어난 1970년대부터이다. 값이 저렴한 고성능의 마이크로프로세서와 저장기술의 탄생은 컴퓨터 관련 하드웨어와 소프트웨어의 기능과 능력을 급속도로 향상시켰다. 이러한 경향은 기업으로 하여금 비용절감과 품질개선을 위해 컴퓨터 기술을 생산자동화에 적극적으로 활용하도록 만들었다.[6]

한편 정보와 지식에 기반한 서비스 산업의 확장에 따라 판매관리의 자동화가 빠르게 진행되고 있으며, 기업활동의 경쟁적 우위를 초래하는 요인 중에 영업과 고객관리의 비중이 증대되고 있다. 새로운 시장의 개척, 고객 서비스의 향상, 물류 시스템의 개선 등을 위해 기업은 정보기술을 적극적으로 활용하고 있다.

초기의 컴퓨터화된 정보체계는 주로 기업의 내부적인 업무활동을 자동화하는 데에 사용되었다. 하지만 정보기술의 꾸준한 발달과 점차 경쟁적으로 변화해가는 외부 환경은 기업으로 하여금 새로운 방식과 유형의 광고, 판매, 배달, 지불, 상거래 등을 개발하도록 하고 있다.

---

5 현재 기업의 사무활동에는 다양한 종류의 정보기술이 사용되고 있으며, 여기에는 대표적으로 워드프로세싱(word processing), 데스크톱 퍼블리싱(desktop publishing), 스프레드시트(spreadsheet), 자료처리 소프트웨어(database management software), 사무용 통합 소프트웨어(integrated software), 전자우편(electronic-mail), 음성우편(voice mail), 팩스(fax), 전자회의(electronic conferencing, teleconferencing), 그룹웨어(group-ware) 등이 있다.

6 이제 컴퓨터는 생산의 모든 영역에 걸쳐 사용될 수 있다. 로봇(robot), 캐드(CAD: Computer-Aided Design), 캠(CAM : Computer-Aided Manufacturing), 킴(CIM : Computer-Integrated Manufacturing)은 이러한 가능성을 실현시켜주는 대표적인 생산자동화 기술이다.

2) 유연성

오늘날의 사회는 탈규격화와 개성을 강조하는 시대이다. 소비자들의 욕구와 필요는 더욱 다양해지고 급속히 변해가고 있다. 과거의 대량생산기술은 이렇게 달라진 소비자의 취향에 맞추어 물건을 제조해내기 어렵다. 기업은 이제 보다 유연하고 신속하게 시장 상황에 대응할 필요가 있다. 정보기술과 생산과정에서의 자동화는 기업으로 하여금 유연성을 높이는 데 큰 기여를 하고 있다.

기업의 유연성을 증가시키는 대표적인 기술로서 킴(CIM)을 들 수가 있다. 이것은 캐드/캠(CAD/CAM)의 체계가 보다 발전하여 나온 생산자동화 시스템으로 제품의 기획, 디자인, 부품의 공급, 제조, 제품의 출하 등을 포함한 생산의 모든 측면을 통합하기 위하여 컴퓨터와 커뮤니케이션 기술을 사용하는 것이다. 기업은 킴을 통해 제품의 디자인과 제조에 관련돼 기업 내·외부의 여러 조직을 밀접하게 연결시킬 수 있다. 만약 한 부서의 작업이 끝나면 그 작업결과는 즉시 다른 부서에서 알 수 있으며 또 사용할 수 있게 된다.

이러한 킴은 기업으로 하여금 비용 절감, 품질 향상, 소비자에 대한 서비스 개선, 소비자의 취향과 요구에 즉각 반응할 수 있는 유연성, 그리고 신제품을 빠른 시간에 시장에 내놓을 수 있는 신속성의 효과를 지니게 해준다.[7]

---

7 Benetton이나 Gap과 같은 세계적인 의류업계는 각 옷의 스타일을 1년에 6번 이상 바꾼다. 이들 업체들의 컴퓨터들은 세계 곳곳에서 시시각각으로 변하는 소비자들의 의복 구매현황을 기록하고 분석함으로써 소비자들의 취향과 욕구를 예측한다. 여기서 나온 자료는 즉각 전 세계에 펼쳐져 있는 공장들에게로 전달되고, 전체적인 제조과정은 컴퓨터에 의해 조정·통제된다. 이제 변화하는 소비자들의 요구에 유연하게 대처하지 못하는 기업은 살아남기가 매우 힘들다. 따라서 오늘날의 최첨단 공장 자동화시설에 있어서 킴은 필수요건이 되어가고 있

3) 연결성

연결성(connectivity)은 서로 다른 지역에 있는 소비자와 기업, 기업과 기업을 보다 쉽고 가깝게 이어주는 능력을 말한다. 디지털화된 데이터는 거의 순식간에 세계의 어느 장소에나 전해질 수 있다. 이러한 연결성의 범위에는 사람, 전자메일, 팩스, 컴퓨터 간에 일어나는 상호작용적인 커뮤니케이션이 포함된다. 세계화된 경제체계에서 지리적인 거리를 좁혀준다는 점에서 연결성은 오늘날의 기업활동에 있어서 대단히 중요한 의미를 지니고 있다.[8]

이렇게 컴퓨터와 커뮤니케이션 기술을 사용하여 다수의 구매자와 판매자가 직접 연결이 되는 가상의 공간이 바로 전자상거래시장(electronic market)이다.

4) 외부화(out-sourcing)

치열한 경쟁과 유연성 그리고 자동화로 특징지어지는 탈산업사회에서 점차 많은 기업들이 효율적인 기업 운영과 경쟁력 확보를 위해 그들의 고용인원을 최소한도로 줄이려 하고 있다. 이러한 시도는 한 기

다. 유연성과 유사하게 쓰이는 개념인 커스터마이제이션(customization)은 소비자의 필요나 취향에 맞게 상품을 제조하거나 변형시키는 것으로서 오늘날 상품판매에 있어서 매우 중요한 요소이다.

8 칼스(CALS : Continuous Acquisition and Life Cycle Support)는 제품의 생산, 조달, 관리, 유통 등 상품의 모든 거래과정을 컴퓨터망으로 연결하여 자동화한 물류체계이다. 기업은 칼스를 통해 리엔지니어링 또는 제품의 개발, 생산, 유통, 애프터서비스 등의 과정이 동일한 시간에 움직이는 동시공학 (CE : concurrent engineering) 환경으로 진입할 수 있다. 한편, 칼스는 제품의 설계, 자재구입, 제작, 판매, 사후 운용지원과 같은 모든 순환과정을 연속적으로 동시에 수행하게 함으로써 '광속과 같은 상거래(Commerce at light speed)'라는 개념으로도 쓰인다.

업이 외부의 다른 기업들과 연계하여 그 기업들로 하여금 특정한 상품과 서비스를 제공하게끔 하는 경제조직화의 한 형태인 하청(sub-contracting)에 의해 이루어지고 있다. 기업은 하청을 줌으로써 인건비를 줄이고, 이를 통해 보다 많은 이익을 실현하려 한다. 아울러 회사 운영에 아주 필요한 소수의 고급기술자와 전문 경영 관리인들만 고용함으로써 날씬한(lean) 구조조정을 할 수 있게 된다.

3. NGO 조직의 발전

우리나라에서는 1990년대 들어와 시민사회의 발전에 따라 NGO, NPO 혹은 시민단체 등으로 불리는 자발적 결사체 형태의 조직이 대거 등장하였다. 자발적 결사체로서의 조직은 1장에서 웨스트럼과 사마하(Westrum and Samaha)가[9] 조직 구성원들이 전일제(full-time) 근무를 하는지 여부와 조직활동의 기본 목적이 이윤 추구에 있는지 여부에 따라 조직을 크게 세 가지로 분류한 유형 중의 하나이다. 이때 자발적 결사체는 조직 구성원들 대부분이 전일제로 그 조직을 위해 일하는 것은 아니라는 점이 가장 중요한 특징이었다. 더불어 자발적 결사체의 조직 활동 목적은 이윤 추구와 관련이 없을 수도 있지만, 노동조합의 예처럼 본질적으로 이윤 추구가 목적일 수도 있다고 정의하였다.

---

9 Westrum, Ron and Khalil Samaha. 1984. *Complex Organizations: Growth, Struggle, and Change*. NJ: Prentice-Hall.

1) 개념 정의

NGO는 Non Government Organization의 약자이기 때문에 직역을 하면 비정부조직이나 비정부기구에 해당한다.

원래 NGO라는 용어는 유엔(UN)에서 처음 사용된 것으로 알려져 있다. 유엔 산하의 기구들이 전 세계적으로 활동을 하면서 각국의 정부기구가 아닌 민간기구나 단체들과도 파트너십을 형성하게 되면서 사용하기 시작한 용어가 NGO이다. 정부 이외의 민간단체들과의 협력관계를 규정한 UN헌장 71조에서, 인권이나 환경 문제, 경제개발과 평화 문제 등 글로벌 차원의 문제를 해결함에 있어서 비정부, 비영리 입장을 가진 시민 주도의 조직이라고 정의한 것이다. 다시 말해 NGO라는 용어에는 정부기구가 아니고 민간단체라는 뜻이 기본적으로 내포되어 있다.

이렇게 보면, NGO가 정부기구가 아니라는 점에서는 광의로 시민사회단체뿐만 아니라 민간 영역의 기업도 포괄할 수 있다. 하지만 통상적으로 기업은 정부 행정기구와 마찬가지로 별도의 조직 영역으로 분류하기 때문에, NGO는 일반적으로 협의의 의미로 비정부 혹은 비영리 민간단체를 지칭하는 용어로 사용되고 있다.

여기서 비영리조직(기구)에 해당하는 NPO(Non Profit Organization)라는 용어와 NGO의 관계를 살펴볼 필요가 있다. 우리나라에서는 NPO보다 NGO라는 용어가 훨씬 보편적으로 사용되지만, 미국과 일본에서는 NPO라는 용어도 많이 사용되는데 '이윤획득을 목적으로 하지 않고 공익활동을 전개하는 민간법인조직'이라는 의미에 해당한다. 따라서 여기에는 비영리적인 사회복지기관이나 교육기관 심지어는 병원까지 포함되기도 한다. 이러한 비영리조직은 때로 제3섹터(third sector), 자발적 섹터(voluntary sector), 독립 섹터(independent sector) 등으로 불리기도 한다.

샐러먼(Salamon, 1999)은 NPO의 정의를 ①공식성, ②비정부성, ③이윤 배분 금지, ④자기통치성(자주적 관리), ⑤자발적 참여, ⑥공익성에서 찾고 있다.

이렇게 보면, NGO와 NPO는 같은 개념은 아닌데 그렇다고 해서 어느 한쪽이 다른 한쪽에 비해 상위의 개념이거나 더 포괄적인 개념이라고 보기도 어렵다. 이에 따라 일반적으로 비정부적 기구이며 비영리적 기구로서 정치권력이나 경제적 이윤을 추구하지 않고, 시민사회의 공공선을 지향하면서 활동하는 시민단체 혹은 사회단체에 대해 NGO나 NPO라는 용어를 혼용해서 사용하게 되었다. 그러나 일부에서는 시민단체는 NGO로 부르고 사회복지단체는 NPO로 불러야 된다는 견해도 있다.

2) 발전의 배경

어떤 사회에서건 일반적으로 경제가 발전하고 소득 수준이 향상되면 사회 구성원들의 가치관이 다양화되고 정치사회적 욕구도 다원화된다. 이에 따라 기존처럼 정부가 국민들에게 이에 대한 서비스를 제공하기가 어려워지는 대신에 다원화된 수요를 민간에서 스스로 찾아서 해결하려는 행동 양식이 등장하게 되었다. 바로 이러한 활동을 구체적으로 실현하기 위해서 조직된 것이 비정부, 비영리 조직이다.

샐러먼(1999)은 이러한 조직의 대두는 글로벌한 양상이며, 그 배경에는 서구 복지국가의 위기가 깔려 있고, 더 나아가 근대사회의 바탕을 이루는 국민국가 시스템의 동요가 있다고 주장했다. 따라서 기본적으로 비정부(비영리) 조직의 발전은 기존의 국가-시장의 이분법적 틀을 넘어서려는 시도인 것이다.

덴츠총연(1996; 제진수 역. 1999: 30-31)은 여기에 덧붙여, 복지국가의 이데올로기인 '합의의 동요'를 NGO나 NPO 발전의 또 다른 배경으로 파악하였다. 즉 정부의 실패를 질타하는 우파로부터는 시장 제일주의로 회귀하라는 압력을 받고, 좌파로부터는 공동체를 부활하라는 압력이 집약된 가운데, 자조(self-help) 및 공동체 상호부조(community care) 촉진 정책이 공통적으로 채택된 때문에 민간단체에 의한 공익 활동을 활성화하는 NGO 발전의 배경이 되었다는 주장이다.

3) 미국과 한국의 현황

(1) 미국

서구 선진국에서는 비정부·비영리 조직이 사회의 중요한 한 축으로서 사회적 서비스 제공에 중요한 기능을 수행하고 있다. 특히 다원주의를 중시하는 미국 사회의 경우에는 백만 개가 넘는 비영리(NPO) 조직이 활동하면서 민주주의 발전에 기여하는 기반조직의 역할을 하고 있고 이들의 공익적 활동은 관련 제도와 세법에 의해 지원되고 있다.

드러커(Drucker)는 미국에서 NPO의 발전에 주목한 학자의 한 명인데, NPO를 '자원봉사자들이 참가하여 타인을 돕는 활동 조직'이라고 정의하면서, 이들 조직이 소위 '제3섹터(third sector)'를 이룬다고 파악했다.

미국에서도 비영리 조직의 정의는 다양하지만, 일반적으로는 공공이익을 지향하는 비영리 단체인 공익(公益)법인만을 NPO로 간주하는 경우가 보편적이고 이에 따라 다음과 같은 유형으로 분류되었다(덴츠총연,

1996; 제진수 역. 1999: 48~50).

첫째는 대학, 미술관 · 오케스트라 등의 문화 단체, 복지 시설, 병원, 환경 보호 단체, YMCA, 전국 보이스카우트 연맹 등 다양한 '서비스 공급 조직'이다. 둘째는 이들 단체에 자금을 제공하는 자금조성 단체로서 적십자(Red Cross), 포드 재단이나 록펠러 재단처럼 개인이나 기업의 기금운용 이익을 제공해주는 단체, 유나이티드 웨이(United Way)처럼 개인이나 기업으로부터 기부금을 모아 서비스 공급 조직에 배분하는 단체들이 있다. 셋째로는 교회와 같은 종교 조직이다. 일부에서는 공익 단체와 구별하기도 하지만 미연방 세법에는 서비스 공급 조직과 마찬 가지로 세제상의 특전을 받게 되어 있다.

이러한 유형 구분에 따르면, 대학이나 교회 같은 종교조직은 NPO에 포함되는 반면에 협동조합이나 공제조합 등의 자조 조직은 그 범주에 서 제외되는데, 유럽에서는 오히려 이들 조합을 NPO로 보아 제3섹터 의 중요한 구성 요소로 간주하는 것이 일반적이다.

미국에서 비정부 · 비영리 조직은 특히 1960년대 이후 (흑인)시민권 운동, 여성운동, 소비자운동, 환경운동 등 다양한 사회운동에 중요한 기여를 하였다. 미국의 제3섹터는 이미 20세기 후반에 지출규모 면에 서 GDP의 6.3%를 차지하고, 고용 면에서 전체 고용인구의 6.8%를 포 함하며 연 5백만 명에 이르는 자원봉사자가 활동하고 있는 것으로 추 정되었다. 이들 조직은 법인 설립과 세제상의 우대조치, 우편요금 할인 등 우대가 주어지지만, 정부의 보조금과 사업 위탁금 및 민간 기부금, 조성금 등을 주요 수입으로 하는 만큼 국세청 보고 및 정보 공개 등의 의무를 진다. 미국에는 이러한 비영리 조직을 지원하는 비영리 조직이 800개 이상이나 되며, 이들이 특히 제3섹터로서의 연대감을 부여하는 역할을 하고 있다고 한다. 이들의 활동은 자금제공 · 조성, 운영기술 및 경영지원, 정보제공, 인재육성, 조직화 지원, 여론조성 지원, 정책감시, 활동평가, 윤리감시 등 다양하다(덴츠총연, 1996; 제진수 역. 1999).

(2) 한국

한국에서는 1990년대 들어서 '시민사회'의 등장과 더불어 NGO라는 용어가 보편적으로 사용되기 시작하였고 관련 시민단체의 구성과 활동이 활발해졌다. 애초 우리 사회에서 NGO 관련 활동은 주로 정치, 사회적 이슈와 연관되어 왔기 때문에 NGO의 이미지가 시민 '운동' 중심이지만, 점차 복지, 의료, 교육, 문화 등의 문제로 활동의 주제가 확산되어 왔다.

그러나 여전히 많은 시민운동 단체들이 준정치권에 맴돌거나 명망가 몇 명에 의해 움직여지고 또 정부의 지원금을 기반으로 하기 때문에, 한국 NGO 활동의 지평을 넓히고 주제를 확대하는 일은 매우 중요한 과제로 제기되고 있다.

현재 한국에는 약 20,000여 개의 (지부를 포함한) NGO가 등록되어 있다(한국 NGO총람편찬위원회, 1999). 그러나 이들 대부분은 그 규모도 영세할 뿐만 아니라, 업무분장, 회원관리 등 조직 운영에 필요한 기본적인 체계가 갖추어져 있지 않은 실정이다(양현모, 2000: 7).

여러 영역에서 활동하고 있는 NGO의 예를 들면, 참여연대, 경실련(경제정의실천국민연합), 환경운동연합, 전국노점상연합회, 한국여성민우회, 바르게살기운동중앙협의회 등을 들 수 있는데, 지나치게 시사문제 지향적인 현재의 시민운동은 자칫 잘못하면 다양한 풀뿌리 운동과 동떨어지게 될 위험이 있다고 지적되기도 했다(덴츠총연, 1996; 제진수 역. 1999: 16~17).

4) 조직 특성[10]

(1) 조직 창립과 발전

비정부조직(NGO)의 창립 기반은 새로운 아이템, 새로운 방식, 새로운 지역의 확보라고 할 수 있다. 일반적으로 NGO 조직의 발전 단계는 ① 창설자가 시작 ② 점차 동조자가 생겨남 ③ 이사회를 조직하고 이사회 내에 분과 위원회가 생기며 자원봉사자를 규합 ④ 자원봉사자가 늘어나며, 약간의 직원도 생겨남 ⑤ 최고경영자를 임명하여 이사회에서 정한 정관과 규약대로 조직의 사명을 성취하는 책임을 그에게 위임하는 단계로 발전한다고 한다(김광식, 1999: 78~79).

창립에서부터 비정부·비영리 조직은 특정한 가치관과 이념을 조직 원리로 갖고 있다. 조직이 지향하는 가치와 이념은 바로 NGO의 정체성을 드러낸다.

(2) 조직 목표

비정부·비영리조직의 활동 목적은 영리에 있지 않고 사회성을 가지기 때문에 지향하는 목표의 구체성이 떨어지고 추상적일 수밖에 없다. 더불어 경우에 따라서는 복수의 목표가 설정되어서 지향점이 일치하기 어렵다는 점도 운영상의 변수가 된다.

또한 내세우는 목적과 그것을 달성하기 위해 확보하는 자금 원천 간에 괴리가 생길 가능성이 있다. 정부 감시를 목표로 하는 NGO가 정부 보조금을 받는 경우가 그 예이다. 조직의 성장이나 시대의 변화에 따라

10　이 부분의 내용은 김광식(1999), 덴츠총연(1996; 제진수 역. 1999) 및 양현모(2000)의 연구에서 재정리 재구성한 내용이 중심임.

기존의 목표가 진부해지는 경우에 새로운 목표를 어떻게 도출할 것인가가 중대한 과제가 된다.

(3) 조직 운영 원리

비정부·비영리 조직은 '공공의 이익'을 위해 존재한다. 이에 따라 조직활동의 서비스는 수요자보다는 서비스를 필요로 하는 사람들에게 제공된다. 그렇기 때문에 서비스 향수자는 기본적으로 전체 대가를 지불하지 않으며, 그 비용은 회원을 비롯한 시민들의 기부나 공공 보조금 등으로 보전된다. 이는 비정부·비영리 조직의 경영에서 서비스를 필요로 하는 사회적 수요를 어떻게 파악하느냐의 문제를 제기한다.

한편 자신들이 제공하는 서비스의 사회적 의의를 정립해서 이에 대한 사회적 지원을 유발시키지 못하면 비정부·비영리 조직의 사업은 경제적으로나 사회적으로 성립할 수 없다. 다시 말해 다수의 사회 구성원들의 참여를 조직화하지 못하면 운영이 불가능하게 된다.

(4) 조직 운영의 다양성

비정부·비영리 조직은 법인격, 사업 내용과 분야, 활동 지역 등이 다양할 뿐만 아니라 재정적인 수입 구조 또한 상당히 다르며, 이에 따라 운영 형태의 차이를 낳게 된다.

이러한 다양성은 단체의 규모, 설립 목적, 활동 분야, 사업 형태, 수입 구조, 인적자원, 사업의 전개 방식, 공공 부문과의 관계, 법적 형태 등에서 발견할 수 있다(덴츠총연, 1996; 제진수 역, 1999: 172~184).

우선 규모를 보면 대부분이 소규모 조직인 반면에, 활동 분야는 사회복지, 보육, 의료·건강, 환경, 교육, 문화, 해외 원조, 인권, 식생활 등 다양하다.

성공적인 활동에 따라 규모가 커진 NGO들은 그 조직이 지방이나 해외로 확장되면서 점차 복잡해지기도 한다. 국경 없는 의사회, 월드비전이나 그린피스 같은 NGO의 경우에는 협력 대상국의 수가 늘어나면서 해외에 현지 사무소를 설립하게 되었다. 또 원래 같은 이념을 가진 자발적인 조직이 각 지역에 자발적으로 등장하면서 상호간에 연락 조직이 필요해짐에 따라 중앙 사무국이나 연맹이 생기는 경우도 있다.

한편 NGO에는 관련된 이해 당사자가 많다. 정부만 하더라도 경우에 따라서 규제를 가하는 정부로서의 중앙정부나 지방자치단체가 있을 수 있고, 우호적인 여론 조성이나 협력의 대상으로서의 정부가 있을 수 있다. 또한 NGO 활동을 가능하게 하는 자금 제공자로서의 회원이나 외부 기부자, 서비스의 주 대상인 클라이언트, 같은 분야에서 활동하면서 협력과 경쟁 관계에 있는 동종의 유사 NGO 등 다양한 이해관계 집단과의 조정이 NGO 활동을 하는 데 중요한 기반이다.

(5) 조직 구조

공익을 목적으로 하는 NGO 조직의 최고 의사결정기구인 이사회는 공익을 추구한다는 단체의 목표가 성실히 수행되는지 여부를 시민을 대신하여 감시하는 역할을 한다. 그러므로 이사회의 구성원은 기본적으로 회원인 자원봉사자들로 구성된다.

이러한 이사회의 의사결정에 따라 일상적인 업무를 집행하는 일부 유급 스태프(staff)가 있고 이들의 업무를 도와 보조적인 일을 담당하는 다수의 자원봉사자들로 구성되는 것이 일반적인 NGO 구조이다.

하지만 실제로 모든 비정부·비영리 조직이 스태프를 가지고 있지는 않으며, 유급 스태프를 고용하는 경우라도 하는 일에 비해 보수가 적어서 실제로는 자원봉사자에 가까운 경우도 많다. 미국에서도 NPO 조직의 절반 이상은 이러한 자원봉사자들로만 운영되는 소규모 단체들이라고 한다(덴츠총연, 1996; 제진수 역, 1999: 57).

조직 규모의 확대는 긍정적인 측면과 더불어 경영상의 과제를 제기한다. 우선 조직의 성장은 조직 구조의 제도화, 관료제화의 과정을 야기한다. 실제로 NGO 조직이 수많은 스태프를 고용한 대규모 조직이 된 경우에, 그 조직의 사명이 원래 자원봉사나 사회적 사명감이었더라도, 조직 운영 형태는 정부인지 기업인지 구별하기 힘들 정도가 되기도 한다.

(6) 조직 운영성과 평가 문제

비정부·비영리 조직은 회원인 시민의 회비와 정부·기업 등의 지원금을 받아서 공익사업 수행을 사회로부터 위탁받은 조직이라고 할 수 있다. 그런데 사회적 필요에 따라 공공성을 띤 사업을 벌인다고 해서, 효율성이나 생산성 개념을 무시하는 것은 무책임한 행동이다(덴츠총연, 1996; 제진수 역, 1999: 180~184).

비정부·비영리 조직의 주요 특성 가운데 하나는 자치성이다. 이로 인해 조직의 성과 평가 주체와 평가 척도가 불분명하고, 조직의 맥락을 모르는 외부자가 평가하기도 쉽지 않다. 이 때문에 NGO 조직 내에서 내부 통제 역할을 담당하는 이사회의 역할이 매우 중요하지만, 비정부·비영리 조직 특유의 과두제화 경향 때문에 이사회를 통한 내부 통제도 쉽지 않다. 대부분의 활동과 의사결정들이 소수의 스태프 실무진을 중심으로 이루어지고 있으며, 이들의 활동을 모니터할 전일제(full-time) 구성원은 결국 스태프진 자신들이기 때문이다. 이사회가 있다고 하더라도 활동 전반에 대한 전문성 부족으로 제 기능을 수행하지 못하기 십상이다(조효제, 2003: 77).

이처럼 비정부·비영리 조직의 활동과 사업에 대한 평가가 곤란하다는 점은 NGO의 책임성 문제를 제기한다. 인재나 자금이 별로 풍부하지 않는 상황에서 일반적으로 경영·사무 처리 능력도 떨어지기 때문에, 투입에 비해 산출이 낮은 비효율성이 지적되고 있다. 자신들의 신념만을 중시하여 일반 상식과 거리를 가짐으로써 좋은 동기에 비해 그에 어울리는 성과를 거두지 못한 경우도 많다. 따라서 NGO의 사회적 책무성을 위해서는 단순한 회계 보고의 책임에 머물지 말고 조직과 관계를 가진 사람들에게 특정 사업이나 활동 전체, 운영 전반에 대해서 보고하거나 설명하는 과정을 필요로 한다(덴츠총연, 1996; 제진수 역, 1999: 57, 181~182).

5) 과제[11]

(1) 활동 기구와 활동가의 자율성 확보

활동 계획을 세우고 이를 실행에 옮기는 전문가 및 상근 활동가의 자율성 보장은 의사결정 과정의 민주성 여부를 결정하는 중요한 요소이다.

(2) 회원의 참여도 제고

참여민주주의의 실현을 위해 핵심적인 역할을 해야 하는 것이 NGO인데, 조직 내부에서 다수의 일반회원들이 소외된다면 이는 시민참여의 확대라는 시민운동의 근본적 목표를 시민운동 자체를 부정하게 되

---

11 이 부분은 주로 양현모(2000)의 한국 경실련과 참여연대에 대한 사례연구결과를 중심으로 정리한 것임.

는 셈이다.

(3) 재정의 자립도 및 투명성 확보

우리나라 대부분의 NGO들이 지니고 있는 가장 큰 문제 중의 하나는 재정이 불안정하다는 것이다. 사업 추진이 어려운 것은 물론이고 상근 스태프의 급여도 제때에 지급하지 못하는 어려움을 겪는 경우가 많다. 조직 운영에 있어 안정적인 재정의 확보는 필수적이다.

그런데 활동에 필요한 경비는 가능하면 회원들이 납부하는 회비로 충당되어야 한다. NGO가 정부나 기업의 지원과 보조를 받을 경우 정부 권력의 남용, 관료 부패를 공정성과 중립성을 가지고 감시하기 어렵게 될 수도 있다. 정부와 특정 기업의 과도한 지원은 조직의 민주화와 의사결정 과정에도 부정적인 영향을 미칠 수 있다.

(4) 비민주적 의사결정 구조의 보완

NGO의 조직 내부 문제, 특히 의사결정 과정의 민주성에 관한 문제는 자주 제기되어 왔으며 사회적으로도 중요 관심사이다. 특히 NGO의 도덕성에 대한 책무성이 확보되지 않는다면, NGO 자체가 통제되지 않는 권력 주체로 부상할 수도 있다.

비정부·비영리 조직이 국민의 신뢰와 지지를 받으면서 활동하기 위해서는 합리적인 의사결정 기구가 갖추어져서 내부의 견제와 균형이 이루어져야 하며, 외부적으로 책임질 수 있는 장치들이 만들어져야 한다. NGO 활동이 소수의 명망가의 판단에 의해서 결정되고 추진되기보다는 다수 회원의 의사에 따라 진행되어야 하며, 그 결과는 외부에 공개되어서 비판의 소리가 조직 내부로 전달되도록 하여야 한다(양현모, 2000: 12~17).

의사결정 과정에서 민주성이 담보된다면, 조직원들의 참여 의식을 고취하고 유능한 관리자를 양성할 수 있으며 의사소통을 개선하여 조직 최고관리자의 부담을 경감시켜줄 수 있다.

한국에서 경실련과 참여연대는 소위 '제5의 권력'이라고 불리는 한국 NGO의 대표적인 단체로 정부의 정책결정 과정에 막강한 영향력을 행사하고 사기업의 활동에도 많은 영향을 주고 있다. 하지만 만약 의사결정 과정이 소수 인원에 의해 독점되고 그 과정이 권위적이거나 관료적일 경우에, 그 피해자는 단순히 경실련과 참여연대의 회원만이 아닌 국민 전체이기 때문에 민주적 의사결정 구조의 확보가 긴요하다(양현모, 2000: 6).

(5) 의결기구와 집행기관의 미분리 문제 해소

한국에서 비정부·비영리 조직이 활동하고 있는 시민운동 분야가 안고 있는 가장 큰 문제의 하나는 엘리트 위주 운동에서 크게 벗어나지 못하고 있다는 점이다. 즉 다수의 풀뿌리 시민들이 참여하는 운동, 즉 '시민 있는 시민운동'을 만드는 데 아직까지 성공하지 못하고 있다는 것이다. 시민들은 무임승차(free rider) 의식을 가지고 있는 상태에서 소수의 전문가와 상근 운동가들이 상임집행위원회 등을 중심으로 주로 언론 홍보에 의존하여 펼치는 운동 방식을 탈피하지 못하고 있다. 소수 전문가를 중심으로 하는 운동은 시민참여의 확대라는 시민운동의 목표와 당위성을 시민운동 자체가 부정하게 된다.

이 같은 문제점은 한국의 대표적 NGO인 경실련과 참여연대의 의사결정 과정을 분석해도 그대로 나타난다. 우선 총회와 대의원회, 운영위원회의 기능이 형식화되어 있어서 대의기구의 역할을 하지 못하고 있다. 실제로는 소수의 집행부 인사의 결정에 따라 사업이 결정되고 추진되고 있는 실정이다. 감사 기능이 형식화되어 있고, 고문과 자문위원들이 불필요하게 많으며, 공동대표의 역할과 사무총장 혹은 사무차장의 역할도 분명치 않아서, 전반적으로 민주성과 대표성, 책임성을 담보하는 구조가 아니다.

하지만 이런 문제에는 일반 회원들의 능동적인 참여가 낮은 문제가 맞물려 있다. 회원들이 NGO의 주인으로서 의사결정 과정에 적극적으로 참여하고자 할 때 의결기구인 총회와 대의원회의 기능도 정상화되고, 집행기구의 권한도 분산되어 세부 조직 상호 간에 견제·균형도 가능하게 될 것이다. 회원들의 적극적인 참여는 회비의 증가로 이어질 것이며, 이는 재정 상태의 투명성 보장을 통해 NGO 활동의 안정성은 물론 조직의 민주화에도 기여할 것이다(양현모, 2000: 148~150).

■ 참고문헌

김광식, 1999,『한국 NGO 시민사회단체, 21세기의 희망인가?』, 동명사.

김남현 역, 1985,『경역조직론』, 경문사.

김상국, 양병무, 1997,『경영혁신의 이론과 실제』, 한국경영자총협회.

김성국, 1990, "정보사회와 계급관계", 한국사회학회 편, 「정보화 사회와 사회변동」.

김환석 · 김현옥, 1996, "정보통신기술과 기업조직의 혁신", 한국사회학회, 1996년 추계특별심포지엄, 「정보통신기술발달과 현대사회」, 135-151쪽.

덴츠총연 저, 제진수 역, 1999,『지속가능한 사회를 위한 시민경영학 NPO』, 삼인.

마이클 해머 · 제임스 챔피 저, 안중호 · 박찬구 역, 1993,『리엔지니어링 기업혁명』, 김영사.

박준식, 1996, "대기업의 신경영전략과 작업장체제의 변화",『생산의 정치와 작업장 민주 주의』, 141-169쪽, 한울.

심윤종 · 유홍준 · 박승희 · 정태인, 2001,『산업사회학』, 경문사.

쓰보타 도모미 저, 양영유 · 조상희 역, 1994,『멀티미디어 조직혁명』, 가람기획.

양현모, 2000, 「NGO 의사결정 과정 경실련과 참여연대 사례」, 한국행정연구원.

이선 외 저, 1999,『창조적 지식국가론』, 산업연구원.

조효제 엮음, 2003,『NGO 시대의 지식키워드 21』, 아르케.

피터 드러커 외 저, 이재규 · 서재현 역, 1990,『미래의 조직』, 한국경제신문사.

피터 드러커 저, 고병국 역, 1992, 『미래기업』, 한국경제신문사.

햄머·챔피 저, 안중호·반착구 역, 1996, 『리엔지니어링 기업 혁명』, 김영사.

호이스·아리 드 저, 손태원 역, 1998, 『살아있는 기업』, 세종서적.

Albrow, M.C., 1970, *Bureaucracy*, London : Paul Mall.

Aldrich, H.E and S. Mindlin, 1978, "Uncertainty and Dependence : two perspectives on environment, : in L, Karpik(ed.), *Organization and Environment* , London : Sage, pp. 149-170.

Aldrich, H.E. and J. Pfeffer, 1976, "Environments of Organizations," *Annual Review of Sociology*, 2, pp. 79-105.

Aldrich, Howard, 1979, *Organization and Environment*, N. J.: Prentice-Hall.

Argyris, Chris, 1972, The *Applicability of Organizational Sociology*, Cambridge University Press.

Azumi, K., D.J. Hickson and D. Horvath, 1974, "Cross-National Variation in Organizational Structure : A British, Japanese and Swedish Comparison."

Barnard Chester, 1938, *The Functions of the Executive*, Massachusettes : Harvard University Press.

Baron, J., and W. Bielby, 1980, "Bring the Films Back In : Stratification, Segmentation, and the Organization of Work," *American Sociological Review*, 45. pp. 737-765.

Becker, Gary, 1967, *Human Capital and the Personal Distribution of Income*, Ann Arbor : University of Michigan Press.

Bell, Daniel, 1973, *The Coming of Post- Industrial Society*, N. Y, : Basic Books.

Bennis, W., 1959, "Leadership Theory and Administrative Behavior." *Administrative Science Quarterly*, 4, p. 259-301.

Benson, Kenneth, 1980, "The Interorganization Network as a Political Economy," A. Etzioni and E. Lehman(ed.), *A Sociological Reader in Complex Organizations*, N. Y. : Holt Reinhart and Winston, pp. 349-368.

Blau, P. N. and O. D. Duncan, 1967, *The American Occupational Structure*, N.

Y. : Free Press.

Blau, P. M. and W. Scott, 1963, *Formal Organizations: A Comparative Approach*, London: Routledge and Kegan Paul.

Blau, P.M., 1963, "Critical Remarks on Weber's Theory of Authority." *American Political Science Review*, 57, pp. 305-316.

Blau, Peter, 1968, "The Hierarchy of Authority in Organizations," *American Sociological Review*, 33, pp. 453-467.

＿＿, 1970, "A Formal Theory of Differentiation in Organizations,"*American Sociological Review*, 35, pp. 201-218.

Blauner, Robert 1964,*Alienation and Freedom*, Chicago : Chicago University Press.

Blumberg, Rhoda, 1987, *Organizations in Contemporary Society*, N. J. : Prentice-Hall.

Braverman, Harry, 1974, *Labor and Monopoly Capital*, N. Y. : Monthly Review.

Broom, Leonard and Philip Selznick, 1958, *Sociology*, N. Y. : Harper and Row.

Burawoy, Michael, 1979, *Manufacturing, Consent*, Chicago : University of Chicago Press.

＿＿, 1985, The *Politics of Production*, N. Y. : VERSO.

Burns, Tom, and G. Stalker, 1961, The *Management of Innovation*, London : Tavistock.

Cartwright(ed.), *Studies in Social Power*, Ann Arbor: Michigan University Press, pp. 150-167.

Chandler, Alfred, 1962, *Strategy and Structure : Chapters in the History of Industrial Enterprise*, Mass. : MIT University Press.

Child, John and R. Mansfield, 1972, "Technology, Size and Organization Structure,"*Sociology*, 6, pp. 369-393.

Child, John, 1972, "Organization Structure, Environment and Performance : the Role of Strategic Choice,"*Sociology*, 6, pp. 1-22.

_____, 1973, *Man and Organization*, London : Allen and Unwin.

Clegg and Dunkerley, 1980, *Organization, Class and Control*, London : Routledge and Kegan Paul.

Clegg, Steward, 1975, *power, rule and Domination :A Critical and Empirical Understanding of Power in Sociological Theory and Everyday Life*, London : Routledge and Kegan Paul.

Crozier, M., 1964, *The Bureaucratic Phenomenon*, London : Tavistock.

Crozier, M., 1976, "Comparing Structures and Comparing Games," in G. Hofstede and M.S. Kassem(eds.), *European Contributions to Organization Theory*, Assen : Van Gorcum, pp, 194-195.

Cyert, Richard, and James March, 1963, *A Behavior Theory of the Film*, N. J. : Prentice-Hall.

Davies, C., S. Dawson and A. Francis, 1973, "Technology and other Variables: Some Current Approaches in Organization Theory." in N. Warner(ed.), *The Sociology of Workplace*, London : Allen and Unwin, pp. 149-163.

Dickson, D., 1974, "Technology and the Construction of social Reality." *Radical Science Journal*, 1, pp. 29-50.

Dimaggio, Paul J. and Walter W. Powell, 1983, "The Iron Cage Revisited : Institutional Isomorphism and Collective Rationality in Organizational Fields," *American Sociological Review*, 48, pp. 147-160.

Drucker, Peter, 1954, *The Principles of Management*, N. Y. : Harper and Brothers.

Edwards, Richard, 1979, *Contested Terrain*, N. Y. : Basic Books.

Etzioni, A., 1961, *The Comparative Analysis of Complex Organizations*, N. Y. : Free Press.

_____, 1964, *Modern Organizations*, N. J. : Prentice-Hall.

_____, 1975, *The Comparative Analysis of Complex Organizations*, N. Y. : Free Press.

Farkas, G., P. England and N. Barton, 1988, "Structural Effects on Wages : Sociological and Economical Views," in G. Farkas and P. England, 1988,

374

Ibid., pp. 93-112.

Feldman, M. and J. March, 1987, "Information in Organizations as Signal and Symbols," *Administrative Science Quarterly*, 26, pp. 171-186.

Fiedler, F., 1964, "A Contingency Model of Leadership Effectiveness," in L. Berkowitz(ed.), *Advances in Experimental social Psychology*, Academic Press.

_____, 1967, *A Theory of Leadership Effectiveness*, N. Y. : Mcgraw-Hill.

Filmer et al.(eds,), *New Directions in Social Theory*, London : Collier-Macmillan, pp.165-182.

_____, 1975, "Accounts of Organizations : Organizational 'structures' and the accounting proccess," in J. McKinlay(ed.), *Processing people : Cases in Organizational Behavior*, London : Holt, Leinhart and Winston, pp. 269-302.

Form, William, 1973, "Auto Workers and Their Machines : A Study of Work, Factory and Job Satisfaction in Four Countries," *Social Forces*, 52, pp. 1-15.

Georgiou, P., 1973, "The Goal Paradigm and Notes Toward a Counter Paradigm," *Administrative Science Quarterly*, 18, pp. 291-310.

Gerth and Mills(translated and edited), 1948, From Max Weber : *Essays in Sociology*, London : Routledge and Kegan Paul.

Giddens Anthony, 1989, *Sociology*. Cambride: Polity Press.

Gouldner, Alvin, 1959, "Organizational Analysis," in R. K. Merton, L. Broom, and C. Cottrel(eds.), *Sociology Today*, N. Y. : Basic Books, pp. 400-428.

Gouldner, Alvin, 1964, *Patterns of Industrial Bureaucracy*.

_____, 1971, *The Coming Crisis of Western Sociology*, London : Heinemann.

Granovetter, Mark and Charles Tilly, 1987, "Inequality and Labor Process," in N.Smelser and R. Bunt(eds.), *Handbook of Sociology*, Sage Publications, p. 93.

Granovetter, Mark, 1974, *Getting a Job*, Harvard University Press.

_____, 1985, Economic Action and Social Structure : The Problem of embeddedness, *American Journal of Sociology*, 91, pp. 481-510.

Gross, E, 1969, "The Definition of Organization Goals," *British Journal of Sociology*, 20, pp. 277-294.

Haas, J. E., R. H. Hall, and N. J Johnson, 1963, "The Size of the Supportive Component in Organizations," *Social Forces*, 42, pp. 9-17.

_____, 1967, "Organization Size, Complexity and Formalization," *American Sociological Review*, 32, pp. 903-912.

Hage, Jerald and Michael Aiken, 1967, "Relationship of Centralization to Other Structural Properties," *Administrative Science Quarterly*, 12, pp. 77-78.

Hage, Jerald, 1965, "An Axiomatic Theory of Organizations," *Administrative Science Quarterly*, December, pp. 289-320.

Hall, R, 1977, *Organizations : Structure and Process*, N. J. : Prentice-Hall.

Hall, R. H., J. E. Hass. and N. J. Johnson, 1966, "An Examination of the Blauscott and Etzioni Typologies," *Administrative Science Quarterly*, 12, pp. 118-139.

Hall, Richard H., 1968, "Professionalization and Bureaucratization," *American Sociological Review*, February, pp. 92-104.

Halle, David, 1984, *America's Working Man*, Chicago : Chicago University Press.

Hamilton and Biggart, 1986, "Market, Culture and Authority : A Comparative Analysis of Management and Organization in the Far East."

Harvey, Edward, 1968, "Technology and the Structure of Organizations," *American Sociological Review*, 33, pp. 247-249.

Herzberg, F., B. Mauser and B. Snyderman, 1959, *The Motivation to work*(2nd ed.), N. Y. : Wiley.

Hickson, D.J. et. al., 1971, "A Strategic Contingencies Theory of Intra-Organizational Power," *Administrative Science Quarterly*, 1, pp. 216-229.

Hickson, D.J., D.S. Pugh, and D.C. Pheysey, 1969, "Operations Technology and Organization Structure: An Empirical Appraisal," *Administrative Science Quarterly*, 14, pp. 378-397, p. 380.

Hirsziwicz, M., 1981, *Industrial Sociology*, London : Oxford University Press.

Hogstede, G., 1980, *Culture's Consequences : International Differences in Work Related Values*, Calif. : SAGE.

Israel, Joachim, 1971, *Alienation: From Marx to Modern Society*, Boston : Allyn and Bacon, Inc.

Jacobs, David, 1974, "Dependency and Vulnerability : An Exchange Approach to the Control of Organizations," *Administrative Science Quarterly*, March, pp. 45-59.

Jencks, C., 1972, *Inequality*, N. Y. : Harper and Row.

Kallerberg, A., and F. Berg, 1988, "Work Structure and Markets : An Analytic Framework," in G. Farkas and P. England(eds.), *Industries, Films, and Jobs*, N. Y. : Plenum Press, pp. 3-17.

Kanter, Rosabeth, 1977, *Men and Women of the Corporation*, N. Y. : Basic Books.

Kast, Fremont, and James Rosenzwing, 1979, *Organization and Management*, N. Y. : Mcgraw-Hill.

Katz, D. and R. Kahn, 1966, *The social Psychology of Organizations*, N. Y.: Wiley.

Laudon, Kenneth C., Traver Carol and Jane P. Laudon 1996, *Information Technology and Society*, Course.

Lawrence, P. and J. Lorsh, 1967, *Organization and Environment*, Cambridge : Harvard University Press.

Litterer Joseph, 1974, *The Analysis of Organizations*, N. Y. : John Wiley.

March, J. G. and H. A. Simon, 1958, *Organizations*, N. Y. : Wiley.

Maslow, A. H., 1954, *Motivation and Personality*, N. Y.: Harper and Row.

Mayntz, R., 1964, "The Study of Organizations," *Current Sociology*, vol. 13, p. 113.

McGregor, D., 1960, *The Human Side of Enterprise*, N. Y.: Mcgraw- Hill.

Michels Robert, 1959, *Political Parties*, N. Y. : Dover

Miewald, Robert, 1970, "The Greatly Exaggerated Death of Bureaucracy," *California Management Review*(Winrer), pp. 65-69.

Miles, Robert, H., 1980, *Macro Organizational Behavior*, Calif : Goodyear Publishing Co.

Mills(translated and eds.), *Organization and Bureaucracy*, 1967, London : Routledge & Kegan Paul.

Mintzberg, Henry, 1979, *The Structure of Organizations*, N. J.: Prentice-Hall.

Morgan Gareth, 1986, *Images of organization*, Calif : SAGE.

Morse, John and Jay Lorsch, 1970, " Beyond Theory Y," *Harvard Business Review*, May-June, pp. 61-68

Mouzelis, N., 1967, *Organization and Bureaucracy*, London : Routledge and Kegan Paul.

OECD. 1998. *Science, Technology, and Industry Outlook*. Paris: OECD.

Offe, C., 1976, *Industry and Inequality*, London : Edwaed Arnold.

Osterman, Paul, 1994, "How Common Id Workplace Transformation and who Adopts It?," *Industrial and Labor Relations Review*, 47, pp. 173-188.

Ouchi, William G. and John B. Dowling, 1974, "Defining the Span of Contrl," *Administrative Science Quarterly*, September, pp. 357-365.

Pareto, Vilfredo, translated by Arthur Livingston, 1935, *The Mind and Society*.

Parkinson, C.N., 1957, *Parkinson's Law*, Boston : Houghton Mifflin.

Pascale, Richard, and Anthony Athos, 1981, *The Art of Japanese Management*, N. Y. : Warner Books.

Pennings, Johannes, 1973, "Measures of Organization Structure : A Methodological Note," *American Journal of Sociology*, 79, pp. 687-688.

Perrow, Charles, 1961, "The Analysis of Goals in Complex Organizations," *American Sociological Review*, 26, pp. 854-866.

_____, 1967, "A Framework for the Comparative Analysis of Organizations," *American Sociological Review*, 32, pp. 194-208, 195.

_____, 1970, *Organizational Analysis* : A Sociological view, Calif: Wadsworth.

_____, 1972, *Complex Organizations* : A Critical Essay, NY : Scott Foresman.

_____, 1984, *Normal Accidents : Living with High-Risk Technology*, N. Y. : Basic Books.

Peters, T. J. and R. H. Waterman, 1982, *In Search of Excellence*, N. Y. : Harper and Row.

Preffer, Jeffrey, 1978, *Organizational Design*, Ⅲ. : AHM Publishing, p. 8.

_____, 1981, *Power in Organizations*, Mass. : Pitman Publishing.

Presthus Robert, 1962, *The Organization Society*, N. Y. : Vintage Books.

Pugh, D.S. and D. J. Hickson, 1976, *Organizational Structure in its Context :* The Aston Programme I. London : Saxon House.

Pugh, D.S., D. J Hickson and C.R. Hinnings, 1968, "Dimensions of Organization Structure," *Administrative Science Quarterly*, 13, p. 75.

_____, 1969, "An Empirical Taxonomy of Work Organizations," *Administrative Science Quarterly*, 14, pp. 115-126.

Reimann, Bernard C., 1974, "Dimensions of Structure in Effective Organizations: Some Empirical Evidence," *Academy of Management Journal*, pp. 693-708.

Robbins, Stephen, 1983, *Organization Theory : The Structure and Design of Organizations*, N. J. : Prentice-Hall.

Rothman, Robert, 1987, *Working : Sociological Perspectives*, N. J. : Prentice-Hall.

Salaman, G., 1974, "Classification of Organizations," in *Structure and System: Basic Concepts and Theories*, Milton Keynes: Open University Press, p. 47.

Selznick, Philip, 1948, "Foundation for a Theory of Organizations," *American Sociological Review*, 13, pp. 23-35.

_____, 1949, *TVA and the Grass Roots*, Berkeley : University of California Press.

Shepard, J, M., 1977, "Technology, Alienation and Job Satisfaction." *Annual Review of Sociology*, vol.3.

Silverman, David, 1968, "Formal Organizations or Industrial Sociology : Towards a Social Action Analysis of Organizations." *Sociology*, 2, pp.

221-238.

_____, 1970, *The Theory of Organizations*, London : Heinmann.

_____, 1972, "Some Neglected Questions about social Reality," p. 166, in p.

Simirich, Linda, 1983, "Concepts of Culture and Organizational Analysis," *Administrative Science Quarterly*, 28, pp. 329-358.

Simon, Herbert A., 1957, *Administrative Behavior*, N. Y. : Macmillian.

_____, 1964, "On the Concept of Organizational Goal," *Administrative Science Quarterly*, 9, pp. 1-22.

_____, 1977, *The New Science of Management Decision*, N. J. : Prentice-Hall.

Swedberg, Richard, 1987, *Current Sociology*, The Journal of the International Sociological Association, Vol. 35, No.1, SAGE Publications.

Thompson, James H, 1967, *Organizations in Actions*, N. Y. : McGraw-Hill.

Thurow(ed.), 1985, The *Management of Challenge*, Mass. : MIT Press.

Trist, E. L. and K. Bamfoath, 1951, "Some Social and Psychological Consequences of the Longwall Method of Coal-Getting," *Human Relations*, 4, p. 3-38.

Vallas, Steve, 1987, "New Technology, Job Content, and Worker Alienation : A test of Two Rival Perspectives," *Work and Occupations*.

Weber, Max, 1947, *The Theory of social and Economic Organizations*, T. Parsons(ed.), N. Y. : Free Press.

_____, 1948, *From M. Weber: Essays in Sociology*. T. Parsons and A. Henderson(trans), N. Y. : Free Press.

Weick, K.E., 1969, *The Social Psychology of Organizing*, Mass. : Addison-Wesley, pp. 28-29.

Westrum, Ron and Khalil Samaha, 1984, *Complex Organizations : Growth, Srtugle, and Change*, N. J.: Prentice-Hall.

Whiter, Thomas, 1970, *Information Technology and Organizational Change*, Calif. : Wordsworth Publishing Co.

Whyte, William F., and Kathleen Whyte, 1988, *Making Mondragon : The Growh and Dynamics of the Worker Cooperative Complex*, N. Y. : ILR Press.

Whyte, William, F., 1964, "Parsons' Theory Applied to Organizations," in M. Black(ed.), *The Social Theories of Talcott Parsons*, N. J. : Prentice-Hall, pp. 250-267.

Williamson, Oliver, 1975, *Market and Hierarchies*, N. Y. : Free Press.

Woodward, Joan, 1965, *Industrial Organization : Theory and Practice*, London Oxford University Press.

Wright, E. O., 1978, *Class, Crisis and the State*, London: New Left Books.

Yamazaki, Masakazu, "The Impact of Japanese Culture on Management," in Lester C. Thurow(ed.), 1985, *The Management of Challenge*, Mass.: MIT Press.

Zimmerman, D., 1971, "Record-Keeping and the Intake Process in a Public Welfare Organization," in S. Wheeler(ed.), *On Records : Files and Dossiers in American Life*, N. Y. : Russel Sage Publications.

산업혁명(Industrial Revolution) 24, 43, 287

산업형 사회 29

산업화의 이데올로기(ideology of industrialization) 232

산출(output) 155, 322, 340

산출(output) 목표 57, 217, 218

산출물(output) 279

상거래 354

상관관계 164, 170

상대적 합리성 271

상벌체계(reward system) 286

상상적 실험 34

상여금 58

상위체계 99

상인자본가 23, 42

상징 267, 270

상징성 204

상징적 보상 91

상징적 상호작용론 187, 215

상징적 행위자 204

상품시장 상황 242

상층 1차부문 299

상호배타성(exclusiveness) 114

상호수혜결사체(mutual-beneficial-associations) 114, 121

상호의존도 334

상호의존성 29, 108, 330, 331

상호의존적 187, 325

상호작용(interaction) 19, 26, 32, 71, 108, 186, 189, 192, 212, 215, 219, 247, 260, 298

상호작용론 19, 32, 34, 75, 104, 110, 184, 185, 200, 209, 251, 269

상호주의(reciprocity) 330

상황 186, 214, 215, 238

상황정의(definition of the situation) 104, 191~196, 204, 267, 269, 272

상황제약 219

상황조건(contingency) 79, 339

상황조건성(contingency) 329

상황조건이론(contingency theory) 73, 132, 154, 161, 341, 347

상황조건적(contingent) 63, 122, 141, 237, 243, 246

상황조건적(contingent) 조직 131

상황판단 75

생리적 욕구 86

생산(production) 353

생산 공정의 통제 가능성 156

생산과정 290

생산관계 278

생산기술 132, 160, 166, 173, 228, 230

생산물(product) 목표 217

생산방식 278

생산비용 297, 301

생산성 43, 53, 56, 57, 60, 66, 69~71, 76, 79, 102, 180, 228, 231, 280, 283, 299, 326, 327, 346~350, 366

생산수단 280

생산양식 279

생산의 연속성 168

인명색인